大视野

YIRENWEIBEN DE CHENGZHENHUA WENTIFENXI
GUOJIA XINXINGCHENGZHENHUA GUIHUA
(2014~2020NIAN)JIEDU

以人为本的城镇化问题分析

《国家新型城镇化规划(2014~2020年)》解读

新玉言◎编

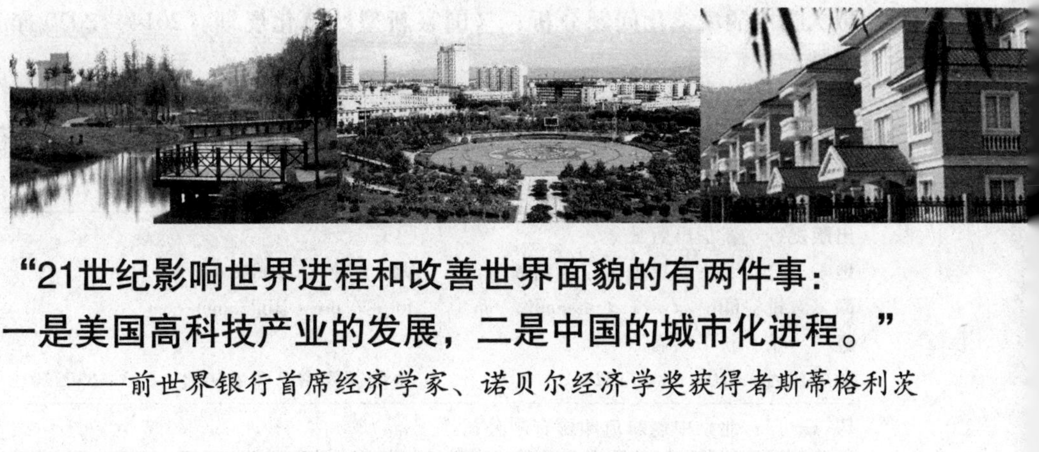

"21世纪影响世界进程和改善世界面貌的有两件事：
一是美国高科技产业的发展，二是中国的城市化进程。"
——前世界银行首席经济学家、诺贝尔经济学奖获得者斯蒂格利茨

新华出版社

图书在版编目（CIP）数据

以人为本的城镇化问题分析：《国家新型城镇化规划（2014～2020年）》解读／新玉言编. —北京：新华出版社，2014.4

ISBN 978－7－5166－0945－3

Ⅰ.①以… Ⅱ.①新… Ⅲ.①城市化—研究—中国 Ⅳ.①F299.21

中国版本图书馆CIP数据核字（2014）第059933号

以人为本的城镇化问题分析：《国家新型城镇化规划（2014～2020年）》解读

作　　者：新玉言

出 版 人：张百新　　**总 策 划**：黎　雨
责任编辑：王晓娜　　**封面设计**：张子航

出版发行：新华出版社
地　　址：北京石景山区京原路8号　　**邮　　编**：100040
网　　址：http://www.xinhuapub.com　　http://press.xinhuanet.com
经　　销：新华书店
购书热线：010－63077122　　**中国新闻书店购书热线**：010－63072012

印 刷 厂：北京中创彩色印刷有限公司

成品尺寸：170mm×240mm　1/16
印　　张：18.75　　**字　　数**：237千字
版　　次：2015年1月第一版　　**印　　次**：2015年6月第二次印刷

书　　号：ISBN 978－7－5166－0945－3
定　　价：32.00元

前 言

改革开放以来的中国，一直行进在加速城镇化的道路上。在这一进程中，有欣喜也有忧虑，我们在行进中不断摸索，在摸索中不断调整前进。2013 年我国城镇化率已达 53.73%，与世界平均水平大体相当，城镇数量和规模不断扩大，但户籍人口城镇化率只有 36%，也就是说，土地城镇化快于人口城镇化，对城镇化健康发展形成阻碍。

当前，改革开放已进入攻坚区和深水区，在我国各地区域发展并不平衡，城乡差距巨大，而此前的城市化发展教训已成为影响中国城镇化发展的复杂因素的情况下，如何吸取国外城市化与本国 30 多年改革发展的经验和教训，已成为中国城镇化发展成败与否及实现全民族伟大复兴的关键所在。党的十八大报告提出，“到 2020 年城镇化质量要明显提高”；2013 年年底的中央经济工作暨城镇化工作会议再次强调要推进“有质量的城镇化”；2014 年的国务院《政府工作报告》又提出，“要健全城乡发展一体化体制机制，坚持走以人为本、四化同步、优化布局、生态文明、传承文化的新型城镇化道路。”

新型城镇化在为我们描绘一幅新蓝图的同时，也提出了一个需要深入思考的重大课题，在发展城镇化的道路上，怎样才能让更多的老百姓满意？有别于从前，一个“新”字规定了推进城镇化的方式、道路和标准，一句“让居民望得见山，看得见水，记得住乡愁”准确道出了新型城镇化的核心——以人为本。显然，以人为本的城镇化，才是高质量的城镇化，才是新型城镇化的核心要义所在。

对于人类而言，城市的出现的确具有颠覆性的意义。如果说，城市的诞生是人类社会自然发展的结果，那么城市化或城镇化在无法回避的“大势所趋”中尚有方式方法的选择余地，我们可以在一定范围内相当程度上，结合当地实际情况发挥人的主观能动性，而此能动性的发挥终将以人民生活的真正幸福为旨归。

“睡城”“鬼城”的弯路不能再走，既不能畏难回避，裹足不前，也不能头脑发热，盲目大干快上，只是把城镇搞成水泥森林。在城镇化推进中要有效解决土地城镇化快于人口城镇化、建设用地粗放低效、城市管理服务水平不高、“城市病”问题日益突出等问题，实现产业结构、就业方式、人居环境、社会保障等一系列由“乡”到“城”的转变，统筹城乡。要随着内外部环境和条件的深刻变化，进入以提升质量为主的转型发展新阶段，不再走高能耗、高排放的老路，而要把生态文明理念全面融入城镇化进程中。

我们要清楚，城镇化不是去乡村化，推进城镇化建设绝不能以瓦解农村文明、牺牲文化遗产为代价。而是要根据各自的自然历史文化禀赋，建设有历史记忆、文化脉络、地域风貌、民族特点的美丽城镇，形成各具特色的城镇化发展模式，延续文脉，留住乡愁。

本书在《国家新型城镇化规划（2014—2020年》的基础上，对我们到底要什么样的城镇化进行了深入思考，对农业人口转移的出路及配套的户籍制度改革、城镇规划布局和发展形态要与国家区域经济发展战略大格局相协调、新型工业化与新型城镇化的互动推进、城乡一体化的协调发展，以及在不瓦解乡土文明的基础上，保持各自特色、延续文化根脉，使人们还能生发出温馨甜美的乡愁记忆等诸多问题方面进行了较为深入地分析和解读。以期为读者在更大程度上理解和把握中国新型城镇化的发展提供助益，也是抛砖引玉，希望作为国家社会主人翁的中国人为我国新型城镇化建设发展，为祖国民族的伟大复兴，积极思考积极行动，量己之力各尽其责。

编　者

目　录

第一章

城镇化问题与新型城镇化的道路选择

城镇化是人口向城镇集聚的过程，是世界各国工业化进程中必然经历的历史阶段。目前，世界城镇化水平已超过50%。中国的城镇化是件世界级的大事，它不仅是中国经济增长的新动力，也将成为影响人类21世纪发展的大事。

什么样的城镇化才是中国需要的城镇化？或者说，中国应该选择怎样的城镇化发展路径？首先要厘清城镇化的本质。城镇化是指农村人口转化为城镇人口的过程。城镇化的要义在于，要将农民（特别是新生代农民工）转变成市民。

一　城镇化与城市化的概念

城镇化（urbanization）是人类生产、生活方式由农耕文化向工业文明转变，由乡村型向城市型转化的必然过程。是指第二、第三产业在城镇集聚，农村人口不断向非农产业和城镇转移，使城镇数量增加、规模扩大，城镇生产方式和生活方式向农村扩散、城镇物质文明和精神文明向农村普及的经济、社会发展过程。

在农村人口向城市转移的过程中，有两个陷入分歧或者有时被混淆的概念：城镇化，还是城市化？

城市化包括人口城市化和土地城市化，前者有利于增加就业和农民收入，后者有利于拉动地方经济和增加税收。这两类目标并非高度相关，所以地方政府更愿意优先实施土地城市化，并辅以失地农民进城、行政区划调整等被动式的人口城市化措施。

值得注意的是，“城市化”在我国政策语言中常被更规范地表述为“城镇化”，表明中国特色的城市化道路，具有寻求大中小城市和小城镇协调发展的特征。

从事宏观经济研究的政策专家和学者们，大多愿意使用“城市化”的概念。一方面是因为国际上没有城镇化的说法，另一方面是希望未来我国的城镇化道路聚焦于各类大中城市和城市群。而从事农村政策研究的部门和一些领导同志，根据我国的国情，倾向于采用“城镇化”的提法。

（一）城市的形成

所谓城市是指人口及其活动要素高度集中形成的具有一定规模的社群组织。城市的主要特征是集中，人口集中，居住、生活、交往活动集中。

城市是相对于散居的小规模的村落而言的，也可以说村落就是城市的原始形态。早期的人类生产和生活方式决定了人口的分布形式只能是分散，是以血缘为纽带的家族、氏族为组织单位定居的。

人类为什么会集中起来过城市生活呢？依据社会发展逻辑大致有以

下三种原因：一是安全生存生活的需要，主要是集体觅食，集体防御自然灾害和外在侵扰、攻击；二是交换和交往的需要，随着物质条件改善和情感的成熟，受喜好、欲望、审美等情感因素支配，人们就会产生与外界交往和交换的需要，而集中则便于这种目的的实现；三是人员控制和管理的需要，随着人口的繁衍和劳动成果增加，权威和权力就会产生，并需要维持一个秩序化的群体，对秩序化社会的追求和维护反过来会加速人员和生活生产要素的聚集。

在人口及其活动要素渐渐集中的过程中，也即城市化进程中，自然而然就会形成特定的劳动群体和社会分工，逐渐就产生了利益链，比如防御、交往交换、供给和生活物处理以及对秩序化社会的管理等各环节都渐渐有了利益的影子，社会分工和利益链都会刺激从事生产劳动的人开始精专于某一行当，从而推动社会进步。

中国城市的萌芽可追溯到夏商时代。在唐宋时期，中国已经出现了百万人口的特大城市。

在现代地方治理的概念体系中，“市”（municipality）的含义不同于城市（city）。“市”属于行政建制的一种，是根据国家规定的标准和条件，按照法定程序设置的地方行政建制。西方的“市”是在城市地区的一种地方行政建制，一般不辖有农村地区。

中国城市的发展历史很悠久，但作为行政建制的“市”的历史却并不很长，它是近代地方行政改革的产物。在清代以前，中国没有“市”建制。直到清朝末年才仿效西方国家的政治制度，实行城乡分治。

新中国成立以后，曾经在很长时期内继承了城乡分治的传统。在20世纪80年代推行“市领导县”体制以后，市建制逐渐发展为广域型市，每个市在行政区划上都包含大片的农村地区，市政府同时承担着农业和农村管理工作。这种广域型市建制，是中国城市管理的显著特征，它不同于西方国家的城乡分治模式。

从城市经济学的角度来看，一个城镇或者城市之所以能够形成，并在这个地理空间上产生生产性结构或者就业结构、消费模式或居住方式的这种城市化，主要是基于三个方面的条件。一是经济活动的密度提高，主要是指经济活动的地理集中。通常是以人口密度和单位土地创造出来的第二、第三产业的产业增加值来衡量的。搞城镇化，如果没有经济活动，也就是说没有第二、第三产业的发展，这样的城镇化可能是有问题的。二是人物的空间的距离的缩短，就是指各种各样的商品服务，劳动力的流动半径、资本和信息的传播，这些距离都在发生变化，它都要求距离来缩短。这种距离的缩短，必然要求产业和人口有一个缩短，这样就体现出一种所谓的城镇化、城市化的过程。三是作为一个整体的开放的程度。这几方面是一个所谓的城镇或者说城市化、城镇化的基本的动力和源泉。除了这些基本要素之外，还有一个就是政府的政策。政府政策是促进这几个方面变化的一个很重要的手段和措施。政府政策会导致这几个要素变化的情况和变化的方向，进而就决定了城镇化速度的快和慢。

（二）城镇与城市的概念

城镇是城市和集镇的合称。集镇是介于乡村与城市之间的过渡型居民点。集镇是以非农人口为主、比城市小的、具有一定规模工商业的居住区。我国规定，县及县以上机关所在地，或常住人口在 2000 人以上，10 万人以下，其中非农业人口占 50% 以上的居民点，都是城镇。

城市是人口集中、工商业发达、居民以非农人口为主的地区，通常是周围地区的政治、经济、文化中心。城市以非农业产业和非农业人口集聚为主要特征。在中国，包括按国家行政建制设立的市、镇。人口较稠密的地区称为城市，一般包括了住宅区、工业区和商业区并且具备行政管辖功能。城市的行政管辖功能可能涉及较其本身更广泛的区域，其中有居民区、街道、医院、学校、写字楼、商业卖场、广场、公园等公共设施。

集镇与城市的区别：

第一，档次不同。集镇是“以非农人口为主的比城市小的居住区”。城市是“周围地区的政治、经济、文化中心”。

第二，基础不同。集镇规划起点低，交通不便，通讯落后，金融机构少，融资困难，工商企业少，第三产业落后，不可能为居民提供更多更好的就业岗位和就业机会。城市规划起点高，交通便利，通讯发达，金融机构多，融资条件好，工商企业多，第三产业发达，能为居民提供更多更好的就业岗位和就业机会。

第三，内容不同。集镇人口少，不可能将生产要素集中到一起进行整合配置，基础设施落后，在教育、医疗、供水供电、环境保护等方面不可能为居民提供更好的生活环境、生活服务和更多更优质的公共产品，不可能引起人们生产方式、生活方式以及价值观念、消费观念的转变。居住在集镇的农村居民，家里承包着责任田，主业是农业。即使他们的户口被转为非农业户口，其真实身份还是农村居民，是农民，是农产品的生产者。城市人口多，可以将生产要素集中到一起进行整合配置，基础设施完备，在教育、医疗、供水供电、环境保护等方面可以为居民提供更好的生活环境、生活服务和更多更优质的公共产品。城市能够引起人们生产方式、生活方式以及价值观念、消费观念的转变。

第四，经济性质不同。集镇是以农业经济为主导的经济。农业是弱质产业，农业投入大、产出小，不仅受市场制约，尤其受大自然制约，增产增收困难。集镇工商企业少、规模小，服务业不发达，提供的税收少，在分税制条件下，分成少，经济实力薄弱。城市经济是以工商业经济为主导的经济。城市工商企业多、规模大，服务业发达，税收多，在分税制条件下，分成也多，经济实力强。级别越高的城市，规模越大，人口越多，工商业和服务业越发达，提供的税收越多，分成越多，经济实力越强。

第五，居民素质不同。集镇教育条件差，居民的整体文化水平低、素质差。大中专学校大多数集中在城市，人才和社会精英也都集中在城市，居民的整体文化水平高、素质高。

城镇化原本就是工业发展的自然结果，即便有政府的主动干预，也需要有相应的工业予以支持。无论是城市化还是城镇化，都是指从传统农业型社会向现代工业型社会转变的过程中，以人口迁移、产业结构转变为特征，人口等要素在地理空间上的积聚过程。

我们所说的城镇化是相对于城市化而言，是针对那些接受中心城市辐射较弱的城镇（以县城、中心城镇为主），他们资源要素相对独立，个性相对明显，有自身发展差异化特点，但开发明显滞后，城镇化即对这些城镇的社会资源与自然资源进行的合理的整合。构成城镇空间的载体和构成城镇的资源是个宽泛的概念，即是自然资源，如土地、矿产、水体、动植物以及相关延伸的各类社会人文资源等，其中就涉及当地政府、政策、企业、民众；涉及自然资源、历史人文资源；涉及内、外部环境等等。将自然资源、人文资源及其相关延伸的各类资源重新整合，使之成为一个具有生命力的、具有资本性质、呈现最大效益的动态发展过程，即城镇化的过程。

（三）对“城镇化”概念的理解

当全中国都在说“城镇化”的时候，大家说的“城镇化”是一回事吗？许多人对“城镇化”的理解是大不一样的。

从英文术语来看，“urban”同时包含了城市（city）和镇（town）。“urbanization”有人翻译为城市化，有人翻译成城镇化，主要是指乡村人口向城市（city）转移的过程。

世界上许多国家镇的人口规模比较小，有的国家没有镇的建制，故国际上通常将“urbanization”译为“城市化”，而中国一些镇的人口规模与国外的小城市相当。在典型的城乡二元结构下，乡村人口不仅向城市（city）集聚，而且向城镇（town）转移，为强调我国城市化道路的特殊性，通常将“urbanization”译为“城镇化”。

虽然城市化和城镇化都是对 urbanization 的翻译，但两种说法的侧重点从字面看便有所不同。

“城镇化”一词的出现很显然要晚于“城市化”，这是中国学者创造的一个新词汇，很多学者主张使用“城镇化”一词。自20世纪70年代末我国地理学家吴友仁将“城市化”理论引入社会主义城镇化问题研究以来，城镇化问题一直是我国学术界讨论的热点。1991年，辜胜阻在《非农化与城镇化研究》中使用并拓展了“城镇化”的概念，在后来的研究中，他力推中国的城镇化概念，并获得一批颇有见解、影响较广的研究成果。

与城市化的概念一样，“城镇化”概念也是一片百家争鸣的景象，至今尚无统一的概念。不过，就数量看，对“城镇化”概念的论述要少于“城市化”。据粗略估计，在2012年之前，关于城镇化的概念，至少在20种以上。具有代表性的并符合中国西部地区现实的观点是城镇化是由农业人口占很大比重的传统农业社会向非农业人口占多数的现代文明社会转变的历史过程，是衡量现代化过程的重要标志。

城市化更强调大城市的发展，意思接近于日本和中国台湾所说的“都市化”。在过去的一些年里，大城市得到了迅猛的发展，以至于出现了“大城市病”，但由于产业结构、城乡二元结构等原因，城市的扩展并没有将为城市发展贡献了力量的建设者“化”入其中。在这个背景下，打工者融入城市便成为切实推进城市化的题中之义。

城镇化当然包括这方面的内容，但不是全部。从这个角度看新型城镇化，对，但不全面。正如李克强总理所说，农民最大的心愿是过上和城里人一样的生活。一部分人进入大城市打工并定居是可能的，但不可能所有的农民都进入大城市，他们如何实现这个目标呢？这就得靠小城镇的发展——既包括现有小城镇的进一步发展，也意味着要建设更多的小城镇。

如果把各种观点简单归类，主要有“大城市”和“小城镇”两派。如果细分，则至少有6种不同的观点，从大到小依次为：一是“大都市圈战略”。源于对日本和拉美国家城市化经验的借鉴。二是“大城市道路”。有关模型分析证明，人口规模在100万到400万之间的城市，其成本收益最合理。三是“优先发展人口低于30万的中小城市”。因为人口少于30万的城市基础设施投入产出比不合理。四是“优先发展县级城关镇”。因为其是农村经济、政治、文化中心，有利于辐射带动周围农村地区发展。五是“小城镇，大战略”。30多年的改革开放之中县以下建制镇受旧体制约束最少，民营经济比重大，城镇数量增加最快，应该加强规范引导，而不能抑制。其他的争论主要有“集中型的大中城市与分散型的小城镇”之争及“城关镇与建制镇”之争。另外，还有大、中、小并举多元模式的主张等。

需要指出的是，在我国这样一个人口众多，地域辽阔的大国，一方面，中国镇的数量众多，包括城关镇、建制镇、集镇等非农业生产区划。城关镇是县级人民政府所在地。建制镇是指经省、自治区、直辖市人民政府批准设立的镇，不含县城关镇。根据《中华人民共和国城市规划法》第三条规定，城市是指国家按照行政建制设立的直辖市、市、镇。县人民政府所在地的镇和镇人民政府所在地的建制镇都属于《城市规划法》所称的镇，因此也属于《城市规划法》所称的城市。随着我国城镇化进程的加快，建制镇社会经济发展情况越来越受到人们的重视和关注。对城与镇进行分解，其特点是：城区存量大，镇区增速快。在国家统计局的定义中，“城区”是指在市辖区和不设区的市，区、市政府驻地的实际建设连接到的居民委员会和其他区域；“镇区”是指在城区以外的县人民政府驻地和其他镇，政府驻地的实际建设连接到的居民委员会和其他区域。另一方面，在我国，不少镇的规模并不亚于其他很多国家的中小城市，中国不少沿海地区小城镇的人口密度、经济活跃度已经远高于中西部的不少城市。

为什么选择城镇化这个关键词，而不是按国际惯例使用“城市化”一词？其出发点与落脚点均在于解决占中国人口超过半数的广大农民传统文化的归宿问题。是从中国国情出发，在“镇”字上下功夫，在“镇”字上寻求突破，在“镇”字上最终求得落点。

目前，全球各发达国家的城市发展，都在“回归自然”，都在强调走“生态保障型”的设计理念与实现路径，普遍持“反大都市化”理念。

事实上，欧美城市化发展，即便是在二战后经济与人口高速发展阶段，也始终未脱离人性化的轨迹，其城市化发展脉络清晰：村、镇、中小城市、大城市鳞次栉比，相互蝉接，不存在“突兀”的所谓城市群。尤其是德国的城市化发展充分印证，从设计理念到空间结构布局，真正在实践我们今天正在提倡的“城镇化”特征。

之所以不能提倡“城市化”，主要原因是其导向易使人们的行为走向大都市化。而“城镇化”的“镇”，并非是狭义的村镇，而是指广义的非大都市而言，可以将其理解为小城市。

因此，我们在讨论中国的“urbanization”时，强调的是“城镇化”，即讨论“大城市”的同时，也必须关注“小城镇”，实现大中小城市和小城镇的协调发展。我们用“城镇化”一词的表述，代表同时发展大中小城市和小城镇的战略思路。

关于“城市”（city）和“大都会”（metropolis）。它们其实是两个并不完全相同的概念。前者指的是一个单独的城市，后者则通常是指一个城市群。例如，当我们说西雅图（Seattle）是美国西北部地区最大的经济中心时，通常指的是“大西雅图”（Greater Seattle，或称 Metro Area），即以西雅图市为中心的城市群，而不是作为大都会中心城市的西雅图市（City of Seattle）。大西雅图地区总人口约为 570 万人，其中城市人口约为 370 万人，但作为中心城市的西雅图市只有 60 万人。聚集在西雅图市的主要是金融业和大型文化娱乐、教育和体育设施。至于制造业企业如波音公司的商用客机事业部以及微软和美国大型仓储式商业 CASTCO 的总部，都设在中心城市周边一些人口最多几万人的小城镇［美国人称之为“市”，即在“县”（county）建制下的（city）］上。这样的城市空间结构和产业布局更具有效率，也更有利于改善居民生活质量。

（四）城镇化认识的几个误区

对城镇化的认识，决定着城镇化的命运。我国很多地区对城镇化本质和内涵认识不到位、不全面：重城市自身轻区域协调，重城市建设轻产业拉动，重工业发展轻第三产业，重外延拓展轻内涵提高，重扩大规模轻有效管理和资源保护，重改善形象轻完善功能等问题较普遍。

对城镇化的认识存在分歧。按国家统计局资料，中国的城镇化率在 2011 年已达 51.27%。这种以农业人口融入城市人口的数量占全国人口的比例而确定的统计方式，反映对城镇化的一种认识。

当今在大力推进城镇化之时，最重要的是需在为什么推进城镇化和怎样推进城镇化方面找准位置，端正方向，形成共识。过去直至今天，对城镇化的认识偏颇，不仅延缓了我国城镇化的发展，而且给今天城镇化的实质性推进带来了“门槛过高”、“难度更大”的阻力。影响城镇化推进的错误认识，具体地讲有以下几种：一是“国外的大城市都在向外围发展小城镇，因此中国不能发展大城市，只能发展小城镇”；二是“城镇化绝非人的城镇化，城市化不是农民变市民”；三是“对农民实行‘两栖类’的做法，进可攻，退可守”；四是“中国应着重发展三大城市群，有三大城市圈足够了”；五是“农民工并不愿进入城市，因此，没有必要让农民在城市落户”；六是用统计方法的修改推进城镇化，出现了一年增长一个百分点。

比如“两栖理论”关于“农民在农村有地，又可漂在城市做工，进可攻，退可守，是保证社会稳定的最佳选择”的说法，不仅害了广大农民，也害了我们国家，不仅延缓了城市化，也阻碍了经济发展。“两栖”的结果是，一方面造成城市门槛越来越高，城乡差距越来越大，农民工愈来愈望城兴叹。另一方面造成了几千万的儿童留守农村，几千万农民工夫妻不能团聚，农村空巢老人越来越多，社会压力越来越大。“两栖”的做法还造成农民工把艰难赚到的一点钱，不得不投资农村和小镇去建房，既削弱了内需，也造成很多小城镇的住房闲置和无用。

因此，要确保城镇化的顺利推进，需要有正确的思想认识，切中城镇化时弊，明确城镇化的概念，端正城镇化的方向。

1. 城镇化率≠城市化率

反映城镇化水平高低的一个重要指标为城镇化率，即一个地区常住于城镇的人口占该地区总人口的比例。城镇化率用城市人口加集镇（建制镇）人口（包括建制镇范围内的非农业人口和农业人口）占全部人口的百分比来表示。城市化率用城市人口占全部人口的百分比来表示。

城市化率反映了人口向城市聚集的过程和聚集程度，是工业化和现代化的标志。城镇化率不是工业化和现代化的标志，城镇化率可以通过多批建制镇，用人为添加水分的方式来实现。目前，中国的城镇化呈现出典型的不完全城镇化特征，城镇化率在统计上有些高估。中国现有的城镇人口统计中包含大量的农业人口。如果再考虑到大量尚未融入城市的农民工，中国完全的人口城镇化率至少要降低10个百分点。因此，中国城镇化速度与质量严重不协调。

城镇化率高，城镇化质量不一定高。目前，全国农民工的数量已经超过了2.6亿。从某种角度看，他们已经离开土地，这2.6亿人目前却仍然无法享受到与城镇居民平等的公共服务体系。

在城镇化进程中，热衷于追求城镇化率，可能会带来一系列的问题。因为城镇化率并不是越高越好，城镇化速度亦非越快越好。城镇化的速度要和经济发展的阶段、工业化的程度、资源环境承载力、吸纳人口就业的能力相适应，否则会带来很多的社会问题。

要全面而准确地判断中国城镇化的真实水平，尤其是在城镇化率成为考核地方政府政绩的重要指标之后，需要构建一个兼顾城镇化水平和质量的指标，以遏制片面追求“数量城镇化率”的倾向。

2. 城镇化≠城市化

城镇化=城市化？这是不对的。

城市化和城镇化是完全不同的概念。城镇化的概念在很大程度上，是将县级以下的城镇集中，在最短半径中让最多的农民获得非农就业机会。城镇化“是按照统筹城乡、布局合理、节约土地、功能完善、以大带小的原则，促进大中小城市和小城镇协调发展的过程。”

城市化，不同的学科从不同的角度对之有不同的解释。就目前来说，国内外学者对城市化的概念分别从人口学、社会学、经济学等角度予以了阐述：

（1）从人口学的角度来说，人口学把城市化定义为农村人口转化为城市人口的过程。人口学所说的城市化就是人口的市民化，指的是“人口向城市地区集中、或农业人口变为非农业人口的过程”。

(2) 从社会学的角度来说，城市化就是农村生活方式转化为城市生活方式的过程。

(3) 从经济学的角度来说，城市化就是农村经济转化为城市大生产的过程。城市化是工业化的必然结果。

虽然不同的学科从不同的角度对城市化的含义作出了解释，但其内涵是一致的：城市化就是农村逐步演变成城市，农村人口不断向城市转移，城市人口不断增长的过程。在此过程中，城市规模不断扩大，基础设施和公共服务设施不断提高，城市文化和城市价值观念成为主体并不断向农村扩散。城市化是生产力进步所引起的人们的生产方式、生活方式以及价值观念、消费观念转变的过程。

许多人认为城镇化就是城市化，这种错误观念缘于他们对城镇化的前提——工业化缺乏认识。

城镇化的前提是工业化，是新型的工业化，而非传统的工业化。新型工业化以信息化为导向，是排斥夕阳产业的，新型工业化以技术为支撑，新型工业化不是资本一枝独秀，而是人本和资本可以对峙，人本作用大为提高。

新型工业化不是工业比重提升，而是工业比重下降，第三产业比重上升，这点最为重要。新型工业化伴随的是城镇化，而不是城市化。工厂过去办在城市里，现在要搬离城市，办到乡里、镇上去。所以，农民进城，工厂下乡，就是新型工业化。

真正实现新型工业化的时候，应该只允许大医院、大学、银行、娱乐机构如电影院、购物中心留在城市里。城市就不应发展工业，而应发展第三产业。可现在我们很多地级市的领导都没认识到这一点，招商引资还是招工业项目。这个认识还必须进入到领导层。

城镇化，其实就是镇不在城里，而在城外，但城里跟城外是连起来的，实际上就是我们现在所说的城乡一体化。

但不能将城镇化等同为单纯的形式化造镇，例如让农民硬上楼，这就造成了很多的问题。城镇化的镇包含着现代工业的镇，这一点必须明确。如江苏省常熟市支塘镇蒋巷村就是一个既农业现代化，又工业化、城镇化的一个典型例子。蒋巷村全村有186户，每户一幢别墅。蒋巷村有一个钢构厂，这个厂子一年的产值就达到10个亿。这个年产值10亿元的厂养活全村186户已经足够，全村人还复耕出200亩地，由16个村民耕种，其他人有的在宾馆工作，有的搞旅游业、开餐馆、养鸡养鸭。这样一个把工厂搬到了村里的村子就是中国未来城镇化的一个方面的缩影。

3. 城镇化≠投资建设

城镇化不是加快城市建设的大好时机，城镇化发展中最重要的是转移农村人口的长远目标。理论界明确城镇化是农村人口向城镇逐步转移的过程，也是城镇基础设施和公共服务覆盖更多的农村地区和人口的过程。

有的地方政府按照传统惯性来理解城镇化，认为城镇化就是城市建设，是投资上项目。这是基于政绩、基于地方GDP增长的非常现实的认定。这样就必须通过土地出让、城镇建设来获得。在地方普遍存在这种现象：有的城市规定了大拆大建的数量指标，作为政绩考核的标准之一；有的要求城镇面貌在短期内出现较大的变化，符合所谓城镇现代化的发展潮流。

如今，城镇化热潮正在涌起。地方经济要发展，当然需要经济支撑作用相对突出的“增长点”。但是，选择什么样的“增长点”并不是一件简单的事，因为以什么作为“增长点”决定了走什么样的经济发展、产业发展的道路。回顾我国改革开放以来各个发展阶段，每一阶段都有支撑经济较快增长、带动力相对较强的“增长点”发挥了明显作用，比如汽车产业、房地产业、新兴产业等，不少地方抓住这样的机会使经济迅速发展甚至实现了飞跃。所以，一些地方寻找经济“增长点”的愿望与实践可以理解。

不过，把城镇化简单地当做经济“增长点”的看法和做法需要引起注意。城镇化是经济社会自然发展的过程，是城市与农村协调发展到一定阶段的产物，有自身的发展规律。

我们必须科学地认识城镇化发展规律，把城镇化和工业化、信息化、农业现代化统一起来积极鼓励推动，是促进城镇化健康发展的有效做法。在这一过程中，城镇化能推动从水电路汽等基础设施投入，到园区建设、厂房建设、服务设施建设等各种硬投入的增加，从而带动相关行业、产业、企业同步发展，对地方 GDP、税收等都有拉动作用。这是城镇化发展的题中应有之义，是城镇化与生俱来的“增长”基因。

如果仅仅把城镇化当做经济“增长点”，只看到城镇化对“增长”的拉动作用，就把城镇化巨大的统筹综合意义狭隘化了，在行动中就会导致项目至上、建设至上、建筑至上，直至违背规律盲目加快、盲目扩张、盲目圈地。在当前一些地方经济还相对落后、加快发展的动力要求很迫切，同时 GDP 压力、政绩压力依然很大的情况下，这种只要树木、不要森林的做法还有很大的市场。有的地方把城镇化作为单一项目来抓，以房地产和商业地产打头，圈占大量耕地作为城镇项目用地。同时，为了获得更多的城镇建设用地指标，又大规模取消行政村编制，不切实际地搞村庄整体搬迁。而这些“整理”出来的土地大多没有综合考虑田水路林整治，拆迁留下的房屋地基和碎石瓦砾都难以清理，耕地质量大打折扣。这样做的结果，短时期内一些量化的经济考核指标可能上去了，但离我们所需要的“人的城镇化”却相去甚远。

如果仅仅把城镇化作为一个经济“增长点”，作为一种发展手段，城镇化简化为项目化、房地产化，城镇化带来的可能是投资上去质量下来的后果；如果把城镇化作为经济社会科学发展的必然过程来整体规划部署、积极稳妥地引导推动，未来几十年城镇化将使我国经济社会发展面貌焕然一新。

4. 城乡一体化≠城乡“一样化”

受新一轮城镇化热潮的推动，当前全国酝酿撤县设市（区）的县就有上百个，而仅仅在广东、贵州、云南、陕西4个省份，就有60多个县提出撤县设市（区）。这种现象的背后，更多是把城乡一体化建设变异为城乡“一样化”建设。

比如，盲目撤并村庄，贪大求洋，忽视农业生产特性；盲目统一改造农居，建造兵营式的村镇社区，忽视基础设施建设，忽视传统民居的个性，大量破坏历史文化遗产，同时也使农民丧失分享乡村旅游潮的财富机会；盲目安排村镇整治时序，村路还是土路，农田里浇筑了水泥路；村民饮水困难，玉米地里铺上了自来水管等等怪相。

“历史上看，凡是用城市发展规律取代农村发展自身规律时，三农问题就会恶化。”住房和城乡建设部副部长仇保兴曾指出，农村和城市有各自不同的发展规律，“城乡一体化发展不是搞一样化发展，而是要追求两者差异化，互补协调发展。”他举例说，法国37万个村庄风貌200多年都未改变，一样走上了现代化。

城乡一体化发展，绝对不能搞成“一样化”发展，不能把农村都变为城市，而是要走城乡协调发展的道路。

5. 城镇化≠城市现代化

城市建设向欧美看齐，高标准、追求现代化，更加拉大了城乡差距，抬高了农民进城落户门槛，与城镇化提出的本义背道而驰。

城镇化过程中，面临着相当大的一个难题就是：城里的有识人士、精英、管理层、决策层，包括媒体、教授、学者、专家、政府管理层，都在向欧美看齐，所以我们看到了千城一面的、以欧美为样板的、现代化的城市形态。他们认为，只有这样才能体现出中国经济快速发展的实力。但是中国的国情是：中国有近9亿农民仍被排斥在城镇化进程之外。实际上，城镇化很简单，农村人口向城镇转移，一定是低素质、低端就业、低收入人口进入城镇的过程，这恰恰和现在城市管理者的城市发展理念发生了冲突。

在城镇化过程中，参照系水平过高和发展阶段较低并存的过程，是我们面对的实际问题。

6. 城镇化≠提升户籍居民生活福利

城镇化的本义，是使进城农民与当地居民享受均等化的公共福利。

改革开放以后，城市发展的速度远远优于农村，使得城市居民所享受的公共福利也远远大于农村居民。大量的决策者、媒体记者、知识分子、企业家都住在城里，他们的话语权远远高于农民工，他们不希望和所谓的低端人群共同生活在一个区域里。这在很大程度上影响到了公共决策。

目前，中国的城市在公共服务上不完全对外来人口开放。首先，外来人口不能享受户籍人口的各项社会保障政策和福利政策。当然，外来人口也无法享受到户籍人口的低收入补贴。

其次，外来人口和户籍人口存在着就业上的不平等，公务员考试有户籍要求，一些国有企业的重要岗位和国家事业单位的就业也有户籍要求。

第三，在大多数城市，无论是原来的福利分配住房，还是后来的廉租房、经济适用房、限价房等，基本不对外来人口开放。即使是外来人口在城乡结合部所居住的出租房，在管理上也被认定为不合法。而限制外来人口购买商品房，更是政策上的严重倒退。

第四，外来人口子女入学和户籍人口也存在明显的不平等。长期在就业地城市居住的外来人口子女，不能在父母就业所在地参加高考，这是目前对于外来人口在教育上最大的不平等待遇。

当我们提出城市的发展走向国际时，中国的城市必须解决人口的自由流动和公共服务均等化。

7. 城镇化≠土地城镇化

截至2010年年底，我国耕地总数不足18.26亿亩，已接近18亿亩红线，人均耕地不足0.1公顷，不到世界平均水平的1/2。可以说，我国可以利用的土地资源并不丰富。然而，一边是土地资源极度紧缺，一边却是挥霍浪费，大马路、宽广场、豪华办公楼、闲置工业园……这种单纯依赖土地扩张的城镇化难以为继。因此中央城镇化工作会议提出，要提高城镇建设用地利用效率，城镇建设用地以盘活存量为主，同时强调，耕地红线一定要守住。

从我国土地资源利用现状来看，盘活存量、提升效率的空间非常大。目前我国重大基础设施和基础产业建设规划之间统筹不够，与全国土地利用总体规划衔接不够，节约用地的潜力还很大；大中小城市现有建设用地没有充分利用，土地综合承载力还有大幅提高的空间；未利用地和废弃地资源潜力大，农村空闲住宅、闲置宅基地多，节约用地的空间还很大。提高城镇化质量，要提高城镇土地利用效率，合理进行空间开发，形成生产、生活、生态空间的合理布局。

目前土地利用中存在一些不合理现象，不同用途的土地出让价格差别很大，工业用地的价格只相当于商业用地的11%，约相当于房地产开发用地的14%，工业用地出让价格过低导致了工业用地发展慢、用地浪费等问题。

提高城镇土地利用效率，在守住耕地红线的前提下，首先要提高土地补偿标准，严控土地增量。国务院通过的《中华人民共和国土地管理法修正案（草案）》，对于现行的农村集体所有土地征收补偿制度进行了修改，提高了征地补偿标准。

二　城镇化的路径选择

从新中国成立到改革开放，再到新世纪以来，中国城镇化经历了缓慢发展期、加速发展期和快速发展期三个阶段。与此相适应，作为衡量现代社会进步标准之一的城镇化，也经历了内涵不断演进和修正的发展历程。

（一）改革开放前的逆城镇化倾向

新中国成立后，新生的人民政权热情高涨地推进工业化，从而催生了新中国城镇化的萌芽。然而，以计划经济体制为基础，城乡户籍制度也在此期间形成，作为城镇化前提的人的自由迁徙受限。

1958 年 1 月，第一届全国人民代表大会常务委员会第 91 次会议发布了《中华人民共和国户口登记条例》，明文规定：农民由农村迁移到城市，必须持大城市劳动部门的录用证明、学校录取证明，或者城市登记机关的准予迁入证明。这标志着户籍制度的正式建立。此后随着附着在城市户籍上的福利越滚越大，中国长期呈现城乡人为分割、城乡二元结构严重对立的局面，从而导致城镇化进程的缓慢和某种程度上的扭曲。有学者展开了对城镇化的初步研究。早在 1958 年 5 月，《北京师范大学学报》就曾刊载一篇文章《农村人民公社居民点的规模及其配置》，应是新中国最早提到“城市化”概念的文章之一。到 1979 年，南京大学教授吴友仁在《城市规划》杂志上发表《关于我国社会主义城市化问题》，率先展开对我国城镇化问题的研究。

（二）20 世纪 80 年代乡镇企业带来小城镇繁荣

改革开放以后，随着经济体制改革的推进，城镇化迎来了全新的发展时期。改革开放以来的30余年，是我国经济社会结构飞速变迁的历史时期。

1980年10月，国家建委在北京召开全国城市规划工作会议时，就提出了“控制大城市规模，合理发展中等城市，积极发展小城市”的城市发展方针。1984年1月，国务院发布《城市规划条例》，第一次以法规的形式确认了这一方针。当时的背景是，“文革”结束前后，农村不少地方就地办起了社队企业，并在改革开放后迅速发展。1984年，社队企业改名为乡镇企业。由此，我国农村经济迅速繁荣，直接影响就是小城镇的飞速发展。

1983年，著名社会学家费孝通在其家乡江苏省吴江县（今苏州市吴江区）进行农村调查时，发现原本凋敝的小城镇因为乡镇企业的发展而重新勃兴。费孝通判断这将是我国农村又一次大变革的开始。他把相关思考写成《小城镇 大问题》、《小城镇 再探索》、《小城镇 苏北初探》、《小城镇 新开拓》等四篇文章，陆续刊发于《瞭望》新闻周刊，产生了极大影响。他所主张的“小城镇、大战略”思想，由此成为改革开放初期农村城镇化的主流思想之一。

研究者认为，在1978—1992年间，伴随着农村改革而崛起的农村工业（乡镇企业），有力地打破了城乡二元结构的基本格局，农业剩余劳动力离土不离乡、就地转移至乡镇企业，在农村地区迅速形成了农业和乡镇企业并存的二元结构，加上城镇部门构成了中国特有的三元结构，即农村农业部门、农村乡镇企业和城镇正规部门。

在某种意义上，这一乡村工业化的过程也就是乡村城镇化。这种城镇化的特点是农民“离土不离乡”，实现的是部分农村剩余劳动力的就地转移。在专家看来，这是一种低级的、初级的城镇化，因为这“实际上造成了资源浪费、环境破坏”。

随着改革开放进一步深入推进，尤其是社会主义市场经济体制逐步建立，上世纪 80 年代一度红火的农村集体企业和乡镇企业，在市场竞争中优势跌落，其所带来的小城镇发展也动力大减。

在市场规律的作用下，“小城镇、大战略”的城镇化思路显得有些不合时宜。1989 年，国家将城市发展方针修改为“严格控制大城市规模，合理发展中等城市和小城市”。从此，“积极发展小城市”的表述消失不见。

（三）20 世纪 90 年代以来的“半截城镇化”

不过，在 20 世纪 90 年代，“小城镇、大战略”的具体实践却并未消失。进入 20 世纪 90 年代后，国家关于城镇化的思路仍然是发展小城镇。发展小城镇走中国式的城市化道路，这是从中国国情出发，并参照世界城市化的发展趋势和共同规律而作出的战略选择。这一提法的出现主要是不希望大量人口聚集在大城市，避免出现某些发展中国家常见的“贫民窟”。

中国 1992 年正式宣布进入市场经济以后的 10 多年来，学术界对城市化道路的各种讨论一直在进行着。

1998 年，中国共产党十五届三中全会明确“小城镇，大战略”前后，各种不同意见的讨论十分热烈。但我国采取“城镇化”发展战略的决策理由，显然不是理论界讨论的规模效益或者其他经济理性，而是对县及县以下城镇在国家没有投资的情况下仍然大量增加的客观情况的认可。

1998 年，中共中央在《关于农业和农村中若干重大问题的决定》中正式提出了“小城镇、大战略”的问题。1999 年，时任国务院总理朱镕基在九届全国人大二次会议上所作的《政府工作报告》中说，“要调整乡镇企业结构，推进小城镇建设”。同一年，时任中共中央总书记江泽民也在中央经济工作会议上强调：“发展小城镇是一个大战略。”

中国的城镇化之路是非常独特的。它既曾经历过在传统农业社会解体过程中形成的“飞地”城市，也经历过计划经济体制下伴随着政府强力发动工业化而发展的城镇化，还经历了人口和劳动力自由流动过程中大规模的城镇化过程。

根据专家研究，1992年至今，伴随着户籍制度改革和社会主义市场经济体制的提出、建立和完善，私营、个体经济迅速兴起，大量农村劳动力大规模从乡村迁往城镇地区、甚至跨地区迁往其他地区，主要从事非正规就业，导致城镇非正规经济和就业出现爆炸性增长，迅速形成了正规就业和非正规就业并存的城镇二元结构，与农村二元结构一起构成了中国特有的四元结构，即农业部门、乡镇企业部门、城镇正规部门和城镇非正规部门。这一“四元结构”形成的过程也就是大规模城镇化的过程。因为大量农村人口从农业部门转到非农业部门，这本身就是城镇化。

然而，城市向农民打开了大门，却没能让农民真正融入城市。虽然进城农民已经从事非农业生产，在城市里也享受了一定的城市文明，受到了城市生活方式、思维方式的影响。但由于没有获得城市户籍，不能享受医疗、教育、社保、住房、就业等方面的公平待遇。这是一种半截城市化。

这一持续至今的大规模城市化进程，呈现出政府主导的鲜明特征。政府主导集中突出的表现就是先由政府做规划，使得城市规划面积不断扩大；然后开始征地，对外招商引资、建新城。例如，很多城市都是老城区之外再建一个新城区。城市空间不断扩展的同时，地方政府过度依赖土地财政。这种城镇化的直接后果是空间不断扩大，但忽略了人口身份的转移。

这种政府主导的城镇化还造成了土地资源配置不合理，大量的土地粗放使用导致浪费严重，并且严重加大了城乡居民的收入差距，带来一系列社会问题和不稳定因素。这种快速的城镇化过程除了呈现出“半截城镇化”的特征外，全国各地城镇化发展水平也极不均衡。

沿海地区因为优良的地理位置和政策上的优势，各种资源纷纷汇集于此，形成以出口导向型为主要特征的城市工业化，吸纳了大量农村剩余劳动力，迅速推进了沿海地区城镇化的进程。这一进程呈现出大城市带动和辐射中小城市、形成“城市群”的格局，并且这种发展格局经由政策而被正式确定，成为中国经济增长的主要引擎。

城市带、城市群的出现，是最近十年来我国城镇化的显著特点。按照国家主体功能区规划布局，我国将形成“两横三纵”的城市化格局。这将大大不同于20世纪80年代和90年代“小城镇、大战略”的城镇化思路，也不同于传统的城市化战略，而是现代要素集聚的城市群及经济圈。

2008年国际金融危机爆发，以出口导向型经济为主的沿海城市遭受冲击，加上以往支撑我国经济快速增长的廉价劳动力优势渐趋衰减，过去30年中造就了我国经济增长奇迹的工业化模式受到挑战。与此同时，中西部诸多的中小城市随着基础设施日渐完善、劳动力成本较低，加上国家推动产业转移步伐的加快，发展前景乐观。

专家认为，如今已到了对我国城镇化发展模式进行战略调整的时候了，发展的速度、规模、采取的方式、走什么样的道路、采取什么模式，都应该与过去30年有所不同。

（四）十六大以来的城镇化政策脉络

2002年，党的十六大在制定“全面小康”新战略的同时，针对“城乡二元结构”强调了城乡统筹、协调发展的方针。此后的2003年，党的十六届三中全会则把这个方针列为“科学发展观”的重要内容。

党的十六大对城镇化有一个总的提法，叫“全面繁荣农村经济，走中国特色城镇化道路”，然后小城镇建设要与乡镇企业和农村的社会服务结合起来。2004 年重新恢复的中央 1 号文件中，再次把农村工作作为党的工作的重中之重，提出社会主义新农村要“坚持大中小城市与小城镇协调发展”这样的一个原则，要按照“循序渐进，节约土地、集约发展、合理布局”的原则来促进城镇化的健康发展。

2005 年，十六届三中全会通过《中共中央关于完善社会主义市场经济体制若干问题的决定》，提出了“建立有利于逐步改变城乡二元经济结构的体制”。十六届五中全会再次提出“建设社会主义新农村”。“新农村建设”意在振兴包括县级以下的城镇在内的地方经济，以此体现城乡统筹协调发展。

2006 年中央 1 号文件提出和谐社会建设、小康建设。同时也提出要“积极稳妥地推进城镇化，改善教育、卫生、文化等配置，城乡统一的这样一个人才与劳动力市场的建设与形成”。后来国家批准了成都和重庆作为这个专题的综合改革试验区。

2007 年召开的党的十七大对城镇化的一个提法，是要“形成城乡经济社会发展一体化的新格局，积极稳妥地推进城镇化，要建设城市群，培育新的增长极”。党的十七大报告中，就已经明确提出了要“按照统筹城乡、布局合理、节约土地、功能完善、以大带小的原则，促进大中小城市和小城镇协调发展”。这一原则和要求，既揭示了中国特色城镇化道路的内涵，又指出了坚持这条道路的努力方向。

在这个时候讲的城镇化，它的功能跟过去讲的一般的城镇化是不太一样的，从城市建设的形态来说，要由分散的城镇化开始向聚集、集中的城镇化来演变，所以提出了城市群的概念。同时，事实上也就是提出要把城市群的建设或者城市化的建设作为经济增长的一个主要来源。

2010 年中央 1 号文件进一步提出城镇化要跟新农村建设结合起来。文件中提出：“社会主义新农村和城镇化是保持经济平稳较快发展的一个持久动力，要发展中小城市、小城镇的落户政策，鼓励部分城市将农民工纳入城镇住房的保障体系”。

2012 年党的十八大在城镇化问题上，提出要“坚持走新型的城镇化道路”。在这样一个新型化的城镇化道路的引领之下，未来的中国要形成一个城乡经济社会发展一体化的新格局。十八大以后，乃至今后一个时期，要把新型城镇化作为国家的一个大的战略，事实上也就是说要通过城镇化的建设来带动中国的经济增长。

十八大报告提出，坚持走中国特色的新型工业化、信息化、城镇化、农业现代化道路，推动信息化与工业化深度融合，工业化与城镇化良性互动，城镇化与农业现代化相互协调，“四化”同步发展。

党的十八大以来，城镇化被视为下一阶段中国的发展重点。中国政府屡次承诺要走上一条更可持续的发展道路，如今终于付诸行动。新领导层放弃了过去那种高速而危险的经济增长模式，并着手解决环境严重退化、地区发展不平衡以及社会不公等问题所造成的后果。

2013 年《政府工作报告》中表示，“加快推进户籍制度、社会管理体制和相关制度改革，有序推进农业转移人口市民化，逐步实现城镇基本公共服务覆盖常住人口，为人们自由迁徙、安居乐业创造公平的制度环境。”舆论注意到，这是《政府工作报告》罕见地提到“自由迁徙”。

有学者认为，新型城镇化的着眼点应是“农村居民的市民化”，特别是已经进城务工的 2.6 亿人。“把已经习惯了城市生活、也有相当稳定就业岗位的这部分人尽快变成当地的市民，这是新型城镇化的一个要求。”

农业剩余劳动力不断转移至非农业部门、农村劳动力转移到城市各经济部门是一个动态过程，城镇化不是简单的人口比例增加和城市的蔓延式扩张，而是产业结构、就业方式、人居环境、社会保障等全面的城市化。这涉及两个最基本的问题：户籍制度改革和农村土地制度改革。

“这两个问题解决不了，其他都是空谈。”有专家这样说。

（五）《国家新型城镇化规划（2014—2020年）》正式发布

城镇化战略问题实际上是中国城镇化战略与现代化战略如何衔接的问题。可以说，实施城镇化战略，能够使我国巨大的回旋余地得以充分施展。潜力巨大的中国城镇化，既是中国经济增长最强大、最持久的内生动力，也是我国拓展与世界各国合作的新平台。因此，我们要从现代化建设的全局出发，着眼国际政治经济格局的变化，乃至站在保障国家安全的高度，统筹研究和实施城镇化战略。

2013年11月召开的十八届三中全会审议通过的《中共中央关于全面深化改革若干重大问题的决定》（以下简称《决定》）中提出，“城乡二元结构是制约城乡发展一体化的主要障碍”。其中一个重要举措就是要“完善城镇化健康发展体制机制”。

《决定》指出，“坚持走中国特色新型城镇化道路，推进以人为核心的城镇化，推动大中小城市和小城镇协调发展、产业和城镇融合发展，促进城镇化和新农村建设协调推进。”《决定》还提出，必须健全体制机制，形成以工促农、以城带乡、工农互惠、城乡一体的新型工农城乡关系，让广大农民平等参与现代化进程、共同分享现代化成果。

在城镇化建设的实现路径上，明确放弃过去一直广受社会批评的“大城市群理论”，即通过发展城市群来消纳农村人口的路径。中央明确提出实施面向中小城镇来吸纳农村人口的发展城镇化的新路径。同时提出城乡二元结构的解决方法，以工促农、以城带乡、工农互惠的方法。这就进一步明确了消纳农村人口的路径是“要迟滞农村人口的入市”。它标志着未来农村人口的主要消纳路径是“就地解决”，而不是搞所谓的扩大城市规模来接纳农村人口并实现其“华丽转身”。这将成为中国未来实现城乡一体化的基本解决方法，这也是从中国国情出发，兼顾诸如着力发展农村经济、着眼从长远提升内需、规避城市发展承载力“受限”等一系列重大问题之所必需。

这一实现路径的重新明确是基于中国国情的基本分析得出的理性结论。从根本上讲，实现城乡一体化的战略目标要经历30年以上的时间，这个过程将是一个漫长且有风险的社会实践期。

2013年12月10日至13日，中共中央召开中央经济工作会议。同时，在中央经济工作会议召开期间，中央城镇化工作会议召开，其规格之高已经上升为国家战略层面。这次中央城镇化工作会议，是党中央第一次将城镇化提高到中央层面战略高度的一次具有里程碑意义的重要会议。中央城镇化工作会议明确了推进城镇化的指导思想、主要目标、基本原则、重点任务，从战略和全局上作出了一系列重大部署，对于推动城镇化沿着正确方向发展，具有重要战略意义和指导作用。

中央城镇化工作会议指出，城镇化是现代化的必由之路。会议提出了推进城镇化的六大主要任务：一、推进农业转移人口市民化。二、提高城镇建设用地利用效率。三、建立多元可持续的资金保障机制。四、优化城镇化布局和形态。五、提高城镇建设水平。六、加强对城镇化的管理。这些任务同时也成了推进国家城镇化要实现的具体目标。这次会议充分体现了推进新型城镇化是国家全面建成小康社会和实现可持续社会主义现代化的必由之路，是解决农业、农村、农民问题的重要途径，是推动区域协调发展的有力支撑，是扩大内需和促进产业升级的重要抓手，更是实现中华民族伟大复兴的中国梦的重要实践。

中央城镇化工作会议召开后半个多月，四川、黑龙江、甘肃、陕西、广西等近10个省份陆续召开地方城镇化工作会议。由于《国家新型城镇化规划》尚未出台，因此地方城镇化会议带有各地明显的地域特色，各地对新型城镇化路径明确的基础上，结合当地情况形成具体发展形态。

从2013年十八届三中全会至2014年“两会”，新型城镇化题材愈演愈烈。十八届三中全会要求完善城镇化健康发展的体制机制，坚持走中国特色的新型城镇化道路，推进以人为本的城镇化，推动大中小城市与小城镇协调发展、产业与城镇融合发展，促进城镇化与新农村建设协调推进……新型城镇化正在释放出中国经济转型升级的强烈信号。

2014年“两会”期间，新型城镇化建设的框架思路更加细致、具体。李克强总理在《政府工作报告》中强调，2014年中国将继续推进以人为本、四化同步、优化布局、生态文明以及传承文化的新型城镇化道路。在未来一段时期内，新型城镇化建设还要求重点解决好现有的3个“1亿人”问题。即：促进约1亿农业转移人口落户城镇、改造约1亿人居住的城镇棚户区和城中村、引导约1亿人在中西部地区就近城镇化。通过以上改革，有效解决了农村劳动力合理的流向问题，符合以人为本的主旨要求，成为新型城镇化建设的重要突破口。

2014年3月16日，中共中央、国务院印发的《国家新型城镇化规划（2014—2020年）》正式公布。《国家新型城镇化规划（2014—2020年）》明确了未来城镇化的发展路径、主要目标和战略任务，统筹了相关领域的制度和政策创新，是今后一个时期指导全国城镇化健康发展的宏观性、战略性、基础性规划。制定实施《规划》，努力走出一条以人为本、四化同步、优化布局、生态文明、文化传承的中国特色新型城镇化道路，对全面建成小康社会、加快推进社会主义现代化具有重大现实意义和深远历史意义。

有专家指出，这是一部指导我国走新型城镇化道路的纲领性文件，内容全面丰富，总结并吸取了国内外城镇化工作的经验教训，权威性和指导性强。如果说没有一个好的规划，没有一个好的指导思想，放开了干，各地方想怎么干怎么干，可能也会出现一些问题，可能给经济社会发展带来很多的麻烦。为了避免走弯路，这份文件认真总结了我国近年来城镇化的经验教训，包括：土地城镇化快于人口城镇化，建设用地粗放低效；城市管理服务水平不高，“城市病”问题日益突出等。

（六）基于国情的城镇化道路选择

《国家新型城镇化规划（2014—2020年）》指出，“我国已进入全面建成小康社会的决定性阶段，正处于经济转型升级、加快推进社会主义现代化的重要时期，也处于城镇化深入发展的关键时期，必须深刻认识城镇化对经济社会发展的重大意义，牢牢把握城镇化蕴含的巨大机遇，准确研判城镇化发展的新趋势新特点，妥善应对城镇化面临的风险挑战。”

1. 如今的城镇化表现出多个特点

城镇化发展快速稳步上升。过去三十几年中，国家统计超过4亿人迁入城市，2011年城镇人口占总人口比重首次超过50%，达到51.3%，这一数字表明我国城市人口已经超过农业人口。《国家新型城镇化规划（2014—2020年）》指出，1978—2013年，我国城镇常住人口从1.7亿人增加到7.3亿人，城镇化率从17.9%提升到53.7%。

《国家新型城镇化规划（2014—2020年）》指出，目前东部地区常住人口城镇化率达到62.2%，而中部、西部地区分别只有48.5%、44.8%。改革开放以来，我国城镇体系日益完善，初步形成了“655+20000（城市和建制镇）”的框架体系及辽中、京津冀北、长三角、珠三角四个成熟的城镇群的格局。从宏观空间看，我国城镇空间合理布局的“大分散、小集中”格局正在形成，表现为与我国地理环境资源基本相协调的东密、中散、西稀的总体态势。从微观看，城市内部空间，中心城区、近郊区以及远郊县的城镇空间结构层次日益显现。

《国家新型城镇化规划（2014—2020年）》指出，我国“中西部地区发展相对滞后，一个重要原因就是城镇化发展很不平衡，中西部城市发育明显不足。随着西部大开发和中部崛起战略的深入推进，东部沿海地区产业转移加快，在中西部资源环境承载能力较强地区，加快城镇化进程，培育形成新的增长极，有利于促进经济增长和市场空间由东向西、由南向北梯次拓展，推动人口经济布局更加合理、区域发展更加协调”。

人口流动的促进作用增强。伴随着户籍制度的改革和农村剩余劳动力的大量产生，我国人口迁移呈现出量大面广的特点，对当前正以较快速度向前推进的城镇化进程起到了促进作用。从全国情况来看，东部地区特别是东南沿海地区是国内人口流入最多的地区，由于经济发展较快，吸引了大量外来务工人口，在一定程度上促进了这些地区的城镇化，使之成为当前人口城镇化水平最高和近年来城镇化进程推进最快的地区。

城镇建设成效明显。《国家新型城镇化规划（2014—2020年）》指出，我国“城市水、电、路、气、信息网络等基础设施显著改善，教育、医疗、文化体育、社会保障等公共服务水平明显提高，人均住宅、公园绿地面积大幅增加”。当前，我国城市建成区面积逐步扩大，住房条件、城市交通、供水、热电、绿化、环境卫生、电信等基础设施体系不断完善，扩大了城镇人口容量，提高了城镇现代化水平。

2. 必须理清当下城市化的事实

目前大城市的人口密度还有很大的提升空间，并且中国所谓的“城镇化率”过百，有很大的水分。产生水分有三个原因，一是将“城镇化”当成城市化，但中国的很多镇其实就是改了个名字，行政级别上调整了一下，城镇实际上并没有城市所有的福利；二是将农民工当成城里人，其实外来务工者并不享受城市福利；三是以常住人口代替户籍人口，不顾两者享有的公共服务区别，造成人为的数字繁荣。挥别这种数字繁荣，有助于我们看清未来的城市化之路。

2012年，全国总人口13.54亿；城镇户籍人口（非农业人口）4.78亿，占35.29%，农村户籍人口（农业人口）8.76亿；按居住地划分，城镇常住人口7.12亿，占52.6%（即城镇化率）。而在这7.12亿人中，农民工人数在2.6亿以上。在经历了几十年的高速城镇化之后，我国城镇的正式和非正式居民总数一举超越了农村人口数量。《国家新型城镇化规划（2014—2020年）》指出，1978—2013年，我国城市数量从193个增加到658个，建制镇数量从2173个增加到20113个。

我国现在有7.12亿城镇人口，可是只有658个城市，另外还有近2万个建制镇，建制镇平均人口1万多。按照国际上一般对城市的认定，我们所有的建制镇的镇区都可以叫做城市。可是在我国，建制镇的统计范畴是属于农村，隶属于城市的管辖。如果我们提出"城市化"，在我国这种国情下，各级城市政府会以此为借口，排斥农民工，同时，他们会利用自己管理上的优势权力，使得生产要素走向更多地向城市倾斜，把自己的城市越做越大。

"城镇化"，这是目前中央既定政策的提法。中央政策已明确，城镇化就是农村人口向城镇逐步转移的过程，就是城镇基础设施和公共服务覆盖更多的农村地区和人口的过程。

但是，大城市也必须要承担农民工进城的公共服务问题。在尊重农民自愿选择的前提下，各类城市都应该积极接纳农民转移，走出一条适合我国国情的大中小城市和小城镇协调发展的城镇化道路。

国家历年关于促进城镇化发展的政策文件中也始终强调中小城市和小城镇的重要性。从城镇的行政级别角度看，未来城镇化的重点之一是布局与发展城市圈，带动周边卫星城镇的发展，以及发展县域经济中实力相对较强的中小城镇如县城驻地镇等。

7亿多人生活在城里，中国的城镇化速度是世界上最快的，城镇化过程中遇到的问题也是世界上任何一个国家都没有经历过的。因为在拉动内需方面的重要作用，城镇化将成为推动经济改革的重要方向。

聚焦于各类大中城市和城市群，是对城镇化的误读，中国应该走一条适合国情的大中小城市和小城镇协调发展的城镇化道路。从世界各国经济发展来看，城镇化都是客观的发展方向，中国的城镇化道路最关键的是要走得稳、走得准、走得好。如果发展不平衡或在过程中走得不好，纠正起来就难了。

3. 我们要什么样的城镇化？大城市化还是城镇化？

《国家新型城镇化规划（2014—2020年）》指出，要“促进各类城市协调发展”。即“优化城镇规模结构，增强中心城市辐射带动功能，加快发展中小城市，有重点地发展小城镇，促进大中小城市和小城镇协调发展”。

上世纪80年代初，我国就提出“小城镇，大战略”，并制定出“控制大城市规模，合理发展中等城市，积极发展小城市”的城市发展方针。此后随着建制镇标准的降低和撤县改市的兴起，小城市和小城镇的数量大幅提高，目前我国有小城镇2万多个。小城镇规模小，不宜发挥聚集效应，工商服务业落后，许多小城镇还保持着农村的面貌，使城镇化进程表现出缺乏工业化和人口支持的过度城镇化倾向。30年来，这个政策的实施，使全国50万人以上的大城市在全部城市人口的比重有所降低，中、小城市在全部人口中的比重上升，但平均规模有所下降。

过去，我们提出过“严格控制大城市规模”，但实际上大城市规模并没有得到控制，相反得到了较快的发展。然而任凭大城市发展，会在交通、供水、供电、卫生等方面，形成很大的压力。因此，要根据区域发展的需要与城市职能，合理确定城市的地位与城市职能体系，走适宜本区域发展的城镇化道路。

回顾过往，城市化一度是重要的战略选择。伴随着改革开放的进程，中国的城市化之路曾经波澜壮阔。但随着大城市规模的迅速扩张，“大城市病”逐渐凸显。一些大城市已然超载，人口资源环境压力不断增加，可持续发展成为问题。同时，从统筹城乡发展的角度，重在发展大城市的城市化战略难以产生效用。

相比而言，推动小城镇的发展，则能更好地起到以城带乡之效。从统筹城乡关系看，小城镇是连接城乡、工农的纽带，是农村社会公共品的提供基地和服务载体。小城镇的发展，可转移出大量的农民，帮助解决“三农”问题。

小城镇也是促进城乡协调发展，推进城乡一体化进程的轴心。小城镇面向城市、农村两个领域，上联城市，下靠农村，是城乡之间的联系纽带。它具有交通枢纽功能，物资、信息、资金集散功能和文化、服务辐射等多种功能。

作为“乡村之首”，它是农村区域经济的“发展极”和增长点，带动农村经济社会发展和农民生活质量的提高。

作为“城市之尾”，它接受大中城市的辐射，并起着将城市先进的产品、技术、信息等向农村地区传递，将农产品向城市输送的双向交流作用，促进城乡生产生活要素资源的合理流动和优化组合。

作为现代文明的载体，它使进入小城镇的农民不自觉地在改变传统的生产生活方式，不断接受现代文明的洗礼，提高现代文明素质，养成与现代城市文明相协调的生活方式。

长江三角洲、珠江三角洲等地区小城镇崛起的实践证明，小城镇的发展，将逐步形成城乡一体化的生产网络、流通网络、交通网络、科技文化教育网络、金融信贷、经济信息网络等，把城乡有机地联成一个充满生机与活力的整体，逐步实现城乡之间在制度、管理体制、市场、产业和社会文明等各方面的接轨，促使城乡一体化向现代化的目标挺进。

怎样发展小城镇，怎样通过发展小城镇来吸纳农村富余劳动力，多渠道地推进城镇化进程，这是我们必须认真对待的一个大问题。

任何城镇的发展都有其产业依托。一般来说，小城镇的产业依托是农村工业；中小城市的产业依托是现代工业和服务业；大城市的产业依托是建立在现代工业基础上的第三产业。

由于中国面广量大的农村富余劳动力的文化水平一般为小学和初中文化程度，大多数首选的就业方向是小城镇的农村工业。因此，小城镇是中国特色城镇化的起点。

但这种情况不是一成不变的，许多外出务工农民都采取由小城镇向中小城市、大城市逐级“跳巢”的方式，不断发展自己。

城镇化机制本身也决定了城乡之间是一个开放的大系统，生产要素在城乡之间可以自由流动与重新组合，通过比较利益优势来发挥要素的最大效益。

提倡大中小城市与小城镇协调发展，实际上是考虑了不同区域大中小城市和小城镇发展的背景与特点。这种特点，既说明发展小城镇的重要性，也说明了发展小城镇是推进大中小城市发展的基础。

4. 调整“以小为主”的城镇化方针

以改革创新提高城镇化质量、促进城镇化转型升级，首先应合理确定城镇化方针，以明确城镇化方向。我国一度实行积极发展小城镇、适当发展中等城市、严格限制大城市规模的城镇化方针。这一方针无疑是从当时我国实际出发，符合改革开放前期农村人口占绝大多数、生产力不发达基本国情的。发展小城镇投入少、见效快，既有利于农村富余劳动力转移、加快人口城镇化进程，也有利于“三农”问题的解决。然而，到20世纪90年代后期，“以小为主”的城镇化造成的资源浪费、环境污染、效率低下等问题突出出来，城镇发展开始向“以大为主”转变。但这只是实践上的转变，城镇化方针并没有调整。

城镇化是社会生产力发展到一定阶段、社会进步达到一定程度的产物。从国际经验看，城镇化进程基本上呈S形曲线三阶段走势。第一阶段为S形曲线底部，农村人口主要向中小城镇转移，可称之为乡村城镇化阶段；第二阶段为S形曲线挺起的中部，以乡村和中小城镇人口向大城市转移和集中为主要特征，可称之为大城市主导阶段；第三阶段为S形曲线顶部，以大城市尤其是超大城市中心区人口向郊区迁移为新动向，可称之为逆城镇化阶段。以此衡量，我国在改革开放前期的20年成功走过了第一阶段，随即进入第二阶段，是合乎规律的发展。

不能认为小城镇式城镇化才是中国特色，这是一种误读和误导，会模糊城镇化的阶段性特征；这会阻碍城镇化的转型升级。

城镇化效率和效益同城市规模呈正相关关系是普遍规律，不顾这一规律，固守以小为主"铺摊子"式的城镇化，会助长盲目圈地占地、投资开发，造成资源浪费、成本升高，使城镇化偏离转变经济发展方式和推进新农村建设的方向。因此，"以小为主"的城镇化方针到了需要改革调整到以大为主、大中小城市和小城镇协调发展的时候了。

按照统筹城乡、布局合理、节约土地、功能完善、以大带小的原则，促进大中小城市和小城镇协调发展这一原则和要求，就是中国特色城镇化道路的内涵，也是努力的方向。推进中国城镇化进程，必须注意到不同类型的城市具有不同的功能和吸引力。中国的城镇化，必须从我国农村经济相对落后、资源条件相对贫乏的实际出发，以建立科学合理的现代化城镇体系为基本方向，建设以大城市为骨干、中小城市为主体、广大小城镇为基础的城镇群体。就是要做到大中小城市和小城镇"四城"并举。

三　城镇化面临的问题和挑战

《国家新型城镇化规划（2014—2020年）》指出，在城镇化快速发展过程中，也存在一些必须高度重视并着力解决的突出矛盾和问题。比如，大量农业转移人口难以融入城市社会，市民化进程滞后；“土地城镇化”快于人口城镇化，建设用地粗放低效；城镇空间分布和规模结构不合理，与资源环境承载能力不匹配；城市管理服务水平不高，“城市病”问题日益突出。

中国的城镇化发展，面临很多问题和挑战。具体而言，主要有以下几个方面：

（一）城镇化存在“虚高”成分

1. 我国城镇化质量还不高，二元结构仍然存在

我国从一个具有几千年农业文明历史的农业大国，进入到以城市社会为主的快速发展阶段，城市的基础设施、服务能力等都还没有完善，大量的人口拥向这些中心城市。

改革开放以来，中国城镇化进程快速推进。官方数据显示，截至2012年年底，中国城镇人口达到7.12亿，人口城镇化率提高到52.57%，达到世界平均水平。

然而，有关专家也提出，“52.57%”只是基于城镇常住人口的统计，在国家统计局第六次人口普查数据中，户籍城镇化率是27.7%。这说明，我国农业转移人口市民化速度，已大大落后于城镇化速度。这也预示着未来城镇化道路将面临更多挑战。即使是这样的城镇化水平，我国城镇人口占总人口的比重仍然存在很大的“虚高”成分。

城镇人口历史性地超越了农村人口，中国社会结构正在发生深刻变化。中国城镇化的外部条件和内在动力正在发生深刻变化，必须走以提升质量为主的转型发展之路。

2. 农村地区“被城镇化”

上世纪90年代我国许多地、县改为市后，将大量周边农村划为市

区，同时大中城市为了实现城市空间扩张，也将大量郊区县归并为市区，但这些被划归为市区的农村，有相当一部分并没有实现城镇化，这里的基础设施和公共服务依然是农村水平，农民的生活消费方式也没有发生实质转变。

3. 农村人口“被市民化”

国家统计局数据显示，2012 年我国城镇人口 71182 万人，但实际享受城镇化制度安排的人口要远远低于该数据。因为，在现有体制下，我国 26261 万农民工中，有 16336 万人在城镇打工，由于户籍限制，他们既无法真正享受城镇化成果，又被统计为城镇人口。如果仅仅扣掉进城务工农民人口数，我国的城镇化率就会大幅下降。实际上，这两类人口被统计为城镇人口并没有带来真正的需求增长，因为我国城镇的基础设施和公共服务体系建设是很少考虑农民工进城因素的，同时进城农民工的消费结构也无大的变化。

4. 多数农民工无市民待遇

我国被纳入城镇常住人口统计的 2.6 亿农民工及其家属，在就业、教育、医疗卫生、保障性住房等方面与城镇户籍居民相差甚远。一些地方反映，地方政府缺乏为农民工提供公共服务的相应财力，中央财政缺乏相应的支持激励政策。

截至 2012 年，农民工参加城镇职工养老、工伤、医疗、失业和生育等五项基本社会保险的比例仅为 14.3%、24.0%、16.9%、8.4% 和 6.1%，参保率仍较低。农民工基本不能享受廉租房和经济适用房，也没有住房公积金制度。

（二）盲目追求城镇化速度和城镇化率

城镇化，不能单纯理解为高度膨胀城市市区人口、建造大城市和超大城市市区，并在其中大建林立的高楼大厦群，尤其是住宅高楼群，以及市区面积不断向四周呈面型无限扩展。否则后果严重，后患无穷。

一些地方借推进城镇化之名，盲目追求城镇化速度和城镇化率，大搞基础设施建设和房地产开发投资，超前规划各种工业园区、开发区和新城区，缺乏产业支撑，造成很多“空城”，占地过多。

2000—2011年，我国城市建成区面积增长76.4%，远高于城镇人口50.5%的增速，城镇建设用地年均增长110万亩以上，但开发强度普遍偏低，工业用地容积率一般只有0.3—0.6，而发达国家和地区一般在1以上。

城镇化本来就是中国所特有的名词。如果使用通常所定义的城市化率，从城镇常住人口比例的增长速度来看，中国的城镇化貌似与其他众多国家并无明显差异。

按城镇人口占总人口的比例计算，中国的城镇化率从1980年到2010年增长约30个百分点，年均增长1个百分点。欧美发达国家英国、美国、法国的城镇化，在从20%左右增长至50%水平，分别大致经历了100年、60年和65年，而中国从20%到50%用了30年。

尽管中国的城镇化速度相对于欧美等发达国家增长很快，但与日本、韩国、拉美等快速城市化的国家相比则显得较为一般。

1. 从GDP崇拜到城镇化率崇拜

尽管“人的城镇化”已经成为共识，但各级政府部门最看重的还是城镇化对扩大内需的GDP拉动作用。

当前，扩大内需的最大潜力在于城镇化，这个判断无可厚非。但对此一定要清楚，城镇化的第一目标是农业人口合理有序稳定地向城镇集中融合，拉动投资、拉动消费和带动经济增长是城镇化第一目标顺利实现过程中的伴生现象和影响结果。如果各级政府在城镇化推进中把扩大内需变成追逐的首要目标，新型城镇化道路有可能再次落入追逐GDP增长的“陷阱”。

不少地方政府提出的目标都是“全域城市化”，甚至有官员提出“不干农业，消灭农村”的极端论调。同时，在没有搞清楚国外城镇化率的口径和方法的情况下，不少学者也纷纷发言：“发达国家的城镇化率80%以上，我们才多少？还有很大空间。”这种城镇化率崇拜的发展思路完全脱离了我国现在和未来的现实国情，将造成比GDP崇拜更具破坏性的恶果。

我国农业人口规模庞大是区别于其他国家的基本国情。当前，在城镇化率已超过50%的情况下，农业人口仍有6.7亿人。相比较，英国、巴西同一城镇化水平时期，农业人口仅分别为1300万人和4500万人。即使到2030年，城镇化水平若达到65%，中国从农村需要转移的人口将达3亿左右，仍有相当于美国和俄罗斯两国人口总和的约4.5亿人生活在农村。

城镇化是一个历史过程，没有捷径可走。中国的城镇化道路，不仅是与工业化相互适应、相互推动的过程，而且是与农业现代化相互支持、协调发展的过程。中国的城镇化，不应是削弱农业、剥夺农民、凋敝农村的过程，而应当是加强农业、富裕农民、繁荣农村的过程。这也是中国城镇化能否健康可持续发展的关键之一。

2. 片面注重城市规模扩张

一些地方热衷于大规模的城市建设，大拆大建，把城镇的公共设施投入用于行政办公中心等形象工程，重视政绩效应和视觉效果，忽视城镇居民特别是外来务工人员的基本就业及社会保障需求。城镇面貌短期内改观，然而体制和政策方面漏洞百出，导致城镇化发展中最为重要的人口城镇化的目标被忽视。

盲目“造城运动”致城镇化效率低下。各地在大张旗鼓进行城镇化同时面临的一个颇为尴尬的现实是，众多县级市要建超高层写字楼、大搞“城市综合体”。另有一些城市以加速城镇化进程为幌子，以建设工业园区为名，以获取土地出让收入及相关税费为目的，大搞扩城、造城运动。

不少地方采取“摊大饼”的方式推进城市化，把各种产业都堆在大城市里面，搞“造城运动”。结果不论城市建设还是城市运营，都效率低下，使城市化和工业化受到了成本过高的阻碍。

过去主要靠高投入、高消耗、高排放的工业化、城镇化发展模式难以为继，必须走以提升质量为主的转型发展之路。

3. 城镇化不是盲目建设新城新区

对于城镇化，还得理解好“城”的定位，弄个旧的城，再弄个旧乡，再怎么结合，都不是正确的发展路子。我们现在对于“城”和“乡”都理解不够，因此进行了许多城镇化的试点，例如建新区，鄂尔多斯新区、呈贡新区、金阳新区等等，走了些弯路。这些新区中的许多地方，建立时不曾考虑市场问题，因此成为无人居住的“鬼城”。

如果将城镇化作为大搞“造城运动”的手段，结果可能新城涌现了，但农村衰落了。如果将城镇化作为发展房地产的手段，结果可能房价起来了，但内需下去了。

一些地方以城镇化为名，行扩建新城的冲动，和真正的城镇化似乎没有什么直接相干。因此，在“人”与“城”的关系上，应明确一个逻辑次序，要先有“化”人，后有扩城。离开“化”人的因素，“城镇化”就可能成为只“圈地”、不“化”人的幌子。

目前的新城模式存在以下几个问题：(1) 过多过大过滥，在竞争条件下很难实现规划目标。(2) 标准过高，没有那么多可支撑的高素质产业和高素质人口。(3) 政府财政压力增加，风险逐渐显化。(4) 新城新区建设冲淡了中央城镇化战略解决人口城镇化问题的初始目标。

(三)“城市病”困扰着城镇化

近年来，一些特大城市规模无序扩张，人口压力过大，资源环境承载能力已超过极限，环境污染、居住拥挤、交通堵塞、房价高企等“大城市病”凸显。此外，一些地方盲目追求 GDP，忽视城市综合发展，阻碍经济结构的升级，导致中国式的城市病。

一些大城市痼疾缠身，风貌消失，交通梗阻，食品垃圾化，社会矛盾显性化。在“蚁族”、房奴、车奴、口罩族的背后，“宜居”似乎近在眼前又似乎渐行渐远。

1. 大城市和中小城镇都存在城市病

2013 年以来，雾霾成为中国不少城市有史以来空气质量最糟糕的表现，多个城市的居民已被警告尽量减少外出时间。另外，据《国际城市发展报告（2013）》指出，全球人口日益集聚在城市，到 2050 年预计平均每个城市居民每年花在交通拥堵上的时间将达到 106 小时。

大城市的硬伤当然还远不止于空气和交通，城市病症的治理已成为城市管理者亟需破解的课题。

例如：住房紧张，房价不断快速上涨，大批“居士”无居室，高房价增加企业成本，促使物价上涨；争地、圈地造成紧张气氛，使可耕地减少、土地荒芜、河湖面积和湿地面积缩小，甚至消失；水资源日趋匮乏，地下水位大幅度下降，而蓄水能力降到极限，不得不采取耗时、费力、消耗可耕地、花费巨资的引水工程；物价上涨、食品安全问题增大；交通拥堵、事故增多、产生多种危害、污染空气、危害社会秩序；“三废”成倍增长，环境严重污染，热岛效应使市区空气污染加剧，林立的高楼大厦群致使空气流动不畅，促使频发的雾霾加重；居民健康受到危害、与呼吸有关的多种疾病有上升趋势、“空气污染致癌”，如非典、禽流感等高危传染疾病的传播与对其及时、有效控制的难度增大；教育、卫生医疗资源的增长远跟不上人口的增速，导致异化发展，还会造成学区附近房价暴涨；火灾、停电、地面沉降、垮塌等灾害与管道事故增多，地基的不稳定性大大增加；承载千百年历史和文化的名胜古迹，惨遭毁坏；就业难度增大、待业人数不断上升、林立的高楼大厦群与低矮的棚户区和拥挤的群租房并立、收入与分配不公的差距不断拉大，导致日益严重的心理不平衡；维护社会秩序、城市治安、社会稳定的难度增大；城市管理体系面临巨大的挑战，易陷入顾此失彼的无序漩涡。

与此同时，中小城镇吸纳人口有限。近年来，小城镇人口比重不升反降，城市重规模扩张，轻服务管理，城市空间利用效率偏低，基础设施管理运营水平不高，基本公共服务供给能力不足。

上述各种问题，随着人口的增加，还在不断发展，而且它们的相互关联、相互作用，还会产生连锁反应，具非线性。

此外，还有很多尚未显露的不确定因素以及认识不到位的各种因素。在人口高度密集区，出现任何失误、发生任何灾害，后果都是极其严重的。因此，还应做好备战、防灾，人口密度与受灾程度成正比。

2. 城镇规模和层级发展不协调

《国家新型城镇化规划（2014—2020年）》指出，我国“城市群布局不尽合理，城市群内部分工协作不够、集群效率不高；部分特大城市主城区人口压力偏大，与综合承载能力之间的矛盾加剧；中小城市集聚产业和人口不足，潜力没有得到充分发挥。”

从我国城镇化的形态看，不同规模和层级的规模发展不协调。多数的城市群，如环渤海、珠江三角洲、长三角三大城市群的经济实力比较强，但就全国整体来讲，大多数中小城市还处于城镇化的初级发展阶段，吸纳人口能力还不足，还有很大的发展潜力。

现如今，我国不乏人口数量超过500万的大城市，然而这些城市普遍面临较为严重的“城市病”问题，而众多的建制镇和集镇规模太小，发展动力不足；中间规模的城镇数量缺乏，人口从农村向城市转移缺乏必要的过渡环节，城镇规模和层级发展表现出不协调。

（四）城镇化滞后于工业化、非农化

《国家新型城镇化规划（2014—2020 年）》指出，在城镇化快速发展过程中，产城融合不紧密，产业集聚与人口集聚不同步，城镇化滞后于工业化。

城镇化是工业化发展到一定阶段的必然结果，工业化通过拉动就业、增加收入、改变土地形态等方式影响城镇化，两者具有极强的关联性。很长一段时间，中国的城镇化远远滞后于工业化。近些年，各大中城市加大工业园区建设，注重产业发展，工业化率与城镇化率差距在逐渐缩小，数据显示，2011 年全国城镇化率为 51.27%，工业化率为 46.8%，二者之差在 5% 以内。

改革开放以来，我国对城镇化的重视程度不断提高，对限制城镇化发展的体制和政策进行了改革和调整，城镇化水平也有了明显提高，但与此同时，优先支持工业化的体制格局并没有发生根本性变化，城镇化滞后于工业化一直存在于经济发展过程中。

到 2012 年，用人均国民收入水平衡量，我国经济发展已经处于中上等收入国家水平，但用城镇化率衡量，我国城镇人口占全社会人口比重只有 52.6%，还处于中等收入国家水平，很显然，我国的城镇化已经明显滞后于工业化，必须加快推进城镇化。

1. 城市产业缺乏或产业升级调整导致就业问题突出

地方政府在推进城镇化过程中，资源集中用于城市建设，或者是通过调整行政区划来扩大城市辖区面积，忽视产业发展，造成城市发展中的产业缺乏，创造的就业机会不足；随着中国工业化进入资本密集程度提高阶段，资本投入迅速增加，资本有机构成提高，资本对劳动的替代加快，就业对经济增长的弹性较以往降低。另外，进城务工农民由于技能和文化水平的限制，其就业问题一直是城镇化过程中的难题。创造稳

定就业机会是城镇化最大挑战。

无疑，推进城镇化进程，创造稳定就业机会，不仅需要政府的政策推动，通过制度变革，在农民工去城市就业的现状基础上，加强基本社会保障，提高身份认同；更需要经济体本身强大的内在动力驱使，大量创造稳定就业的机会，真正促使农民工向市民的有序转变。因此，在中国如此庞大人口规模基础上推进城镇化进程，更需要改革创新的大无畏勇气和谨慎态度。

2. 产业支撑城镇化还是城镇化服务 GDP

推进城镇化，必须加强产业支撑，才能提升转化农民、吸纳就业的能力，筑牢城镇化的经济基础。但一个较为普遍的现象是："捡到篮子都是菜"。比如在某县省级小城镇试点镇，满眼都是大拆大建，厂房林立，采矿、水泥和冶金等落后产业与汽车、光电等企业混杂在一起。据镇负责人介绍说，该镇实际城镇化率已经达到 96%，4 万多人中农业人口已不足 4%。之所以力争进入小城镇试点镇，是为了将小城镇试点的优惠政策向该镇的工业园区集中。

这样的景象在中西部表现得更为明显。不少市县把城镇化建设中的产业支撑，异化为招商引资，热衷于追逐像富士康这样的大规模用工企业，因企造城，在河南和四川等地短时间十几万工人聚集成城的现象众多。一旦这些大企业出现经营困难甚至倒闭，这种把城镇发展捆绑在某个大企业上的做法就会带来不可弥补的后果。

3. 城市公共产品相对短缺，社会管理滞后

城镇化在推动中国经济快速发展的同时，也带来了进城农民对城市就业、住房、教育、医疗、社会保障等公共服务产品需求的大量增加，如何为农民提供城市生活必需的公共产品，与城市居民一样享受同城待遇，这是城市公共服务均等化所要面临的问题。同时，由于市场化的完善和城镇化进程的加速，城市之间人口流动加快、大量农民工进城，导致社会流动的规模增大和速度加快，而一些城市社会管理能力滞后，20世纪50年代至70年代曾在西方国家出现的“大城市病”也开始在我国显现苗头。由于大城市城区人口过于密集，就业困难、交通拥堵、环境污染、水资源紧缺、房价飙升、空气质量下降等，越来越成为建设和谐社会的不稳定因素，影响了城镇化的健康发展。

4. 耕地逐渐减少制约未来城镇化发展

城市规模的扩大，城市数量的增加，使得我国的耕地逐渐减少，城市的进一步发展受到了约束。相对于巨大的人口规模，中国的耕地资源十分有限。但是在工业化、城镇化的快速发展过程中，城市空间过度扩张、占用耕地和生态环境压力增大；一些地方以非市场化的方式低价征用土地，高价出让获得差价收益，将农用地转为城市建设用地作为变现建设资金的重要手段，造成耕地大量被占用。中国城镇化的进一步发展需要占用一定的耕地，但是，逐渐减少的耕地成为未来城镇化发展的一个重要制约因素。

（五）城乡二元结构滞缓城镇化发展进程

《国家新型城镇化规划（2014—2020年）》指出，“随着户籍人口与外来人口公共服务差距造成的城市内部二元结构矛盾日益凸显，主要依靠非均等化基本公共服务压低成本推动城镇化快速发展的模式不可持续。”与此同时，“城镇内部出现新的二元矛盾，农村留守儿童、妇女和老人问题日益凸显，给经济社会发展带来诸多风险隐患。”

改革开放以来，为了推进城镇化，我国在户籍制度、劳动就业制度、社会保障制度、教育制度等方面，进行了一系列变革，但阻碍城镇化发展的城乡分割政策壁垒还没有完全打破。

首先，户籍阻碍城乡一体化。长期以来，我国人为地将全体公民划分为农村户口和城市户口，形成了我国特有的城乡分割的二元体制，严重阻碍了城镇化的发展。如果按户籍来算，人口城镇化率远低于世界52%的平均水平。中国目前的城镇化率，是按城镇常住人口统计的，其中还包括农民工群体。户籍制度让农民工被城镇化。户籍改革之所以难以推行，就是因为城里的福利政策太多了。

其次，我国在城市和农村实行不同的土地政策。农村实行家庭联产承包责任制，土地归集体所有，具有本地户籍的农民才有使用权，且农户不能将土地自由转让，农民的土地权益无法得到实现。农民进城后在城市和农村"两头占地"现象普遍存在。过去30年农民土地权利弱化；地方政府（市县一级）过度依赖土地出让收入及与土地相关的融资；城市面积迅速扩张和城市土地使用效率的低下，和与此相关的耕地占用和流失；土地法律框架不完整。

再者，如今的社会保障政策不能完全覆盖农村，农村居民的养老、医疗、失业等保障体系尚未完全建立起来。现行户籍管理、土地管理、社会保障、财税金融、行政管理等制度，在一定程度上固化了已经形成的城乡利益失衡格局，制约了农业转移人口市民化和城乡发展一体化。

1. 强征土地侵农民权益

当前，二元结构导致的城乡差别在某些方面不仅没有缩小，反而继续扩大。一方面，基本公共服务水平在城乡间差距较大，导致人口过度向大城市集中，加剧了城乡之间、地区之间发展不平衡。另一方面，一些地方强征农民土地，低征高卖，以地生财，严重侵犯农民土地和财产权益。

城镇化的快速推进，城市规模的不断扩大，造成了对农民耕地和宅基地的占用。在这个过程中，还存在着对被拆迁农民补偿不到位的现象。城市拆迁引发的社会矛盾突出，将影响社会稳定和谐发展。

2. 农村"空心化"日益严重

在高速城镇化的同时，还存在严重的"农村病"，城乡差距扩大。

表现在农业生产要素高速非农化，耕地流失，农民社会主体过快老弱化，特别是青壮年农民大量外出打工造成农村“空心化”日益严重，目前农村主要以留守老人、留守妇女和留守儿童等“三留人员”为主。农村文化衰弱、产业衰弱、农村建设用地日益空废化、农村水土和环境严重污损化。上述情况造成城乡发展不协调、不平衡，是我国经济社会发展的主要矛盾。

日益严重的“城市病”和日趋发展的“农村病”同时并存，是当前城镇化面临的巨大挑战和迫切需要研究解决的问题。

（六）异地城镇化造成区域发展不协调

我国东部、中部、西部区域城镇化的发展水平也是很不平衡的。中部地区城镇化水平还明显偏低，城镇化发展比较滞后。这在一定程度上拉大了区域之间的发展差距。城镇的空间布局与资源环境承载能力不相适应的问题现在越来越突出，658 个城市中现在有近 400 个城市缺水，缺水城市中约 200 个城市严重缺水。现在正在进行的南水北调、西气东输，实际是针对现在城市的经济、人口、资源环境不相适应的情况、不相匹配的情况，实现能源和资源大规模、长距离地调运。

当代中国城镇化三大不平衡问题是：沿海与内地发展不平衡、大城市与小城市发展不平衡、城市发展与能源保障不平衡。其中，因内地中小城镇普遍存在城镇化质量较低的“异地城镇化”现象而造成的区域发展不平衡，城镇化数量与质量不协调的问题尤其值得关注。

传统城镇化模式主要体现为粗放型工业化推动下城镇人口规模量的增长、城镇空间无序膨胀、资源大量消耗、城镇环境显著恶化。在我国，以沿海地区早期粗放型工业化背景下城镇化大规模量的扩张为典型代表。

传统意义上，我们把本区域（一定的行政辖区）内的人口就地城镇化称为本地城镇化，而把迁居至本行政区域外，从事非农业生产的人口城镇化称为异地城镇化。

实际上，从人口城镇化的本意来说，农村人口变为城镇人口的过程，除部分农村地区变为城镇地域就地转化的人口之外，多数是人口从农村迁移至城镇的过程，从这个意义上来讲，城镇化就是异地城镇化。但是，我们这里提出的异地城镇化，是工业化前期，由于地区经济差异，地区平衡发展被打破，以农业人口逐渐脱离农业生产为特征的农村推力大于就地城镇化的城镇吸力，产生大量农村劳动力向发达地区集中的现象。所以这里存在一个区域的概念，如市域异地城镇化、省域异地城镇化等。在我国，以中西部农村居民迁徙到珠三角、长三角等东部沿海城市就业的跨省异地城镇化为典型代表。

“异地城镇化”的形成是由于社会发展水平、地域经济差异等多方面的因素导致地域平衡被打破，促使一定规模人口从一个地域流向另一地域。形成异地城镇化的主要原因有：

（1）区域发展平衡被打破，沿海劳动密集型产业人口需求增大。

随着社会的发展，特别是改革开放以来，大量国际资本进入我国东部沿海地区，劳动密集型产业快速发展，导致对廉价劳动力的大量需求，而这种需求在本地无法得到充分满足，促使中西部地区农村剩余劳动力的跨区域流动。同时，东部地区也借助廉价的土地和劳动力资源，成为全球制造业生产链的重要环节，扩大了与中西部地区的发展差异，进而促使中西部地区劳动力继续外流。劳动力异地转移成为常态。

（2）中西部山区农村劳动力过剩，城镇发展用地不足。

我国中西部地区普遍处于山地丘陵地区，山高坡陡，土地贫瘠，耕地质量不佳、农民人均耕地不足的问题一直困扰着农业经济的规模化、产业化发展。土地资源的不足和农业生产集约化程度的提高导致农村富余劳动力迅速增加。用地条件差和耕地保护的压力，也导致了城市发展空间受限，城镇规模进一步扩大难度加大，剩余劳动力只有谋求异地发展。

(3) 中部地区小城市基础薄弱，辐射力小，人口吸纳能力不足。

从发展层次上看，吸引农村剩余劳动力转移最好的地域应该是建制镇和县城。但是，由于很多建制镇和县城基础设施薄弱、服务水平不高、产业支撑能力不强、就业不足、城市特色魅力不足，导致事实上建制镇和县城对农村转移劳动力的吸引力并不强，失去了其作为城镇化重要中转站的地位和作用，从另一方面，迫使农村劳动力外迁，异地城镇化现象形成。

四　新型城镇化道路实现方向

(一) 新型城镇化要提高城镇化的发展质量

党的十八大报告明确提出2020年“城镇化质量明显提高”的新要求。党的十八大以后不久召开的中央经济工作会议提出，要“积极稳妥推进城镇化，着力提高城镇化质量”。城镇化是我国现代化建设的历史任务，也是扩大内需的最大潜力所在，要围绕提高城镇化质量，因势利导、趋利避害，积极引导城镇化健康发展。

近年来，我国城镇化发展较快，更多的农民进了城，更多的农民工得到了市民化待遇，城镇化的质量稳步提升。但应看到，户籍人口城镇化水平滞后、城镇土地利用效率较低等问题还制约着城镇化发展。今后，在重视发展速度的同时，更要抓城镇化发展的质量。

1. 新型城镇化是提质为上的城镇化

当前，不少城市快速膨胀，城市基础设施建设滞后，导致环境污染、交通拥堵等“城市病”突出，逐步提升城镇综合承载能力是提高城镇化发展质量的重要方面。

新型城镇化的核心是人，是提高城镇化的质量。紧紧围绕提高城镇化发展质量，稳步提高户籍人口城镇化水平；大力提高城镇土地利用效率、城镇建成区人口密度；切实提高能源利用效率，降低能源消耗和二氧化碳排放强度；切实提高城镇化建设水平和管理水平，这些都是全面提升城镇化发展质量的具体体现。

目前关键是农业转移人口市民化，实现真实水平的城镇化，地和人的城镇化合二为一。同时，重要的是城乡一体化，城镇化不是要消灭农村，而是要城乡融合，城乡资源共享、机会共享、公共服务共享、发展成果共享，达到城乡共荣。

新型城镇化不在于物，而在于人；不在于追求速度和数量，而在于提高质量；不在于城镇面积的扩大，而在于城乡协调发展、产业的创新与发展。

要用合理的政策、科学的规划引领城乡发展的转型，探索转型的动力机制，探索农民、土地、产业与环境协同耦合的发展模式。

要创造条件让农民工成为市民，解决“城乡二元”的差异，解决农业社会向城镇社会转变，健全体制机制，形成以工促农、以城带乡、工农互惠、城乡一体化的新型城乡关系。

发达地区的城市建设主要不是增量建设，而是存量盘活和优化，即如何完善城市功能和修复城市缺陷，赢得更多发展空间。

欠发达地区如何搞好城乡规划，提升规划管理水平，避免走弯路，特别是中小城市建设要精心运筹，不能忽略小城镇和农村的规划与建设。

新型城镇化是我国经济发展、扩大内需、推动消费文化的最大潜力，而这个潜力的释放主要来自人的城镇化，人口向城镇集中是必然趋势，是经济社会发展的内生动力。

人的城镇化可以有效拉动内需、释放消费潜力和吸引相关的投资需求；人的城镇化还可以带动工业化转型升级、产业结构调整、构建新型农业经营体系、拉动城乡一体化、推动生态文明建设、提高城镇化质量、推动今后我国经济持续稳定发展、实现工业集群与城镇集群的空间融合。

总之，人的城镇化要与经济发展和改革发展相适应、相促进；要与城乡一体化相适应、相促进。没有城乡的协调发展，没有产业的发展创新，没有改革的推动，没有经济与社会的发展相统一，人的城镇化和城乡一体化将难以实现。

2. 要科学评价城镇化质量

如何界定城镇化质量的内涵，科学评价中国的城镇化质量，明确各地区城镇化发展的差距和改进方向？

城镇化质量是指在城镇化进程中与城镇化数量相对的反映城镇化优劣程度的一个综合概念，特指城镇化各组成要素的发展质量、协调程度和推进效率。

从本质内涵上讲，城镇化质量包括城镇自身的发展质量、城镇化推进的效率和城乡协调发展程度三个方面。从构成要素看，城镇化质量又可分为经济城镇化质量、社会城镇化质量和空间城镇化质量。因此，城镇化质量是一个综合的概念，它是城镇化各构成要素和所涉及领域质量的集合。

基于城镇化质量的内涵，在城镇化质量评价研究中，不仅要考虑城市发展质量，还要考虑城乡协调程度；不仅要考虑城镇化带来的文明成果，还要考虑为此付出社会、经济、环境等方面的代价。

2013 年，《中国经济周刊》发出建立中国城镇化质量评价体系的倡议，并邀请中国社科院城市发展与环境研究所进行专题研究，经过长期深入的调研、建模分析，联合推出《中国城镇化质量报告》，首次尝试对城镇化质量状况进行系统的综合评价研究，同时推出“中国地级以上城市城镇化质量排名”，以期探讨城镇化质量提升的战略路径和具体措施。

《中国城镇化质量报告》从城市自身的发展质量、城镇化的推进效率、城乡协调的程度等三个方面，构建城镇化质量评价指标体系。报告认为，对城镇化质量有着重要影响的，有如下主要指标：

（1）人均 GDP 较高的城市，其城镇化质量指数大都较高。

（2）城镇居民人均可支配收入越高，其城镇化质量指数就越高。

（3）城市财政收入能力的增强对提高城镇化质量具有积极的作用。从市辖区人均一般预算内财政收入来看，城市财政收入能力的增强有利于政府促进产业升级，改善城市品质和公共服务，对提高城镇化质量具有积极的作用。

（4）非农产业产值比重反映了城镇化进程中产业结构升级情况，是衡量工业化和城镇化的重要指标。非农产业的比重提高及其向城镇的集聚，将推动城镇化水平和质量的提高。

（5）一般情况下，城镇居民恩格尔系数越高，表明居民消费结构层次越低，其对城镇化质量具有负向的影响。

（6）人均财政教育支出越高，一般城镇化质量也越高。

（7）单位 GDP 的二氧化硫排放量越大，表明城镇化的环境代价越大，城镇化质量越差。

（8）城乡居民收入差距用城乡居民收入比表示，是反映城镇化质量的一个负向指标，即城乡居民收入比数值越大，城乡协调程度越低，城镇化质量也就越低。

《中国城镇化质量报告》指出，城镇化率虽然是衡量城镇化水平的一个核心指标，但与城镇化质量并不能简单画上等号。东部城镇化质量明显高于中西部。总体来看，城镇化质量的地区特征主要表现在东部地区的城镇化质量显著高于东北、中部和西部地区，这与我国各地区经济发展水平基本相符，即经济发展水平高的地区往往城镇化质量也较高，经济发展相对落后的地区城镇化质量也较低。

城市规模越大，城镇化质量越高。除了地区特征，城镇化质量的规模特征也比较明显，主要表现在城市规模越大，城镇化质量越高。这主要是因为大城市往往集聚更多的资源，从而在城市建设、经济社会发展等方面对城镇化质量提升的贡献较大。

《中国城镇化质量报告》还按照城区人口把地级以上城市规模等级分为五类：200 万以上人口城市为超大城市、100 万—200 万人口城市为特大城市、50 万—100 万人口城市为大城市、20 万—50 万人口城市为中等城市、20 万以下人口城市为小城市。

（二）走具有中国特色的紧凑节约型城镇化模式

以城市化为载体的现代化，能否实现人类与环境可持续发展？城市化固然重要，但城市化并不是目的。就中国农村可持续发展面临的资源、制度的环境制约而言，以城镇建设为主的城市化是手段。考虑到其他发展中国家加快城市化进程导致农业、农村衰败和农民大量破产引发冲突的教训，中国在人口压力大而资源严重短缺的基本国情矛盾制约之下提出“城镇化”战略，主要目的是在维护稳定的条件下逐步调整产业结构、就业结构和城乡关系，合理地缓解农业、农村、农民这“三农问题”。我们国家要保证粮食安全，我国的粮食要立足自身，不可能靠世界市场解决，要更加注重绿色发展，加强环保节能，还要深化改革，加强社会建设，推进完善基本公共服务等。

美国的快速城镇化基本上是粗放式的，通过大规模的基础设施建设，快速地工业化、产业化来加快城镇化步伐。城镇化早期，积极扩大城市规模；城镇化中后期，引导人口和产业外迁郊区。因为城市蔓延，一个美国人所消耗的汽车相当于 5 个欧洲人，美国在全世界只占 5% 的人口，但是消耗总的资源和能源占全世界30%多。

欧洲的城市化保持了紧凑型发展模式。其城市化发展在先，机动化在后，即城市定型之后才出现小汽车普及性进入家庭。在城市空间格局不变的情况下，城市的传统空间结构限制了小汽车的使用。1000个美国人拥有850辆小汽车，而1000个欧洲人拥有还不到500辆小汽车，而且实际使用率比美国低许多，为城市的可持续发展提供了空间。

我国的城镇化有其特殊性。改革开放30年，我国的城市建设坚持每平方公里建成区约1万人的规划标准，这是世界上所有国家的城市建成区中，空间密度比较高的一类，按理已经属于紧凑发展了。但由于我国的城镇化与机动化同时发生，于是才出现了一系列“大城市病”。所以说，我国的城镇化发展，既要避免美国的郊区化，又不能完全照搬欧洲的经验。

我国城镇化发展，就是要超越欧洲国家模式，发展适合我国国情的、具有中国特色的紧凑节约型城镇化模式。未来要把有序推进农业转移人口市民化作为重要任务抓实抓好，把生态文明理念和原则全面融入城镇化全过程，走集约、绿色、低碳的新型城镇化道路。

1. 城市转型要兼顾城市资源，注重城市文化

新型城镇化离不开一大批公共文化设施的建设，健全公共文化服务体系。各地在城镇化建设中要注意盘活当地的文化资源，善于利用原有的建筑设施或人文景观，营造经济扶持条件和宽容环境，注意在城市社会发展中体现文化多元性和不同城市的文化差异，避免千城一面。

在城市转型和重构的过程中，大规模改建不仅会摧毁有特色、有活力的建筑物，还会摧毁城市文化和城市资源，同时也导致城市宜居环境的丧失。因此，要避免“一年一小变，三年一大变”式的大规模“城市更新”运动，让城市发展更具特色。

2. 要走一条以生态、绿色为特色的城镇化模式

为了改变目前城市居民的生活方式和生产方式，已经有英国、法国、日本等不少的国家和地区开始了生态城镇的建设。我国的天津、海口、武汉等城市也已开展生态城市建设的探索，并取得一定成效。生态城镇目标的实现任重道远，是一个相对漫长的过程，还需要政府加以引导。

要提高城镇建设水平。高质量的城镇化，就是要全力营造绿色基调的人居环境，实现人与自然和谐共处。中央城镇化工作会议提出，要根据区域自然条件，确定城市定位，依托现有山水脉络等独特风光，让城市融入大自然，让居民望得见山、看得见水、记得住乡愁。还要加强现有城镇基础设施建设，优先加强供水、供气、供热、通信、电力、物流配送、公共交通、防灾避险等与民生密切相关的基础设施建设。

国务院印发的《关于加强城市基础设施建设的意见》确定了全面提升城市基础设施水平的 4 大重点领域，明确提出，到 2015 年，全国轨道交通新增运营里程达到 1000 公里、城市燃气普及率达到 94%、城市污水处理率达到 85% 等多个具体指标。

3. 大城市建设与小城镇要协调发展

一味发展大城市，将可能面临经济和社会巨大的风险，“城市病”蔓延、社会矛盾滋生，特别是城乡“二元结构”会更加突显，给管理带来更大的负担。小城镇既是城市的产业、文明、文化向农村辐射的基地，又为农村提供了劳动力转移、人口转移、产业升级、质量提高的空间载体。目前，我国多个省市都在打造特色小城镇，尤为可喜的是，这些小城镇还在特色中融入生态环保、低碳节能、循环经济等现代元素，形成可持续发展能力。

要优化城镇化布局和形态，推动城市群均衡发展。我国目前已经形成京津冀、“珠三角”、“长三角”、海峡西岸、山东半岛等 11 大城市群，这些城市群人口占全部城市人口的比重超过 1/3，创造了全国 2/3 以上的 GDP。

4. 推进人口、资源、环境协调发展的集约型、可持续的城镇化进程

在我国加快城镇化发展的过程中，产生了不少问题，如农业用地与工业、城建用地的矛盾日益尖锐，耕地闲置和土地浪费的现象同时并存，资源的过度开采和乱开采缺少监管，生态环境的破坏与污染问题相当严重，等等。在土地紧张、资源减少的同时，人口却仍在增加，从而进一步加剧了人口、资源与环境之间的矛盾。

因此，在选择城镇化道路时，我们必须从过去的城镇化外延扩张向内涵提高的集约型转变，从城市数量的增加向城市质量的提高转变，完善土地市场，强化矿产资源管理，提高资源的使用效率，协调人口、资源与环境之间的关系，走集约型、可持续发展的中国特色城镇化道路。

总之，走一条适合国情的城镇化发展之路，就是要在借鉴、发展和提高上下功夫。利用有限的土地资源，实施既紧凑又节约且可持续发展的特色城镇建设，为百姓提供安居乐业的生态环境。

（三）走集约、智能、绿色、低碳的新型城镇化道路

改革开放以来，我国的城镇化以“快速、集中、粗放”的方式迅速完成“量”的积累，这种积累带来许多“城市病”。

台湾作家龙应台早在1988曾这样描述发达国家与发展中国家的区别：“最好来一场倾盆大雨，足足下他三小时。交通虽慢却不堵塞，街道虽滑却不积水的，多半是发达国家，反之，大概都是发展中国家。原因很简单，后者或许有钱建高楼，却不愿去发展下水道。因为下水道在地下，面子上看不见。”

人口众多、资源短缺、生态环境容量有限的基本国情，对我国城镇化构成了诸多约束和挑战，也决定了中国城镇化发展必须尊重国情。2012年年末召开的中央经济工作会议开出了药方，新型城镇化是人的城镇化，要把生态文明理念和原则全面融入城镇化全过程，走集约、智

能、绿色、低碳的新型城镇化道路。

1. 要建设集约型城镇

“集约”的一个重要标准是城镇用地的产出率。目前，我国一般大城市土地产值每平方公里只有数亿美元不等，而美国、日本约为每平方公里50亿美元以上。拿北京来说，用地效率仅相当于东京平均水平的5%左右。

目前，我国城镇化发展中土地使用集约程度不高。从1980年至2011年，我国城镇土地面积增长了9.2倍，而常住人口只增长了3.5倍。

国土资源部资料显示，近年来，我国土地城镇化的速度是人口城镇化速度的1.85倍，而国际平均水平是1∶1.23。我国城市人均用地133平方米，已经超过人均建设用地120平方米的规划高限。

另外，我国城镇化过程中，工业用地太多，而城市人居或环境空间偏少，两者之比是1.5∶1，而日本这一比例是6∶1，法国巴黎大区是5∶1。

所以要实现集约型城镇化，首先要在土地的集约使用上做文章。在产业分布上，可以学习苏南模式或浙东模式，那里土地空间有限，但很会利用产业集群的优势来促进生产发展和城镇化。据统计，通过产业集群，可以节约土地30%，提高能源利用效率40%，节约行政管理费用20%以上。

2. 要建设智能化城镇

城市不是钢筋水泥的简单堆砌，而是人类智慧赋予其生命活力的系统。尤其是在当前城市病蔓延的情况下，智能化建设可促使城市“不得病”、“少得病”和“快治病”。

在国际上，建设智能城镇是个比较新鲜的概念，这一概念在国外也不过五六年的时间，它是从IBM提出的“智慧地球”转义而来的。对这样一个舶来品，如何在中国生长发育，还没有现成答案，但人们可从生活感受中理解。现在我国交通难、居住难、就业难、看病难、上学难，种种“难”，一方面有硬件不足的原因，但一定程度上还是“软件”品质不高。

智能化城镇建设，科技是基础，是支撑，互联网、云计算、智慧交通、智慧购物、智慧安防、智慧就医都是其表现。从经济发展角度看，智慧城镇能提升经济运营效力、降低发展成本。比如以互联网为核心的信息技术，可使产业由集中转为分散。比如3D打印技术可使制造业分散化，有利于缓解工业过分集中于大城市的现象，以促进小城镇的发展。从生活角度看，智能化城镇又能“便民”、“利民”和“惠民”。比如，人们办事，不需长时间排队、不需顾虑工作人员的态度、不需多次补充材料，等等。

2013年1月，住房和城乡建设部公布了全国90个首批智能城市试点。预计“十二五”期间，我国智慧城市建设将投资2万亿元。所以，未来的智能城市让人感觉到的不仅是生活的方便舒心，还会带来现实的利益。

3. 要丰富城镇化的“绿色”内涵

“绿色”和中央提出的新型城镇化四个标准：“集约、智能、绿色、低碳”中的“低碳”，在内涵上有交叉，但中央把它们分开讲是有政策指引的。根据理解，“绿色”应侧重在环保，如环境优美和减少污染，而“低碳”侧重于在生产、生活方式上要节能。

目前，我国的环境污染主要来源于城市。世界银行报告显示，世界80%的温室气体产自城市，全球最大的十个城市所排放的温室气体，比日本一国的排放量还多。我国也面临这个问题。目前，城镇消耗了85%的能源和资源，同时，排放了相同比例的废物和废气，流经城市的河道80%以上都受到严重污染。

对于“绿色”城镇化，除了环境优美这种生态上的“绿色”，其含义还要丰富得多。比如它还应包括交通绿色出行、建筑要绿色、甚至地面也要绿色等，比如要让雨水能渗透到地下，等等。

目前，我国建筑多是不太环保的建筑。据统计，我国既有建筑中，95%以上是高能耗建筑，每年新建房屋中这一比例也达80%以上。我国现在的住房面积约有400亿平方米，而能达到节能标准的只有百分之零点几。单位建筑面积能耗是发达国家的2—3倍，建筑外墙节能保温程度差4—5倍，屋面差2.5—4.5倍，外窗差1.5—2.2倍。建筑给社会造成了沉重的能源负担和严重的环境污染。

目前，我国每年的建筑量，按面积算占到了全球的40%，一个上海的建筑量就等于整个欧盟的建筑量。未来20年，全球50%的新楼房将会建在中国，所以建设绿色环保建筑非常重要。

4. 要走"低碳"发展之路

"低碳"侧重要求我国要寻求低能耗、低排放的可持续发展模式。

在全球气候变暖的背景下，"低碳经济"成为全球热点，而低碳之路，城市首当其冲。我国35个大中城市，人口只占全国人口总量的18%，但是碳排放却占到40%。

据统计，我国城市能源消费水平是农村的3倍。城镇化率每增加1%，相应需要增加5000万吨标准煤的消费，增加生活COD排放量3万吨，生活氨氮排放量1万吨，生活氮氧化物排放量19.5万吨，生活二氧化碳排放量2525万吨，生活垃圾产生量527万吨。而我国又是人均能源稀缺和森林草原等环境承载力有限的国家，与世界平均水平相比，煤炭只有55%，石油是11%，天然气仅为4%。所以建设低碳城市，不仅是口号，而是必须。否则，我们的城镇化将难以为继。

发展低碳，不仅事关生产方式，它还密切关系老百姓的衣、食、住、行、用等各个方面。如，维持一个人每天的日常活动大概需要4000千卡的能量，这相当于0.5升油当量的能耗，等同于一个200瓦的灯泡24小时不间断工作所需能源。然而，我国现在城里人，每天生活平均消耗的能源为9.3升油当量，是基本生存所需的20倍。比如一条牛仔裤，从棉田采摘、织布、加工、销售、洗涤，一直到垃圾处理，整个过程无一不消耗能源，它的“一生”大约需要消耗60升油当量。

还有，随着生活水平的提高，我国城镇百姓的碳排放正由生存型排放，开始进入享受型排放阶段。比如私家车，日本私家车普及率达80%，但出行多数人依赖公共交通。在东京地区私家车一般年行驶3000—5000公里，但我国的私家车一般年行驶1.8万公里。国内很多人在使用私家车上变成一种依赖和嗜好。

根据2010年中国社科院公布的低碳城市的评估标准，如果一个城市的低碳生产力指标超过全国平均水平的20%，即可被认定为“低碳”，但现在我国还没有城市能达到这一标准，所以建设低碳城镇，任重道远。现在我国已有200多个地级以上城市提出要建设低碳城市。

五　以转型改革走新型城镇化道路

作为城镇化水平相对滞后的发展中大国，中国正在将其未来经济增长的动力之一寄托在新型城镇化之上。这样的选择无疑是正确的，与此同时，实现城乡公共基础设施一体化和基本公共服务均等化，促进经济社会生态和谐发展，实现城乡共同富裕。这样的城镇化所推动的经济增长才能够具有包容性：使社会经济生态（环境）协调、可持续发展；能为全体公民（无论城乡）提供平等的发展机会；能让全体公民公平合理地分享经济发展的成果。

新型城镇化发展要与全面深化改革相联系，改变体制上的一些缺陷。一是改变各级政府用行政命令推动城镇化的办法，通过市场运作和政府的土地利用规则提高城镇化效率。二是建立跨城乡的全国统一的劳动力、土地和资本市场，使资源流向效率和回报最高的地方。三是要改革行政层级制度，重新界定市场的职责，重新组织城市财政。

新型城镇化的核心已不是“地的城镇化”而是“人的城镇化”，这意味着制度的变革和利益关系的调整。在制度变革和利益关系调整过程中，应鼓励具备条件的地区进行探索和尝试。

在鼓励“先行先试”的同时，一定要像守住18亿亩耕地红线一样，为城镇化进程设定若干“底限”，避免旧账未还又欠新账。在以往的城镇化过程中，很多城市都不约而同地走上了“摊大饼”式的扩张道路。目前，外界公布的城市人均占地面积是142平方米，实际上是159平方米。对此，专家认为，城市发展规模不能人为安排和控制，但人均用地极限是可以设定的。从长远看应逐步向以下标准靠拢：大城市人均用地极限80—100平方米，中城市90—110平方米，小城市100—120平方米。以人均用地来制约城镇土地规模扩张。

当然，改革过程中肯定会遇到两类问题。一类是由于意识形态和现在的利益格局所造成的。比如说增加了农民的财产收入，增加了土地的收入，那么就影响到其他的在这个城市化过程当中的利益主体，他们原有的利益就会受到影响。所以这些来自意识形态和原有利益的这种阻力要排除。

另一类就是实际困难。现在这一套运作体系，各个环节之间经过磨合，虽然说效率很低，但是大致上是协调运转的。比如说大规模城建投资。它可以卖土地，卖土地就可以充实收入，如果说一个环节发生了改变，其他环节就会产生矛盾。这些问题是长时期的偏差造成的结果。推行改革，不能不顾实际会发生的困难，所以要做一些设想。

比如说地方政府发债，是一个很复杂的工程，什么情况下可以发债？谁对债务进行负责？怎么监督？一些地方债的市场怎么监管？有一整套问题需要解决。所以，研究、推行新型城镇化，就要深入研究与城镇化有关的各种问题。

（一）推进新型城镇化亟待加快的改革

中央城镇化工作会议明确了未来我国新型城镇化的发展方向和实现道路，提出要以人为本，推进以人为核心的城镇化，提高城镇人口素质和居民生活质量，部署了推进农业转移人口市民化、提高城镇建设用地利用效率、建立多元可持续的资金保障机制等六方面主要任务，为我国城镇化健康发展定下了政策基调。

推进城镇化涉及经济社会多方面，是一次深刻的社会变革，当前亟须加快的改革有以下几方面。

1. 要有序推进户籍制度改革

当前，过度追求经济发展，城市服务重心偏向于户籍城镇居民，对外来人口关注不够，从而带来安全感的缺失，使社会信任度和凝聚度下降，“二元人口”间的社会矛盾逐渐显化，依靠非均等公共服务压低成本推动城镇化发展的模式难以持续。

农民工和城镇间流动人口能否成为决策的出发点，将会成为决定城镇化发展转型是否成功的关键。在这方面，要积极稳妥地推进户籍制度改革。要从改革阻力较小的环节，从需求最急迫的人群进行突破，推进符合条件的外来人口落户各类城镇。户籍制度改革应充分尊重农民意愿，允许进城落户农民保留或有偿流转承包地经营权、宅基地使用权和集体收益分配权。转户后，应依法缴纳城镇社保。

2. 要加快用地制度改革步伐

在城镇化进程中，传统土地管理制度正面临着越来越多的挑战，必须有新思路来解决这些问题。促进城乡建设用地同地同权。集体土地的关键是赋权，加快集体土地确权颁证工作，逐步赋予合法取得的经营性集体建设用地与国有土地同等市场交易权利。建立宅基地市场化流转机制，逐步扩大宅基地的流转交易范围。逐步缩小征地范围，完善征地补偿机制。

合理分配城镇建设用地指标。城镇人均建设用地已经超出国家规定用地标准的，严格控制新增用地指标。以现有常住人口为依据，确定新增用地指标在各级城镇的分配比例，上级城市不得截留。探索实行地区之间人地挂钩政策，城镇建设用地新增规模要与吸纳外来人口落户规模相挂钩；对需要控制人口增长的城市，要控制新增建设用地指标。

提高城镇土地集约利用程度。城镇用地管理的核心在于推动集约利用，提高城市人口密度。探索建立政府引导、规划管控、多元参与、利益共享的城镇低效用地再开发政策体系。城镇工业用地向商业用地的转化可以提高集约利用，要加大探索力度。

3. 要完善城镇化发展资金保障

推进城镇化发展既需要发挥财政资金的引导作用，更需要充分发挥各类民间资本的主体作用。健全财税管理体制。中央财政和省级财政要设立城镇化专项转移支付，用于承担农民工的基本公共服务支出，中央政府承担跨省转移农民工基本公共服务，省级政府要承担省内跨地区转移农民工的基本公共服务。建立地方税收稳定增长机制。开征房产税，推进房产税试点。深化资源税，推进营改增试点。

改革基础设施融资。要理顺市政公用产品和服务价格形成机制，使市政基础设施项目能够具有稳定的、可预期的现金流。打破地方政府对城镇市政公用事业运营的垄断，积极吸纳外资和民间资本参与。逐步扩大政府资产抵押范围。

扩大地方政府自行发债试点范围。健全地方政府举债的法定程序，把地方政府债务全额纳入预算管理，完善政府债务资金使用和偿还的信息披露制度，尽快建立健全政府债务信用评级体系。及早在符合条件的中小城市开展政府自行发债试点工作。

4. 要推进行政区划管理改革

通过区划管理改革，促进不同层级间城市的平等竞争，重新调动广大中小城市和小城镇发展活力，赋予地方更大发展自主权，充分释放发展潜能。

适度增加设市数量，目前我国有7亿多城镇人口，但只有660个城市，城市数量严重不足。要减少行政管理层次。重新调整地方区域管理体制，回归宪法中的城市和区域管理分治的条件已逐步成熟。建议先开展试点探索，以减小改革难度。要完善相关配套政策。实行“小政府、大社会”的管理模式，避免行政机构的膨胀；开展配套财税体制改革。

5. 要推进城镇基本公共服务向常住人口覆盖

各级政府要制定长期规划，将外来农民工纳入到公共财政覆盖范围，逐步缩小进城农民工在教育、社会保障、就业服务等方面与城镇居民的差距，促进农民工融入城市，促进社会公平和发展成果共享。要逐步打破以往阻碍农村人口进入城市、并能享受到城镇居民同等公共服务的各种传统制度和传统障碍。

解决好农民工子女就学问题。落实以公办学校为主、以输入地为主解决好农民工子女免费义务教育政策。增加对接受义务教育阶段学生的民办学校的扶持力度，逐步改善办学条件。尽快研究放开农民工子女在流入地参加高考的实施办法。

完善农民工社会保障制度。社会保障制度改革的重点是实现社保经费可转移接续，农民工权益不受损，还要实现在流入地参保没有制度限制。加强政府对企业缴纳农民工城镇社保费用的监管力度，扩大职工基本养老保险覆盖面。

多渠道改善农民工居住条件。要实行公租房与市场化住房双轨制，以租房为主，来解决流动人口的住房问题。人口在空间流动就业将呈常态化趋势，不宜通过住房福利化将其固化，这是改革的方向。要充分发挥农村出租屋的现实作用，加强对出租屋的管理和服务。

完善覆盖城乡的公共就业服务体系。加强统筹规划，尽快整合现有培训资源和公共就业服务体系，形成覆盖城乡的公共就业服务网络。

（二）以全面深化改革加快城镇化转型

20 世纪 90 年代，中国开始加快城市化进程，但是随着内部与外部环境的变化，城市的发展已遭遇瓶颈。当前我国城镇化存在诸多突出问题，亟须转型。传统模式的弊端日益显现，未来发展不可持续，当下提出的“新型城镇化”正是对以往发展模式的修正，也是对于历史欠账的补课。

城镇化既是一个以经济发展为基础的自然发展过程，同时也是复杂的社会发展过程，涉及人口的空间转移、经济的进步、社会的变迁、文化的演进乃至体制的变革。

1. 城市增长方式转型是城镇化转型的基础和核心

城市增长方式转型的首要问题是城市经济发展方式转变的问题。过去 30 多年来，我国城市经济规模迅速扩张，但这种增长是以资源高消耗、资本高投入、污染高排放的方式实现的。必须尽快摈弃旧的发展模式，使城市经济发展转到依靠技术进步和管理创新上来。

我国城市特别是大中城市集合了大量的创新人才、创新机构和其他创新资源，最有条件通过创新来推动经济增长方式的转变。关键是要创造鼓励创新、宽容失败的社会氛围，在发挥市场配置创新要素决定性作用的同时，要有效发挥好政府在制定科技规划、支持基础研究与共性技术研究、搭建创新平台等方面的作用。

城市增长方式转型的第二大问题是城市空间拓展方式转型问题。土地城镇化快于人口城镇化是我国城镇化的突出特征。解决城市空间粗放扩张的问题，要转变城市规划理念，使城市规划由扩张性规划逐步转向限定城市边界、优化空间结构的规划。要强化城市规划的法规严肃性，切实改变城市建设与城市规划“两张皮”、一任领导一种发展规划、大拆大建大手笔的状况。

2. 转变城市社会发展方式是城镇化转型的关键和难点

城市社会发展问题是全世界都没有解决的“老大难”问题。当前，我国正处在工业化、城镇化、现代化快速推进的时期，也正处于社会文化急剧转型期，城乡之间、城市之间的大跨度人口流动，使得城市产生很多新的社会问题。

一是大量农村剩余劳动力转入城市，在为城市发展带来丰富劳动力资源的同时，也给城市社会发展增加了巨大压力。二是城镇化过程伴随的经济结构调整尤其是可能较长时期的治理产能过剩、去产能化过程，在提高城市经济运行效率的同时，也会造成较多的工人下岗，增大城市社会的就业压力。三是城镇化过程中分工的进一步细化，在促进社会多元化的同时，也加剧了社会阶层分化，社会共识趋于减弱、社会相融性下降。四是旧的城市社会治理理念和治理方式影响力减弱，新的城市社会治理理念、治理方式及治理体系尚未形成。

面对严峻挑战，必须加快形成新的城市社会发展方式。促进城市社会发展方式转型，要进一步增强城市的公平性、包容性，逐步缩小居民收入差距，尽快消除同城居民在经济权益、政治权益、文化权益、社会权益等方面的实际差别；要为所有城市居民提供均等的发展机会、均等的公共服务；要发挥好政府主导作用，激发社会组织活力，构造相互包容、相互关爱、和谐相处的城市社会环境。

3. 城市管理方式转型是城镇化转型的关键支撑

我国城市管理方面的突出问题是：法律不健全，体制不完备，管理不科学，工作不精细。这导致了交通拥堵、污染加重、贫困人口聚集、公共安全风险显现等城市病的产生。

治理城市病，把城市建设得更宜人、更美好，必须加快城市管理方式转型，要由粗放低效管理向精细高效管理科学转型，由运动突击式管理向持续常态性管理转型。一要加强立法。二要加强规划。要以国家新型城镇化战略规划，统筹协调各地区的城镇化；要增强规划的权威性、严肃性。三要加强公众参与。四要广泛应用现代信息技术，建设智慧城市。

4. 全面深化改革是城镇化转型的根本保障

城市化所出现的一些问题，归根结底，还是新型城镇化与全面深化改革关系的问题。

我们要全面落实十八届三中全会作出的《中共中央关于全面深化改革若干重大问题的决定》，为城镇化转型创造良好的体制环境。

这里，需要强调几项与城镇化转型高度相关的改革。

一是价格特别是资源性产品价格的改革。要使资源性产品的价格真正能反映资源的稀缺性和供求关系。这是城市经济实现集约增长的基本影响因素。

二是建设用地市场改革。在符合规划和用途管制的前提下，要使农村集体经营性建设土地与国有土地同等入市、同权同价，要缩小征地范围，扩大国有土地有偿使用范围。这是遏制城市空间无序蔓延的关键举措。

三是户籍制度改革和公共服务体制改革。要使有条件、有能力落户城市的农业转移人口尽快落户城市，逐步推进基本公共服务覆盖全部常住人口，同时随着经济的发展和政府财力的增长，不断丰富基本公共服务的内容，提高公共服务的水平。这是城市社会发展方式转变的主要影响因素。

四是财税制度和政绩考核机制改革。要在中央和地方政府之间建立事权和支出责任相适应的制度，完善地方税体系，形成“不以 GDP 论英雄”的政绩评价体系。这是解决“形象工程”、“政绩工程”以及不作为、乱作为等问题的根本之策。

（三）推进新型城镇化要处理好的几个关系

当前我国城镇化面临着转型压力，也面临着一系列风险和挑战，但推进城镇化是历史发展的必然趋势。在这个过程中，需要立足我国基本国情，坚持走中国特色城镇化道路，正确处理城镇化发展中的几个关系。

1. 处理好政府与市场的关系

随着城镇人口增多和农民工市民化政策的落实，城镇基础设施建设与公共服务投资将继续增加，进一步厘清政府与市场关系有助于减轻政府负担。

解决农村人口进城就业和定居等问题，应主要发挥市场的作用。在市政基础设施建设方面，政府在确保城镇运行基础上，要做好规划，完善市政产品和服务价格形成机制，提高市场资金投入比重。在公共服务方面，政府要确保基本公共服务均等化，在教育、医疗、居住等方面应放宽准入门槛，充分发挥有条件市场主体的作用。

2. 处理好城镇与农村的关系

城镇在创造就业、增加收入等方面要显著优于农村，城镇对人口的吸引力要强于农村。一些国家发展的经验表明，如果在城镇化进程中，不同步发展农村，城市贫困人口增多将会带来“贫民窟”等城市病，同时也会出现农村的凋敝。我国是一个农业大国和农民大国，有13亿多人口，解决“三农”问题必须要靠“两条腿”走路。即使将来我国城镇化达到较高的水平，居住在农村的人口规模仍然会相当庞大，要推动城乡一体化发展。

3. 处理好资源环境禀赋与城市承载能力的关系

水、能源等客观上影响着城镇吸纳人口的总量，但是城镇承载人口的能力并非一成不变。从世界城镇发展来看，城镇承载能力是一系列综合因素的函数，外部条件将影响着城镇承载能力。比如随着节能、节水技术的应用，水和能源的约束将趋于减弱。交通技术和交通基础设施的发展，使得城市交通半径在扩大，人口承载能力也大幅提高。我国城镇发展面临资源、能源的瓶颈约束较大，必须坚持集约节约方针，提高能源资源集约利用程度，增强人口承载能力。

4. 处理好城市群与大中小城市和小城镇的关系

国外城市群是由相互之间经济联系紧密的一系列相互独立的城市组成。在我国城市之间存在行政隶属关系，缺少独立地位，一个高等级城市自身就可算作一个城市群。比如苏州市，下辖 5 区和昆山、常熟、张家港、太仓等 4 市，再往下又可分为 46 个镇。高等级城市要管理辖区其他市（镇），主导公共资源的配置，并可以通过行政手段攫取下级城镇资源。如 2012 年浙江省诸暨市店口镇税收收入 11.02 亿元，各级分成关系为，中央 39%，省 11%，市 40%，本级 10%。需要赋予城市更大自主权，逐步消除行政级别对公共资源配置的影响。

5. 处理好城镇发展占地与耕地保护的关系

推进城镇化和农村人口向城镇转移，需要为新增进城人口提供就业和居住用地，这就引发了人们对大面积占用耕地问题的担心。从目前看，进城务工农民已经消化在各级城镇建设用地的空间范围内，举家迁徙的农民工家庭也集中或分散居住在城镇或城乡结合部集体建设用地上的出租屋，并没有引发新占耕地问题。目前城乡用地不集约现象还很突出，仅城镇存量建设用地还有较大空间可挖掘，如果将人均用地水平从 142 平方米，降到 130 平方米，可以增加吸纳 6376 万人，如果降到 120 平方米，可以增加吸纳 1.27 亿人。

6. 处理好基本公共服务均等化与服务差异化的关系

党的十八大提出推进基本公共服务常住人口全覆盖，要实现这一目标还需一个较长的过程。在这一目标实现之前，如何推动相关公共服务对外来人口的覆盖，需要从实事求是的角度出发，承认差异化服务。以民办学校为例，外来农民工是将民办学校与流出地学校进行比较，流入地的民办学校在硬件、软件等方面一般要优于流出地学校，没必要完全要求与流入地公办学校一致。而在一些外来人口集中地区，一次性通过公办学校解决难度较大，应允许民办教育作为过渡形式存在，承认差异化，并采取各种办法支持其发展。

7. 处理好产业升级与传统产业发展的关系

我国城镇化发展需要牢牢把握人口众多这一基本国情，大规模农民工文化素质还不高，还需要通过扩大就业政策来解决非农转移的问题。然而各地纷纷提出产业升级战略，产业升级的方向不外乎通过技术和资本对劳动进行替代，这是不利于就业增长的。从宏观层面，需要通过产业升级来提升我国产业竞争力，但是绝不能忽视传统产业扩大就业的作用。从微观层面，产业升级的主体是市场，政府主要进行引导；从发展角度看，城市不能仅依赖几家企业，政府要重视传统产业，把活跃中小企业、扩大就业作为主要任务，实现充分就业是社会稳定的基础，数量众多的中小企业是城市持久繁荣的前提。

第二章

城镇化与中国现代化之路

现代化本来是一个动态的概念。一个国家实现现代化，意味着它至少在经济上与当代发达世界进入相同的状态。因此，人们也常常用发达国家的人均 GDP 水平，即是否进入人均高收入行列，来衡量一个国家的现代化发展程度。从经济结构上看，现代化是一个国家从农耕文明向工业化、城市化文明的转变，人均收入提高是这个结构转变的结果。没有任何一个国家能够停留在农业社会而实现人均高收入。所以，工业化、城市化是现代化的必由之路。

党的十八大明确提出要坚持走中国特色新型工业化、信息化、城镇化和农业现代化道路，并提出以新型城镇化支撑未来中国经济增长的思路。之后的中央经济工作会议指出，城镇化是我国现代化建设的历史任务，也是扩大内需的最大潜力所在，要围绕提高城镇化质量，因势利导、趋利避害，积极引导城镇化健康发展。

《国家新型城镇化规划（2014—2020 年）》指出，城镇化是伴随工业化发展，非农产业在城镇集聚、农村人口向城镇集中的自然历史过程，是人类社会发展的客观趋势，是国家现代化的重要标志。

《国家新型城镇化规划（2014—2020年）》指出，城镇化是现代化的必由之路。工业革命以来的经济社会发展史表明，一国要成功实现现代化，在工业化发展的同时，必须注重城镇化发展。当今中国，城镇化与工业化、信息化和农业现代化同步发展，是现代化建设的核心内容，彼此相辅相成。工业化处于主导地位，是发展的动力；农业现代化是重要基础，是发展的根基；信息化具有后发优势，为发展注入新的活力；城镇化是载体和平台，承载工业化和信息化发展空间，带动农业现代化加快发展，发挥着不可替代的融合作用。

一　现代化躲不过城镇化

现代化是一个非常美丽的梦想。实现现代化是中国人民不懈追求的百年梦想。2013年11月，党的十八届三中全会审议通过的《中共中央关于全面深化改革若干重大问题的决定》对全面深化改革做了系统性部署——“六位一体”的总体布局，包括经济、政治、文化、社会、生态文明以及党的建设六个方面。在对世界多元城镇化发展模式的分析研究过程中，我们意识到，城镇化的过程是经济建设、政治建设、文化建设、社会发展以及生态建设相互结合、相互促进的过程。这也是世界各国在城镇化过程中显现的一种带有规律性的现象。

中国的现代化之梦，应该以城市化还是城镇化为“轴心”，是选择城市化模式，还是走城镇化的道路？一直是人们争论探索的焦点问题。城市化是一个趋势，但是中国的城市化是要靠城镇化来实现的。

《国家新型城镇化规划（2014—2020年）》指出，按照建设中国特色社会主义五位一体总体布局，顺应发展规律，因势利导，趋利避害，积极稳妥扎实有序推进城镇化，对全面建成小康社会、加快社会主义现代化建设进程、实现中华民族伟大复兴的中国梦，具有重大现实意义和深远历史意义。

（一）城镇化梦要做得清醒美丽

新中国成立之初，就明确提出要实现从农业国向工业国转变的目标。即使在“文化大革命”后期，国民经济几乎到了崩溃边缘，仍然提出到20世纪末要实现农业、工业、国防、科学技术“四个现代化”。

改革开放以后，又提出现代化“三步走”战略，明确到21世纪中叶基本实现现代化。现在我们实现现代化的目标更加坚定不移，就是要建设富强民主文明和谐的社会主义现代化国家。

所谓现代化是人类近代历史中的一个资本和风险同步向城市集中，并周期性爆发危机的阶段性过程。联合国《城市化的世界：全球人类住区报告1996》的前言中有这样一句话，“在我们即将迈入新的千年之际，世界真正处在一个历史的十字路口，城市化既可能是无可比拟的，未来光明前景所在，也可能是前所未有的灾难的凶兆”。很显然，我们已经走在了迈向现代化的城市化的道路上，在这样的一个路径选择的十字路口，一边可能是光明，一边可能是灾难。也就是说在迈入城市化快速发展阶段，我们要非常的留心，究竟我们的路能不能走对。

一些人认为，中国也处在应对“中等收入陷阱”问题的阶段。中国的情况确实比较特殊。人类历史上，已经实现现代化的国家有上亿人口、几亿人口的，但像我们这样一个有十几亿人口的大国要实现现代化，没有先例可循，更何况我们要继续以占世界不到9%的耕地、养活占世界20%左右的人口，这更是人类现代化史上前所未有的。但是西方国家早已完成的城市化经历也许可以为我们提供一个更加清晰的视角，来审视城乡结构调整与经济转型、产业发展、社会管理之间的关系。

中国的现代化进程是从遭遇欧洲开始的。近代以来，欧洲的科学技术、人文思想和社会制度，极大地影响了中国社会的变化和发展。自文艺复兴以来，欧洲有过繁荣与辉煌，也有过混乱与沉沦。欧洲的城市发展走过了几百年，在城市建设方面有着丰富的成功的经验可供我们借鉴。

在一次中欧社会论坛上，来自法国国家科研中心主任、城镇化中国项目（由11所中欧著名研究机构承担）协调人吉浦罗看来，“在未来20年里，中国面临的最大挑战，就是如何安置从乡村迁移到城市的5亿农民工”，“中国面临的第二大挑战，是如何将这几亿的农民工转变为市民，让他们和其他市民享受同样的权利”，他感叹，“这将是一个多么重大的进步!”

如何看待和实现我们的现代化之梦？温铁军教授在《中国城镇化与现代化》的演讲中表达过这样的观点：到底我们如何来看待人类的发展，人类的可持续发展到底应该怎么来实现，是靠大城市吗？世界上所有的超大型城市，即那些人口规模达到千万级以上的千万人口大城市，它们的环境指标，没有一个是适合人类生存的。我们尽管有百年追求现代化的梦，但今天是不是到了梦想时分了呢？中国实现现代化的梦想需要我们做一个清醒而美丽的梦，不能让别人做过的噩梦出现在我们的梦中。

（二）现代化与工业化、城市化的历程

城镇化是现代化的必由之路，它与工业化一道，是现代化的两大引擎。“城镇化”一词甫一出世就被赋予了很多中国式的期许，但其与“城市化”在经济学的本质上却是一脉相承的，即农业人口的转移和工

业化。

什么是现代化？什么样的国家是现代化国家？国际上有不同的标准。但无论从联合国的标准看，还是从经合组织（即经济合作与发展组织）的标准看，城镇人口和非农就业比例都是区分发达国家与发展中国家一个很重要、很清晰的界限。我国还属于发展中国家，一个重要因素就是我国城镇化率比较低。而在实现了现代化的发达国家，城市化率基本上在 75%—80% 甚至更高，城镇人口比例和非农就业比例都很高。

从一定意义上讲，现代化是由工业革命引发和带来的，世界历史上的现代化指 18 世纪工业革命以来人类文明所发生的一种革命性变化。两次工业革命的爆发，使得西方国家不自觉地被城市化的浪潮所裹挟，从 18 世纪中期开始到 20 世纪中期，在近 200 年的历程中，与工业化伴生的城市化极大地改变了欧美国家的城乡版图，而在随后的时间中，欧美国家整体跃迁式的城市化进程基本结束。

到 1970 年，根据联合国提供的数据，西方主要发达国家的城市化水平基本都已经超过了 70% 的水平，即进入公认的“诺瑟姆曲线”的第三阶段——城市化后期，城市化率增速开始降低，城市化水平提升缓慢，部分国家甚至出现了城市居住人口占比小幅下降的“逆城市化”现象。而在这一阶段，西方主要发达国家的工业化进程已经完成。

结合经济史的脉络走向可以发现，在城市化水平的提升过程中，工业革命和电气革命两次科技革命对于城市化的提升具有较为直接和显著的作用，其主要原因即在于这一时期生产组织方式的内在特点和城市化的发展要求相协调，有效实现了“产城互动”，保障了城市化进程中有工业化的就业支撑和产业支撑，而这正是我们当前推进城镇化战略进程中所追求的效果。

根据国际经验，进入工业化中后期，城镇化率大概为 65% 左右。

2012 年我国的城镇化率为 52.6%，城镇化滞后于工业化 10—15 个百分点。我国城镇化仍然大大落后于工业化和非农化，而且区域间差异明显。

相比于前 30 年的中国已经走过的城镇化道路，西方国家早已完成的城市化经历也许可以为我们提供一个更加清晰的视角，来审视城乡结构调整与经济转型、产业发展、社会管理之间的关系。

人类的城市化道路，实际上已经经历了三个大的阶段。第一个大阶段是英国的城镇化，由工业化推动城镇化。英国的城镇化用了 200 年的时间。第二阶段是美国和北美的城镇化，用了 100 年时间。第三阶段是拉美和其他发展中国家的城镇化，只用了 40—50 年时间就基本完成了这一进程，然后中国的城镇化就开始了。

然而中国的城镇化跟西方不同，传统的按照城镇人口占比来衡量城镇化水平的方法未能反映真实的中国城镇化过程。许多关键的因素共同决定了中国的城镇化过程与世界任何一个国家都不一样。中国目前的加速城镇化过程无疑是世界有史以来最大规模的主权经济体内的人口转变过程，将不可避免地影响全球脉搏，也决定了中国在未来城镇化道路上仍需“摸着石头过河”。

（三）城镇化是经济发展的基本动力

中国城镇化进程非常快，全世界走城市道路用两百年时间，1800 年整个世界的城市化率只有 2%，1900 年达到 13%，2007 年 5 月 23 日，联合国秘书长宣告，人类社会迈入了城市时代。全球 60 亿总人口中，城市人口占比超过了 50%。

2011 年是中国城镇化发展史上具有里程碑意义的一年，这一年，城镇人口占总人口的比重首次超过 50%。2011 年，我国的城镇人口由 1978 年的 1.72 亿，增加到 6.9 亿，城镇人口首次超过农村人口，这也标志着我国进入了以城市社会为主体的新时期。中国从一个具有几千年农业文明历史的农民大国，进入以城市社会为主的新成长阶段。

改革开放以来，中国城镇化进程快速推进。1978年年底，我国当时的城镇化率仅为17.92%，与世界发达国家相比差距非常大。改革开放之后，我国的城镇化建设迅速迈上了快车道。

城镇化是国家迈向现代化过程中的一个侧面，主要表现为城市人口比重的增大和城市经济部门比重的扩大。我国因以往长期实行城乡分割政策，致使城镇化过程与别国有很大不同。

没有过去的城镇化，就没有今天的经济成就。就大国经济成长历史看，中国的城市化速度创造了新纪录。近10年左右，中国的城市化率每年大约提高1个百分点，超过了美国发展最快时期的城市化速度——每年大概提高0.5个百分点。我们比一些西方国家的经济发展速度快，直接原因是我们的城镇化步伐快。

中国30年改革开放的经验证明，城镇化是经济发展的基本动力。中国经济要保持长期健康发展的态势，需要有一个清晰可靠的大思路，但这个问题过去一直没有很好地解决。好在我们有了一个开放度较高的市场，地方政府又有一定的发展自主权，这就使我国资源配置调整大体能反映资源的稀缺性，使经济发展长期保持了活力。

中国资源配置调整的根本特点，就是城市比农村更缺乏廉价劳动力。于是，在大体自由的市场环境下，农村廉价劳动力源源不断地流向城市。这是中国资源配置效率得以提高的根本源泉，也是中国经济成长的核心“秘密”。

改革开放以来，为了用好紧缺资源，促进沿海地区先富起来，我们重点推进了东部城镇化的发展。当初虽然对东部投入比较有限，但由于当时土地和金融条件的无限宽松，再加上东部城市发展期间属于卖方市场，促成了作为城市化内在动力的工业产业迅速崛起。尤其在推行市场经济机制之后，东部便成了万商云集之地。而后来中西部要发展时，不仅遇到了投资瓶颈、政策瓶颈、土地瓶颈，而且完全进入了买方市场，工业发展的艰难造成了城市发展的缓慢。

人口和劳动力的大规模城镇化，缓解了农村人口过剩，土地资源短缺的矛盾，提高了转移人口的收入水平，提升了资源配置效率，这也成为过去 30 多年我国经济快速增长的最重要因素之一。中国过去靠经常项目顺差来推动经济增长，同时也推动城市化、工业化的路径，未来的城市化和未来的国际化到底应该是怎样的一个相互推动和相互协调关系？这是中国未来最重大的经济命题。

整个 20 世纪一直延续到 21 世纪初期，中国发展当中一个很重要的推动力量就是对外开放。这种开放的主要内容是出口导向政策，出口导向政策的第一个好处就是能够弥补国内需求的不足，就是通过对外贸易顺差弥补国内需求的不足。另一个好处就是通过对外开放，在原创性的创新还没有取得大的成果的情况下，利用我们和国际水平的落差对外开放，很快地把我们国内的技术水平提高起来。根据国际经验，东亚国家几乎都是用这个办法很快地实现了工业化，它是有时效性的，不能永远持续下去。东亚所有的国家和地区采用这样的政策，经过 20 年甚至更长时间的高速增长和对外贸易产生了很大的顺差的情况之下都出现了严重的问题。

中国的国情赋予了中国现代化道路的城镇化方向，中国应从自身的实际出发，开辟适应自己发展的现代化道路，走出以城市化和工业化为轴心的现代化误区，坚定地走以城镇化为轴心的内生性中国式现代化道路。

（四）城镇化是实现“新四化”的需要

众所周知，自 1840 年鸦片战争以来，中国遭遇西方的巨大冲击，被迫从几千年朝代循环的旧轨道中跃出，在技术、制度和思想观念的不同层面进行深刻的转变，个人、社会和国家经历了巨大的变迁，以逐步实现从一个“农业、农村为主的传统帝国”向“工业、城市为主的现代强国”的转型。上个世纪“实现四化”的口号曾经激励了千千万万的中国民众，而今我们大力推动的是新型工业化、信息化、城镇化和农业现代化的“新四化”。

党的十八大报告指出，要“坚持走中国特色新型工业化、信息化、城镇化、农业现代化道路，推动信息化和工业化深度融合、工业化和城镇化良性互动、城镇化和农业现代化相互协调，促进工业化、信息化、城镇化、农业现代化同步发展”。即就是要统筹工业化、信息化、农业现代化与城镇化，在“四化”协调发展中推进中国特色城镇化。

在新的历史阶段，中央提出“四化同步”的重要战略部署，对于我国的城镇化来讲，提供了难得的机遇。“新四化”的表述，无疑是中国经济发展到一定阶段，对现阶段突出矛盾的一次求解。新型工业化和农业现代化涉及产业结构问题；信息化是创新驱动，属于要素投入结构问题；城镇化涉及需求结构。工业化与信息化是发展到一定阶段的“孪生子”，其深度融合是产业升级的方向与动力；城镇化蕴含着最大的内需潜力，是现代化建设的载体；而农业现代化则是整个经济社会发展的根本基础和重要支撑。中国现代化发展的路径，就是“四化”并行，即新型工业化、信息化、城镇化、农业现代化并行。

《国家新型城镇化规划（2014—2020年）》指出，走以人为本、四化同步、优化布局、生态文明、文化传承的中国特色新型城镇化道路。《规划》一个重要的基本原则是“四化同步，统筹城乡”。即“推动信息化和工业化深度融合、工业化和城镇化良性互动、城镇化和农业现代化相互协调，促进城镇发展与产业支撑、就业转移和人口集聚相统一，促进城乡要素平等交换和公共资源均衡配置，形成以工促农、以城带乡、工农互惠、城乡一体的新型工农、城乡关系”。

目前，我国城镇化已经处于中后期阶段。在这个阶段中，农业现代化是农村城镇化的基础性产业动力，现代工业是城镇化的主导性产业动力，现代信息业是城镇化的后发性产业动力。在这个意义上，中国特色城镇化道路就是在工业化、信息化、农业现代化、城镇化并行协调发展中推进的。工业化、信息化、城镇化、农业现代化，是实现我国现代化的基本途径，这“新四化”相互联系、相互促进。城镇化一端连接工业化、信息化，一端带动农业现代化，是扩大内需的最大潜力所在和转方式、调结构的最大希望所在。我们推进城镇化，是要走工业化、信息化、城镇化、农业现代化同步发展的路子。

二　新型工业化是新型城镇化发展的动力源泉

要实现现代化，实现新“四化”是一个道路的问题，是方向的问题，或者说是纲领性的问题。讲“四化”同步，就是要实现新型工业化，要实现信息化，要实现城镇化，要实现农业现代化道路。

实现城镇化是实现新“四化”的一个需要，一个具体的手段。因为城镇化本来就包括在所谓“四化”当中，是“四化”的应有之义。没有城镇化，劳动力就不可能从农业当中解放出来，也就不可能有工业化；没有城镇化，土地也不可能集约地利用，也更不能够实现农业的现代化。

中国的工业化已经发展到了一个中后期阶段，工业化本身也面临着一个提升工业现代化的质量和水平的问题。最近几年以来，我们在提新型城镇化的同时，实际上也在提新型的工业化，跟过去一般地提工业化也是有差别的。

中国能够快速建立起独立的比较完整的工业体系，得益于农业养育工业政策的实施，其中相对隔离和封闭的城乡二元结构对于这种政策的顺利实施有着重要的贡献。1978 年起，同样是城乡二元结构，且农村改革取得巨大成功，农民收入实现大幅度增长，但由于城镇居民收入增加幅度更大，因而城乡居民收入差距扩大，同时农民群体内部收入差距也开始拉大。随着改革的推进，农民工往返城市与农村之间，对城乡差距有了方方面面的切身体会，城乡二元结构的各种矛盾也随之显现。在这样的社会结构变迁下，随着工业化的发展和农产品供求关系的改善，国家逐步放弃了低价统派购农产品的政策；对低价征地用于发展工业的政策也逐步加以调整。这从另一方面证明，1978 年前相对隔离和封闭的城乡二元结构，是农业剩余较低水平下还能实现大规模向工业部门转移的社会基础。

从占绝大多数的农民群体的发展视角分析，中国城乡分割的体制及由此所形成的二元结构，无疑使农民为国家工业化乃至整个现代化做出了牺牲，不能因为它保障了国家工业化乃至整个现代化的推进而忽略其缺陷。随着时间的推移和矛盾的积累，这种负面作用日益突出，非但如此，还转化成了新型工业化乃至整个国家现代化进一步发展的重要约束因素。

中国工业化受益于城乡二元结构的阶段已经过去，并转换成了受制于城乡二元结构的阶段。只有对这些历史现象全面、辩证地加以认识，才可以深刻理解从根本上解构城乡二元结构，不仅是基于解决好“三农”问题的必然选择，也是走新型工业化道路和实现国家现代化的整体发展目标的必然选择的认识。

（一）当下难靠工业化全托中国城镇化

工业化和城镇化彻底改变着城镇居民和农村居民的生存方式，推动中国现代化的进程。

在漫长的人类历史上，将近二三百年的工业化时期，就是人类生存方式发生最大变迁的阶段。进入工业化时期，工业发展促进成百上千座城镇的崛起，城镇的发展又对工业和人口进一步集聚形成了巨大的吸引力。城市工业成为最具竞争力的产业，大多数科学发明都是以工业和城镇为载体，运用于产业技术创新和产业结构升级。总之，工业化是人类生存方式的一次伟大革命，城镇化同其如影随形。工业化创造了城镇化的物质基础，城镇化提高了产业的竞争力。工业化与城镇化共同推动人类发展进入最辉煌的时代，创造的财富超过以往数千年的总和。

所以，城市化是工业化高度发达产物，也是社会分工精细化前提下的市场经济发展的必然结果，城镇化和城市化必然要求现代工业体系作为支撑，没有现代工业技术和成果，现代城市的管理是不可能实现的，其结果是整个庞大社群组织呈现非系统化非秩序化的集中，人们称之为“城市病”。

从世界各国的城市化发展历程来看，城镇的诞生与发展本身就是工业化发展的自然结果，城市化水平呈现随着工业化水平提高而提高的趋势。

中国的城市化率也差不多是在工业化推动下发展起来的，1949 年中国只有四座城市人口上百万，分别是上海、南京、广州、北平，其中上海的人口是一枝独秀达到 500 万左右，几乎接近当时在城里的中国人口数量的 1/10。上海之所以能够人口聚集这么高，一个非常重要的原因是当时上海尤其在租界成立名副其实的中国工业中心，当时二战欧洲战场很多士兵的衣服来自于上海的工厂，这可是 1.0 版的中国纺织外贸模式。

新中国成立以后，中国更多的工业放在了东北和其他区域的特大城市以及三线城市，靠工业拉动了部分中国人进城，推动了城镇化率的提高，但真正推动中国城镇化率急速提高的是改革开放后的东莞、苏州这样的加工贸易模式。应该说中国的城镇化路程中，工业起到了巨大的作用，乃至可以称为绝对的主导作用。

随着中国城镇化进一步深入，最近几年发现了工业化对于当下的中国城镇化起到的作用日益弱化，以前的绝对主导作用已经开始减弱。从总体上讲，我国城镇化发展水平滞后于工业化的发展进程。中国户籍人口最多的省份河南在 2012 年工业化率高达 51.5%，但其常住人口城镇化率只有 42%。两相对比，就会发现中国的工业化对城镇化的带动作用远远低于欧美国家。这从一定角度上说明，中国当前的工业化对于城镇化的拉动作用日益减弱，出现这种原因主要是下面几个方面：

首先是中国城镇化的相关制度改革滞后。中国改革开放后，通过工业化带动了 2.6 亿农民工进城，但这些群体到现在没有办法享受到公共服务均等化，最终出现了半城市化。这主要是由于户籍、土地、财税、投融资、行政等方面的制度改革滞后，导致了社会不公平的现象和体制存在。这种不公平制度和现象存在，使得工业化率即使比例还高，也会影响到城镇化率的提高，尤其是最有价值的户籍城镇化率的提高。这也表明，当下中国城镇化要想健康可持续地提高，靠工业化是解决不了问题了，而是要靠制度改革来推进。故要深刻认识到中国这轮新型城镇化更是一个改革命题。

其次是服务业开始发力，逐渐成为拉动城镇化的主力军。当前中国服务业发展日益迅速，中国第三产业在 2012 年已经到了 44.6%，离二产只有一步之遥，这一两年必然会超过二产成为第一产业。服务业表现出来的就业吸纳能力强的特点，随着其比重日益提高，其对就业承载力也会水涨船高，这也是尽管中国这两年 GDP 增幅大幅下行的情况下，就业并没有出现问题的原因所在。这也是这几年拉动城镇化率的主要力量。认识到工业日益不能成为推动中国城镇化前行的主力军之后，那么就必须发大力气来进行制度改革，进行经济结构调整，让通过制度改革、简政放权催发出来的服务业推动中国城镇化向前走。

还有中国的工业信息化程度在加深。随着信息技术的快速发展，中国政府也提出了“新四化”路径，加大信息化与工业化的融合。

最后是中国当前工业产能过剩严重。这些年，中国的重化工业领域过剩极为严重，尤其是钢铁等领域，在轻工业领域由于国际贸易增速减缓，产能也面临过剩风险。产能过剩必然会抑制工业的规模化扩大，也会压制住以前一味靠工业化来拉城镇化这种老路径。尽管各地都在寻找新兴产业，但从当前情况来看，还缺乏能够呈现爆炸性增长、革命性、就业承载力强的工业产业出现，即使号称新产业的光伏，最近遇到的压力也不小。如此可见，靠建立在产能过剩基础上的工业来支撑城镇化日益衰弱就很正常了。

我国缺乏具有区域特色的新型支柱产业，导致城镇化发展缓慢。根据国际经验，在城镇化的中期，产业结构表现为第二产业大于第一产业大于第三产业。目前我国正处于城镇化发展的中期，在此阶段的城镇化主要应该依靠地区的工业化来推动。而我国目前的产业结构现状是：第二产业中，采掘业仍然占有较大比重，资源利用粗放，环境污染较为严重，吸纳劳动力有限。制造业发展不足，劳动生产率低，生产经营规模小；制造业内部产业结构不合理，配套能力差，对国外技术装备依赖性强；还未形成以较高技术含量和附加价值的加工组装制造业发展优势。我国的第三产业、尤其是生产性服务业发展较为落后。从总体上看，由于缺乏具有区域特色的新型支柱产业，我国的工业尤其是制造业吸纳农村剩余劳动力的能力不强，对城镇化的拉动较弱，致使城镇化发展缓慢。

工业要培育发展战略性新兴产业。从国务院的相关文件可以看出，与新型工业化相关的就是要培育发展战略性新兴产业。2012 年 5 月 30 日，国务院出台了《七大战略性新兴产业目录》，包括节能环保产业、新一代信息技术产业、生物产业、高端装备制造产业、新能源产业、新材料产业和新能源汽车产业，当然要根据各地实际情况，可以推进传统产业的改造。

（二）新型城镇化有利于推动新型工业化进程

中国的工业化和城镇化也是相辅相成、相互推动的。工业创造了城市（或者将以往的“消费城市”转变为“生产城市”），城市聚集了工业，创造了财富。在此过程中，产业发展、园区开发和城市建设，成为各地区大多数城市共同的经济发展路径。招商引资、农民进城、工业强市、新城崛起、老城改造，成为大多数地区相似的时代故事。

大规模的具有现代意义上的城市形成是一个渐进的过程，特别是现代工业革命之后，社会分工和精细化劳动都得到加强，同时给社会提供的劳动产品显著增加，大规模的日益频繁的社会交换和交往成为可能，这极大地推动了人口聚集和现代市场的形成，而人口及其活动场所的聚集又对社会的管理提出了挑战和要求，城市化需要更加科学的管理理念和管理手段。

可以说，城镇化的动力来自于劳动分工的深化。我们知道，劳动分工越细，专业化程度越高，相互之间的协作就越是紧密。依赖协作的专业化分工产生了更高的经济效益，更带来了空间形态上的集中、积聚和专业形态上的规模化，由此带来了产业分工的细化和产业协作的网络化。

如果缺乏这个基础，城镇化是不可能发生的。农民变市民，与其说是社会身份的转变，倒不如说是因劳动分工导致的职业身份转变，即在专业化程度更高的非农产业就业。劳动分工奠定了农民市民化的经济基础，而农民社会身份的转变，只是适应劳动分工深化而延伸到社会领域的变化。

就此而言，城镇化进程取决于劳动分工深化以及在此基础上的产业发展。显然，这是一个市场推动的自然发育过程。那么，对于政府来说，其职能不是去对城镇化“拔苗助长”，而是对城镇化的复杂过程进行风险评估，管理各种不确定性，防范各种风险。

新型城镇化的过程就是人力资本、经济要素和技术资源的空间集聚过程。这种集聚的意义在于，通过人口的集聚带动人才和科技资源等其他要素的集聚，促使技术创新和升级，提升区域经济规模，优化生产力要素，重构产业链，有效降低发展成本，充分实现大中小城市功能互补，切实保障基础设施共建共享，促使资源的集约和节约利用，提高了经济效益，产生一种结构性优化和功能性提高的综合效应。

由此可见，在经济上实现集约发展是新型城镇化发展的题中应有之义。这种集约型的发展，一方面为现代工业化的发展提供了充足的人力资本；另一方面，这种集约型的发展为现代工业化发展提供了经济要素和技术资源。同时，随着新型城镇化的发展，城镇周边地区的交通、通信等基础设施也会逐步完善，从而为地区特色产业发展搭建一个通向市场的桥梁。

农民进城务工不仅为城市工业输送大量的劳动力，而且成为农村家庭脱贫致富最有效的方式和途径之一。可以说，工业化和城镇化彻底改变着城镇居民和农村居民的生存方式，推动中国现代化的进程，是全面建成小康社会的根本途径。新型工业化的发展，需要高素质的劳动者，要求劳动者必须具有相应的知识水准。而新型城镇化在文化上具体表现为实现文明的多样性共存，培养与时俱进的城市文化。新型城市化的文化需要在新的历史条件下把传统的民族文化与现代文化统一起来，大力培养与时俱进的城市文化，形成鲜明的城市文明。随着社会文明的进步，城镇的人民有了更多受教育的机会，从而使得全民的素质得到提高，有利于推进新型工业化的进程。

工业化和工业体系是支撑城市存在和有效运转的根基，其重要性不言而喻，它不仅仅是为城市群居者提供就业机会、产品和 GDP。既然工业体系对现代城市具有举足轻重的作用，那么如何才能把一个地方的工业体系做大做强呢？直接的手段就是引进、学习，就是通常所说的照抄照搬，直接把别人的技术和设备弄过来，包括购买技术专利、引进人才和合资合作办厂，这些办法难以敲开工业文化发达的地区和国家大门，因为他们的精尖技术受专利权严格保护，不论是技术，还是设备，都不可能把最新最好的输出到其他地方。

一个真正工业文化氛围浓厚的地区和国家，必然会把工业产业强大的前途放在自身的创新能力上，而绝不可依赖他人。创新能力的培养不是一个新鲜事物，但却是一个老生常谈、谈而丢之的对象，因为创新绝非易事，它需要两样东西，一是思想观念自由；二是充分的高度发达的市场分工和市场竞争，历史和实践也都证明，这两样东西恰恰是工业革命爆发的根源，也是工业科技日新月异的内在动力。

对于任何一个后发城市和国家，要想通过工业革命和工业产业提升自身实力，当务之急是要开放市场，是彻底真正的开放，摧毁准入制度，完善市场运行体系，包括法律制度、规定规范和监督惩处手段，使国内国际各种市场要素自由流动，以得到高效利用。

对市场地位和作用的认识及其对待市场的态度、方法，这本身就是一个观念问题，是一个思想境界问题，可以说市场经济的发展程度就是人们思想观念解放程度的试金石，因为现代社会系统下，种种利益的由来皆源于市场，人们垄断市场就是出于对利益的保护和贪婪，反之，彻底全面开放市场，就会斩断不当利益，让市场机制分配利益，并通过市场机制把权力清除出交易过程，不仅提高了资源利用率，而且可以避免权力操纵人们的交易行为，有效预防腐败。

总之，工业化、市场和观念是一个相互紧密关联的逻辑，相辅相成，如果利益束缚禁锢人们的手脚，人们自由思考和社会自动转变观念的氛围缺乏，市场开放必然不充分，没有自由平等开放的市场竞争和市场系统，工业产业和工业化必然失去根基和支撑，高度发达的现代城市和便利、快捷、安全、人性、和谐、宜居的城市生活只能是一句空话！

（三）新型城镇化与新型工业化良性互动发展

现代意义上的城镇化是指由工业化带来的大规模的人口从农村向城镇的迁移，以及由此导致的生产和生活方式的转变。工业革命以后，大规模集中生产的工厂制度在经济中成为主导力量，使人们需要集聚生活。而工业生产分工日益精细化，各种行业需要精密配合，使集聚效应的优势越发明显。工业化生产的各部门集聚在城市中，形成了规模经济、范围经济和外部经济，提高了分工和专业化的效率，这极大地加速了城镇化的进程。

市场主导的城镇化能促进经济结构升级，推动经济发展。工业的迅猛发展，收入的快速增长，大大提高了人们的消费能力，促进了城市商业的繁荣。工业分工的精细化，使家政劳动的社会化迅速兴起，服务业因此也得到迅速发展。随着城市人口密度的提高，为城市公共设施和公共服务事业提供了发展的空间，银行、保险等金融服务业随之日益发展，同时文化、教育、娱乐、体育、卫生等事业也相应壮大。因此，工业化的推进导致了城镇化的繁荣，而城镇化的推进与服务业的繁荣进一步提高了劳动生产率，催生了新的行业和生产部门，使经济结构更加侧重第三产业。

1. 实现工业化和城镇化之间的良性互动确实面临挑战

从国际来看，自 2008 年经济危机以来，各国回归实体经济的呼声日隆。美国“再工业化”政策开始逐渐显效，在制造业回归本土方面取得进展。东南亚国家凭借更低的劳动力成本，在承接劳动密集型产业方面与中国展开竞争。从国内来看，在资源、环境、市场等因素的多重约束下，以服务全球市场为目标导向，以大规模生产、低附加值盈利、低劳动力成本维系为运营特点，以高污染、高耗能为生产代价的传统工业化模式面临全面挑战。

十八大报告中将“四化同步”作为破解经济转型升级的实现路径，但是实现工业化和城镇化之间的良性互动确实面临挑战。

第一，从整体看，未来中国工业化吸收新增农业转移人口就业的能力在衰减。中国已经处于工业化中后期，并在不断加速进入信息化阶段，在工业化发展中，自动化和信息化并行，传统的生产模式正在发生深刻变革。工业生产对于低技能熟练劳动力需求进一步降低，以工业机器人为代表的技术革新正在不断压缩市场对于一般劳动力的需求。

第二，从地区来看，一线城市所能提供的一般性就业岗位增幅有限。根据后工业化社会特点，随着服务型经济的发展，工作重心转向办公室、教育机构和政府部门，自然引起职业向“白领职员”转移。以北京、上海为代表的一线城市率先进入后工业化社会，劳动力人口的职业结构已经发生较大变化，初步形成了以公司职员、管理人员、工程师等技术人员为主的职业结构，基本呈现“白领化”趋势。因此，从未来看，一线城市劳动力需求结构调整将持续，一般性就业岗位增幅有限。

在这种情况下，西方国家中城市化与工业化比翼齐飞的理想状态，在当下的中国很难实现，因而需要我们重新思考，经济转型升级背景下，如何真正实现新型城镇化目标，这一战略的推进却可能遭遇经济转型升级的挑战。我国城镇化存在诸多突出问题，亟须通过全面深化改革来进行转型。

工业化与城市化是现代化进程中的一对孪生子，以城市化推进工业化，以工业化促进城市化，是新型工业化道路的重要内容。城市是商品经济的产物。我国20多年的市场取向改革，使城市化进程加快，但由于城市化的制度性壁垒没有随市场化改革同步消除，城市化进程仍慢于市场化和工业化。要完全消除城市壁垒，还需要加大改革力度。当前，有两种倾向值得注意：一是一些有条件的大城市降低城市门槛进展缓慢，没有充分发挥城市化的龙头作用；二是一些中小城市不顾工业化和市场化条件，用行政手段人为地“圈地造城”。

2. 建立和形成工业化与城镇化互动发展机制

工业化与城镇化互动发展机制，就是以促进工业化与城镇化良性互动为目标，工业化与城镇化互为动力、共同发展的内在机理构成及其运行机理。工业化与城镇化互动发展机制的实现，要靠良好的体制和制度的建立，以及有效的实施。我国工业化与城镇化互动发展，关键是以政府为主导，充分发挥市场的作用，打破城乡分割，促进要素流动，推动共同发展。

首先，充分发挥市场的基础性作用，构建资源要素优化配置机制。完善市场体系，充分发挥市场作用，是实现工业化和城镇化良性互动的基础。从城镇化与工业化互动发展的角度看，要充分发挥市场的基础性作用，吸引要素向具有区位和产业优势、交通便捷的中心城镇集聚；从城乡间的流动看，要加大城镇和非农产业对生产要素和企业、人口的拉力，畅通城乡之间的生产要素与产品的流通渠道。要大力推动城乡之间劳动力、金融、技术、房地产、信息等生产要素流动，形成城乡良性互动，城乡相互依托，互为市场，各种要素交流和组合，为建立符合市场经济规律的工业化与城镇化互动机制提供多维取向。加强市场法律法规和制度的落实，改善优化市场环境，推动市场竞争机制的完善。

第二，充分发挥政府的主导性作用，构建可持续发展的制度保障机制。坚持可持续发展战略以及“以人为本”的思想，构建可持续发展的制度保障机制。内容主要包括：户籍制度改革；社会保障制度的改革，构建城乡一体化的社会保障体系；探索并建立有效的土地流转制度；就业制度的完善等，消除制约推进工业化和城镇化的政策或制度性障碍。

3. 必须发展与新型工业化相关的服务业

服务业和新型工业化密切联系，虽然不包括在新“四化”之中，仍然是优化结构的战略重点。今后发展的战略重点应该是优化服务产业结构，尤其是发展与新型工业化相关的服务业。从国家来说，优化结构的战略重点也是发展服务业。

服务业比重的高低是衡量一个民族、一个国家现代化的标志之一。服务业主要发展什么？专家建议要实现双线推进，一条线是发展生产型服务业，另一条是发展生活型服务业。生产型服务业主要包括八个方面。第一个是金融服务业。金融服务业的组织包括银行、证券、保险、基金公司、信托公司等。我国国有金融业发展的势头十分强劲，工、农、中、建、交等几大国有控股商业银行几乎控制了整个中国金融的命脉。下一步改革的重点是要培育草根性私人办的金融组织，需要允许私人银行进入。除此之外，生产型服务业还包括现代物流产业、交通运输业、技术服务业、商务服务业、设计咨询服务业、人力资源服务业和节能环保服务业等。第二个类型就是生活型服务业，也包括八个方面。主要有商贸服务、旅游业、居民服务、文化服务业、体育健身表演等服务业、房地产服务业、市场化的教育培训和医疗健康服务业。尤其要注意健康服务业。在美国，包括健康保险、生命保险在内的健康服务业已经成为第一大产业。而中国的健康产业产值比重才达到5%左右，跟美国相比相差甚远。老百姓在解决温饱，实现小康以后，下一步的追求肯定是健康。特别是随着人口老龄化问题的加剧，养老问题提上日程。这种需求缺口将会越来越大。

三　农业现代化是城镇化的基础和保障

目前我国农业现代化仍然滞后于工业化、城镇化，具体表现在农业依然基础薄弱、城乡居民收入差距仍然较大等方面。因此，十八大报告中强调农业现代化将是“四化”同步发展中的重点和难点。

在国家推进生态文明的战略下，中央特别强调城镇化与农业现代化的协调发展。这是由中国国情决定的。

中国现代化最重要、最艰巨的任务是解决“三农”问题，实现农业的现代化和多数农民的城镇化；最大的风险是工业化、城镇化快速发展，而农业和农村发展严重滞后，城乡发展严重失衡。必须统筹解决城镇化与“三农”问题，努力缩小工农城乡发展差距，尽快补上农业这条“短腿”，加快实现农业现代化，为城镇化进而为整个国家的现代化奠定更为牢固的基础。城镇化是社会发展的一个必然过程，有成效的城镇化是社会进步的一个重要标志。在中国，城镇化与“三农”问题涉及解放生产力，逐步消除城乡差别与城乡间的不公正、不公平，合理调整和配置产业结构并促进现代化。

2014 年 1 月 19 日中共中央国务院《关于全面深化农村改革加快推进农业现代化的若干意见》，是新世纪以来党中央连续发出的第十一个指导“三农”工作的“一号文件”。文件紧紧围绕推进农业现代化建设，突出强调全面深化农村改革，提出了一系列新观点、新政策、新举措，必将进一步解放和发展农村生产力，为农业增产、农民富裕、农村繁荣注入新的活力。

“一号文件”吹响全面深化农村改革集合号，我们要奋发进取，锐意创新，力争在体制机制创新上取得新突破，在现代农业发展上取得新成就，在社会主义新农村建设上取得新进展，迎接“三农”发展新的春天。

当前我国经济社会发展正处在转型期，农村改革发展面临的环境更加复杂、困难挑战增多。农业还是“四化同步”的短腿，农村还是全面建成小康社会的短板；保障国家粮食安全，面临的资源环境约束矛盾日益尖锐；解决谁来种地的问题更加紧迫；让农村社会管理和公共服务跟上经济社会结构变化步伐成为当务之急。问题倒逼改革。“三农”发展的诸多难题，依靠改革才能破解；农民群众的新期盼，依靠改革才能实现。

中国要强，农业必须强；中国要美，农村必须美；中国要富，农民必须富。推进中国特色农业现代化，要始终把改革作为根本动力。新一轮农村改革，针对的病根是城乡二元结构体制，瞄准的目标是健全城乡一体化发展体制机制，把握的要义是城乡统筹联动，赋予农民更多财产权利，推进城乡要素平等交换和公共资源均衡配置，让农民平等参与现代化进程、共同分享现代化成果。

“一号文件”提出的改革措施既立足当前，也着眼长远，重在为“三农”发展提供体制机制保障。当前的农村改革，要啃的都是“硬骨头”，要打的都是“攻坚战”。全面深化农村改革，要发挥市场机制在资源配置中的决定性作用，处理好政府和市场的关系。胆子要大，步子要稳。要鼓励探索创新，坚守底线，试点先行，充分尊重农民意愿，切实保障农民利益。各地农村情况千差万别，要因地制宜、循序渐进，不搞“一刀切”、不追求一步到位，允许采取差异性、过渡性的制度和政策安排。

（一）工业化和城镇化发展必须以农业现代化为基础

从主要发达国家所走过的历程不难发现，农业现代化提高了农业生产率，为工业化和城镇化提供了大量的农产品。同时，农业现代化提高了农业生产的机械化、集约化程度，产生了大量的剩余劳动力，为工业化提供了大量的劳动力资源。此外，农业生产率的提高带来了农业人口收入水平的增加和消费能力的提高，也为工业化和城镇化提供了持续发展的动力。目前，一些国家的城市之所以患上“城市病”，恰恰是因为农业现代化没有跟上。

回顾我国城镇化的过程，也是一个工业化和农业现代化的发展过程，无论是新中国成立后通过集中发展城市工业来建立基本的工业体系，还是改革开放后通过农村改革发展乡镇企业、促进农村经济发展，城镇化的进展与经济的发展是基本匹配的。但与工业化发展程度比较起来，农业现代化的推进比较慢，还有很大的提高空间。

在工业化、城镇化过程中，城市和工业的经济效益明显高于农业和农村。在市场自发作用下，农业和农村本已相对缺乏的土地、资金、劳动力等生产要素会迅速向工业和城市流动，特别是向大城市聚集。

随着城市的快速发展与扩张，工业用地急剧增加，每年都有大量土地包括耕地转入城市和非农产业。农村和农业的发展资金原本就严重缺乏，农村的存款仍在大量进城，几乎所有的县都存在着大比例的存贷差。大量农村人才特别是年轻劳动力进城打工，在为农民增加就业和收入的同时，也导致了农业高素质劳动力和人才的流失，不少地方已经出现主要靠留守老人和妇女种田的情况。

工业化、城镇化使农村的生产要素进城，是许多国家现代化过程中的一个历史普遍现象。因此，实践中一定要统筹城乡发展，防止因强调城镇化而忽视农业、农村、农民，防止各级干部注意力转移而导致资源要素配置偏离。

现在，工农产品价格“剪刀差”逐步消除，基本实现了商品平等交换。但是，城乡之间、工农之间的要素不平等交换仍然存在，包括土地、资金、劳动力。

首先是土地。城市建设、工业项目、开发区从农村征用了大量土地，尽管征地补偿费用在逐年提高，但还是大大低于土地市场价格，土地征用和开发转让过程中大量的级差地租被转移到城市建设和工业发展。很多地方的城市建设特别是基础设施建设，用的主要是土地出让收入。这是一个不平等交换。

其次是劳动力。每年有2.6亿农民外出打工，其中1.6亿进城打工。近年来由于中央高度重视，制定了若干保护农民工权益的政策性文件，农民工的工资水平在逐年提高，社会保险也在逐步增加。但与城市职工相比，与企业利润收益相比，农民工的工资还是偏低的，社会保障水平也是偏低的。农民进城打工留给城里的“剩余价值”也是巨大的。这又是一个不平等交换。

再次是资金。一方面，农民和农业积累的有限资金转为存款大量流入城市，流入工业项目，而农业发展缺乏资金支持，农民普遍贷款难。另一方面，因为资金缺乏，农民贷款融资成本又比城市高。农村信用社是农业贷款的主力军，为了鼓励农信社增加贷款，不得不给他们一个利率上浮的政策。至于农民借用地下钱庄和“抬会”的钱，所支付的利息就更高了。这实际上又是一个不平等交换。

应该说，要素的不平等交换是农业农村发展相对滞后的重要原因，也是城乡利益不均等的突出表现。这些问题都要在实践中逐步加以解决。

工业和城市的快速发展和由此积累起来的财富，为以工促农、以城带乡奠定了重要的物质基础。经过改革开放30多年快速发展，我们国家人均GDP已经超过6000美元，也到了以工补农、以城带乡的阶段。城市人口的大量增加扩大了农产品的市场需求，在数量和质量两个方面，都对农业产生了强大的拉动作用。城镇人口增加和消费结构升级，必然拉动农产品需求增长，拉动农产品价格上行。

工业化对中国来说，并不是多么遥远，城镇化也不是搞不了，关键看怎么搞。但不管怎么搞，现在有个最现实的问题，就是必须要搞好农业现代化。

周总理在1963年就提出，要实现包括农业现代化在内的四个现代化，但现在很多地方，甚至地方官员都不敢提“农业现代化”这五个字。能够敢于直接提及农业现代化的，都是挺不错的地方。比如说浙江省，浙江省现在提出率先实现农业现代化。提出后，还得有规划，不能光喊个口号就结束了，就像现在路边墙上贴着治污减排，贴了牌子不行动是不行的，不能沉浸于形式化的东西。

如果不把农业现代化搞起来，城镇化也实现不了，就像夹生饭一样，做不熟工业化这块儿，甚至不仅做不熟，还可能掉到陷阱里去，也就是所谓的中等收入陷阱。

中国要依靠现代农业来保证全国对农业的产业需求。这样下来，我们才能支撑新型工业化的实现，才能确保我们所要的新型城镇化的实现。这个基本问题解决了，我们中国的社会就能够顺利转型，由一个农业社会，农业经济为主的社会转向一个真正的工业化社会，一个现代社会。

（二）城镇化和农业现代化相辅相成

城镇化与农业发展究竟是什么关系？过去有人将两者对立起来，认为农业影响了城镇化进程，城镇化程度取决于农业发展的水平。这种观点有我国20世纪50年代末60年代初的经验教训作为支持。当时农民进城解决不了吃饭问题，已经进城的农民工被强制回乡务农。20世纪80年代发端于农村土地承包的改革表明，农业剩余的不足并非技术制约而是制度制约。随着土地承包制改革使中国人摆脱了吃饭问题，工业化和城市化就开始了真正突飞猛进的发展。但是，20世纪90年代后随着工业化城市化的发展，人们发现，在突破了最基本的生存食品供给线之后，农业的发展不仅越来越取决于农业科技发展以及专业化、机械化和信息化的水平，也越来越取决于农业生产规模本身的扩大。在耕地面积不但不能增加，相反还因工业化、城市化而不断减少的背景下，“减少农民才能富裕农民”越来越成为人们的普遍认识。

从城乡市场经济系统来看，减少农民，才能富裕农民。农民从农村流入城市是必然的选择，而且是更好的选择，因为在城市可以获得更多更好的就业机会。另一方面，部分农民进城可以增加留在农村农民的人均资源占有量，有利于解决这部分农民的增收问题。例如，原来一亩地，现在种两亩地，收入就可能有较大增加。简单来讲，如果农村人口多，大量的农产品是自给自足的状态，粮价就低；如果大量人口进入城市，农产品需求大大增加情况下，粮价也必然上升，这样农民的收入也会增加。我国是人口大国，大量农民沉淀在农村的土地上，导致贫困的发生，因此，部分农民走出去才能给农村更多的机会。所以，在这种意义上看，城镇化与农业现代化是相辅相成的，而城镇化进程在于解决农村发展深层次矛盾问题。

农村人口的市民化是未来城镇化的重要任务。通过强化农村经济结构调整，加快农村经济发展，增加农民收入，进而缩小城乡差距，降低农民进入城市的门槛……这对于新型城镇化的推进尤为重要。然而，目前农村农业发展状况存在诸多复杂的问题，农业经济发展处于非常尴尬的境地。尤其是旧式农业经营管理也面临一系列挑战，突出表现在农业经营主体稳定性和持续性问题上。

目前，我国进城务工人员超过2.6亿，大量农村青壮年劳动力进城务工，“农民荒”的问题日益突出。分散经营、化肥依赖和技术落后等直接导致粮食生产成本逐年上升，而粮食价格低价徘徊，这使得种地即便是产量提高，也没给农民带来多少实惠。处于农业产业下端的农民失去种田的积极性。部分农民开始放弃农业种植，或者仅仅满足自己粮食需求，其余土地一概撂荒。扩大农业的规模，培育新型的农业经营主体是现代农业发展的必然趋势。

新型城镇化的核心是人口的城市化，其关键在于“平衡市民与农民的利益关系”。这就要求在推动新型城镇化时，要加强进城农民工社会保障，同时更要加快提升农村经济发展，增加农民收入，缩小城乡差距。进一步来讲，本轮城镇化是中国农业经济转型、产业全面升级所带动的城镇化，可以说，这无异于一场农业革命。因此，新型城镇化的一个重要驱动力量来自于农业经济产业升级所涉及的各类主体，主要包括地方政府、现代农业企业及上下游产业企业、服务业企业等。未来农业要升级，实现现代化，主要依靠农业生产经营方式的创新。

在新的形势下，中小城市和小城镇要更多强调发展农业的规模经济，培育更多的新型农业经营主体，从而提高农民的劳动生产力，增加和增强农业的竞争力，增加务工劳动者的收入。如小城镇在推进农村经济现代化中具有显著的作用：一是推进农业集约化、产业化经营，加快农业现代化发展。二是促进传统乡镇企业的整体升级和乡村工业化的发展。以小城镇为依托，对乡村工业进行合理的空间布局，解决“户户点火”的农村工业分散无序状态，使工业生产的各种要素得以聚集，不仅能解决生态恶化、资源浪费等问题，而且将降低生产成本，提高工业生产能力，促进乡村工业的大发展。

城镇化和农业现代化虽然始终是相辅相成的关系，但其中的主导力量已经在过去几十年中发生了根本变化，从20世纪50—60年代的以农业、吃饭问题为约束和主导，到了20世纪90年代特别是新世纪以来的工业化、城镇化为主导。吸纳农民转移就业的城镇化成为城乡统筹的龙头。既要推动农业的规模经营，促进土地的流转和集中，又不能行政驱动、资本逐利，强迫农民拆房并村上楼，关键是要建立进城农民能顺畅转移落户和自愿放弃农村小块土地和宅基地的机制。这就要逐步改变我国8亿多农村人口大部分处于兼业身份的状况。

中国的农业现代化除东北等少数人少地多的地方外，更适合走的是日韩以及中国台湾地区的专业农户道路。专业农户是指家庭的主要劳动力将其全部或大部分时间精力投入农业生产的农户。扶持专业农户的发展，就需要鼓励和用经济手段引导进城落户农民，离乡又离土，放弃农村的土地经营，并在各种农业补贴和扶持政策上向专业农户倾斜，从而逐步减少小规模不专业经营的兼业农户。

同时要严格限制非专业农户承包租用土地，防止土地的非农用和非粮用。除城郊少量经济作物以外，那种资本下乡、公司承租大量土地、变农民为农业雇佣者，或者不顾人口资源条件盲目鼓励大规模经营的家庭农场的形式，显然不适合我国的情况，不应受到鼓励和发展。

随着农村人口向城镇的举家迁移，需要开展如东亚国家和地区随城市化进程的农村土地整理事业，以有利于农地的规模经营和机械化、专业化。在我国，农村土地整理，首先要解决在占补平衡和城乡建设用地增减挂钩政策下产生的以次充好、农地质量严重下降的问题。这里需要借鉴海外农地整理成片条块化的经验，占补平衡和增减挂钩的土地，必须先行纳入成规模粮田农地的联片条块化，才能验收确认为复垦耕地。水田和旱田必须分类分别补偿验收。因为我们要保的所谓耕地红线不仅是数量，更重要的是质量。

实现农村和城镇人口的双向自由迁徙是户籍制度改革的方向。从占有土地的全部城乡二套房开始普遍征收不动产保有税，可以一方面促进在城镇落户的农民放弃在农村的宅基地，另一方面也有助于在我国人口资源相对紧张的条件下，抑制富裕的城镇居民下乡置业的奢华需求。专业农户制度的确立和完善更有利于保护耕地和保证有限耕地的种植效率，抑制下乡置业的富裕城镇居民圈租耕地用于非粮和非农生产目的。

新型城镇化必须和农业现代化相辅相成，要保住耕地红线，保障粮食安全，保护农民利益。城镇化不能靠摊大饼，要大、中、小城市协调发展，东、中、西部地区因地制宜地推进。要注意防止城市病，不能一边是高楼林立，一边是棚户连片。

（三）城镇化是农民进入现代化的唯一路径

目前，我国的城镇化率刚刚超过50%，如按户籍人口计算仅有35%左右，远低于发达国家近80%的平均水平。差距就是潜力。这意味着，未来我们的城镇化还需要大量人口从农村转移到城市里来。

城镇化发展的核心是人的城镇化，也就是要解决农村人口的转移。推进城镇化就是改革不合理的户籍、土地以及行政管理体制，取消限制城乡要素市场化流动的障碍，赋予已经进城就业定居的农民工平等地享受城镇居民公共服务水平的权利。

推进城镇化建设已渐成共识，但是如何有序有效推进，各方还有许多不同的观点。这也是党和政府提出要积极稳妥推进以人为核心的新型城镇化的原因所在。

农民关乎市民，农村关乎城市，农业现代化关乎城镇化。相互之间的利益传导使他们紧密联系在一起，可以预见，随着城镇化的推进这种关系将更加紧密。在未来一段时期里，农村发展模式调整和农业的经济转型将成为推动新型城镇化的重要引擎。在未来的新型城镇化工作中，农村、农业、农民与城镇化的联系会更加紧密。

城镇化还是传播现代文明和现代生活方式，促进农民自身现代化的根本出路。现代化的关键在于人的现代化，农民自身的现代化则是中国社会现代化面临的关键难题。

当农业面对城市时，首先需要解答的问题，就是工业和农业或者是城市和农业孰优孰劣？在固化乡村的前提下，在城市封闭式发展过程中，在市场垄断经营过程中，农村与城市发展是严重不协调的，不仅仅顾此失彼，而是非理性地发展了城市，却让农村承担了代价。

城市对农村的剥夺、制约和破坏主要表现在三个方面：一是抢夺了农村的资源和人才，大量的自然资源和人才只有被允许进入城市这个封闭系统内，才能得到利用和认可，而对于那些劣质资源和弱势人员，因为不具有经济价值，被城市化这道鸿沟隔离，这是“留守人口”问题的根源；二是污染了农村的环境，在一个内封闭的系统内推进城市化，这样换来的城市，它必定是一个畸形的城市，是病态的城市，其最沉重的代价，就是对环境的破坏，而且城市会把环境代价的恶果转移到农村，诸如劣质工业产品，种种工业垃圾，其最后必然流向农村；三是逐渐形成了对农村的歧视和隔离，由于前面所述的两个原因，使得农村自然环境恶化和人口结构弱化，加之农村也被人为地分隔开来，成为一个低级的内循环系统，农村似乎就成了落后和愚昧的代名词。

其实不论是从经济和功利角度分析，还是从社会文化和社会生活多元化视角评判，农业都不是一种落后产业，农村不是一种落后愚昧形态，农民更不应该是无知和愚昧的群体，土地也绝非痛苦和艰辛的源泉。

对农村的管控本身是违反现代城市系统化发展逻辑的，其结果不仅阻碍农村发展，也严重制约城市化进程，我国城市落后的表现形式主要是城市与农村两层皮，而且城市严重歧视农村和农民，这是落后的畸形的城市心态和形态。或者说，开放的发达的城市化是依托整个社会系统完善，社会在多样性基础上、在竞争环境中体现多元和包容。一致、歧视、约束和制约根本不是真正的城市精神和城市文化！更不利于支撑城市化的现代农业社会发展。

而城镇化的发展则为推进中国农民现代化发挥着至关重要的“熔炉”作用。小城镇相对集中和比较健全的学校、文化馆、图书馆、体育馆、电影院和有线电视等文化教育机构与设施，有利于开展各种教育科技文化活动，丰富居民的业余文化生活，有利于不断提高进城农民文化素质和文明水准；小城镇交通便利、信息畅通，大大加强了城乡间物资、技术、人才、信息的交流，现代优秀文化和先进文明也不断向小城镇传播，进城农民经受现代文明的冲击与洗礼，将变得视野开阔，逐步改变长期形成的封闭、保守、传统、落后的思想观念，实现思想观念和文化心理的现代化。而且，农民进入城镇生活，通过享受现代化的生活设施如成套住房、电话、自来水、洗衣机、冰箱、煤气等，客观上将彻底改变他们传统的居住方式、生活方式和卫生习惯，推动着他们向现代化的目标迈进。

新型城镇化的核心是人口的城市化，其关键在于“平衡市民与农民的利益关系”。这就要求在推动新型城镇化时，要加强进城农民工社会保障，同时更要加快提升农村经济发展，增加农民收入，缩小城乡差距。

四　信息化将带来巨大社会变革

信息化与工业化、城镇化以及农业现代化的深度融合、互动发展的本质是用信息技术或者信息产业的发展来解决生产、生活、社会管理等各领域的各种问题。受制于认识不够、研发投入不足、相关背景的专业技术人才和复合型管理人才奇缺等因素影响，工业化和农业现代化进程中，信息化仍处于局部应用阶段，与二者整体的发展融合程度不高、良性互动不够。就其与城镇化的融合互动来看，信息基础设施建设还较滞后，城镇发展各相关领域的跨领域信息共享和联动并未真正实现，城镇居民生活涉及的医疗、社保、安全等社会管理服务也还未实现真正意义上的数字化、网络化、智能化。

由于城市信息化在城市管理方面的诸多优势，全球大部分大中型城市都已经完成或正在建设信息化城市，这是一个时代趋势。

而建设智慧城市就是加快产业转型升级、推动创新型城市建设的重大战略举措，对城市来说也是一个难得的发展新机遇。智慧城市是实现城市信息化的一个重要方面，智慧城市是在城市的规划、建设、管理和生产、生活中，充分利用数字信息和通信网络技术，将城市的各种数字信息和信息资源加以整合并充分利用。

所谓城市信息化就是，在城市管理、经济和社会生活各个方面应用信息技术，深入开发和广泛利用信息资源，加速实现城市现代化的进程。城市信息化涵盖电子政府、数字城市、电子商务、智能交通、智能建筑等众多领域。

（一）智慧城市是城市信息化发展的必然

2014 年是智慧城市建设元年。智慧城市上升为国家级战略规划，成为新型城镇化的必由之路。《国家新型城镇化规划（2014—2020 年）》指出，要“推进智慧城市建设”。即“统筹城市发展的物质资源、信息资源和智力资源利用，推动物联网、云计算、大数据等新一代信息技术创新应用，实现与城市经济社会发展深度融合。强化信息网络、数据中心等信息基础设施建设。促进跨部门、跨行业、跨地区的政务信息共享和业务协同，强化信息资源社会化开发利用，推广智慧化信息应用和新型信息服务，促进城市规划管理信息化、基础设施智能化、公共服务便捷化、产业发展现代化、社会治理精细化。增强城市要害信息系统和关键信息资源的安全保障能力。”国家发改委、工信部等 8 部门联合印发了《关于促进智慧城市健康发展的指导意见》，提出“到 2020 年我国将建成一批特色鲜明的智慧城市”，我国的智慧城市建设掀起热潮。

智慧城市是现代社会发展的新产物，是物联网、云计算等新一代信息技术和形形色色的网络平台集成与现实社会相结合的代名词。智慧城市是城市发展模式转型升级的结果，构建了一个开放创新、绿色生态、文明科学的现代新城市发展模式。

有效实现城镇化，于居民角度就是要解决最为关心的“医、食、住、行、游、教”问题，于政府角度要解决如何加强城市管理的问题。在传统模式下，政府会投资修建更多的楼房、医院、学校、公路、铁路，来实现城市的扩张，同时加大资源开采力度以增加供给。但是，这并不是可持续发展的模式，资源和财力都不足以支撑供给的无限增加，现阶段我们面临的更大的问题是如何实现有限资源的合理分配，并不断提高利用效率。

因此，“调结构”和“稳增长”一样重要，IT作为新兴产业，将与城镇化深入融合不断增加供给。信息化在城镇化推进的过程中扮演了更加重要的角色：IT系统不仅是辅助系统，将更多的成为核心业务系统及核心决策系统，后周期属性逐渐减弱，将伴随城镇化的全过程，出现明显的前置化趋势。过去信息化与工业化的深度融合增加了供给，现在信息化将与城镇化深度融合则有望创造供给。

“智慧城市”是信息化与城镇化结合的最佳模式。所谓“智慧城市”，就是借助新一代物联网、云计算、决策分析优化等信息技术，将人、商业、运输、通信、水和能源等城市运行的各个核心系统整合起来，从而更好地理解和控制城市运营，并优化有限资源使用情况的城市。道路不再那么拥挤、建筑物“零”排放、一“卡”在手，所有公共服务都能解决——智慧城市，可谓与人们的生活紧密相连。

智慧城市是城市全面数字化基础上建立的可视化和可测量的智能化城市管理与运营，包括城市的信息、数据基础设施以及在此基础上建立网络化的城市信息管理平台与综合决策支撑平台。从应用领域来看，智慧城市包括智慧的交通、医疗、公共安全、教育、城市发展和能源等领域。

国家智慧城市建设已从概念导入期进入了务实推进期。整个“十二五”期间全国已经有400多个城市宣布建设智慧城市，覆盖东、中、西部地区，其中包括95%的副省级以上城市、76%的地级以上城市，一些发达地区的县、镇乃至社区都参与其中。除北京、上海、广州、深圳等大城市外，杭州、厦门、珠海等一些东部沿海地区经济发达城市也开始智慧城市建设。湖北、湖南、山东、辽宁、四川、河南、安徽等省则提出建设“智慧城市群”。其中，湖北省和广东省的“智慧城市群”分别涉及17个和21个省内城市。目前智慧城市发展已经向县镇一级延伸，智慧城市建设的杠杆效应正在显现。伴随着智慧交通、智慧环境、智慧医疗等领域的推进，市民初尝信息技术在城市治理、公共服务方面的好处。

信息化和城镇化是当前新四化建设的主要方面，是推动中国未来中长期成长的主要动力，而“智慧城市”是“信息化+城镇化”的主要落脚点，将成为我国投资的重要领域。当前智能城市建设涉及的领域广泛，既包括信息环境、产业发展、信息网络、智能制造、交通与物流，也包括城市环境、智能城市医疗和城市安全等方面。中国未来智能城市发展的潜力集中在二三线城市。

据介绍，已落实建设的193个智慧城市试点城市中，目前共有超过2000个项目，总投资超过了1.6万亿元，平均每个试点城市有13至14个重点项目。从资金来源看，智慧城市项目的资金来源中，一般是财政投入占20%，银行贷款占20%，企业自有资金占33%，其他的27%是园区等方面投资。从资金用途来看，投资额度最大的是智慧城市相关产业等，如基础设施建设、公共信息平台等。据住建部预计，“十二五”期间，智慧城市的投资总规模将高达5000亿元人民币，各地智慧城市建设将带来2万亿元的产业机会。而长期来看，智慧城市投资规模将超过10万亿元。随着政策进一步落实，智慧城市将迎来新一轮快速发展，并辐射整个智慧城市产业链。根据测算，如果将传统的城市治理和管理方式都能改变成“智慧城市”的方式来进行管理和治理的话，城市的红利能增加三倍。

（二）城市信息化的几个领域展示

智慧城市属于新型城镇化概念中的细分板块之一，涉及的范围相当广，包括智能交通、安防、医疗信息化、智能建筑、教育信息化等。

大力实施智能交通、智能城市管理、智能公共服务系统等建设，进一步提高政府的社会治理和公共服务的智能化水平。通过云计算、物联网、大数据等的加速创新和应用普及，将智慧城市、数字乡镇等新理念引入城镇发展，积极寻求城镇化的最佳发展模式。

比如市民卡，通过融合个人身份证、交通卡、社保卡、银行卡等功能，集个人社会事务和城市公共服务于一体，不仅让市民生活更便捷，也有效避免了“信息孤岛”和重复建设问题。在扬州，公共交通、水电费、社会保险、医疗卫生、公积金都可以刷卡办理，甚至吃肯德基、停车加油都可以刷市民卡消费。一张卡，解决了人口管理问题，解决了医疗和社会保障问题，解决了市民的消费支付问题，解决了交通出行问题，这些都是关系民生的现实问题。

在智慧城市各领域，根据受益于城镇化加速的程度以及市场发展前景，城市信息化主要有以下领域。

1. 医疗信息化

随着新医改的不断推进，医疗信息化市场需求庞大。

目前解决“看病难、看病贵”途径主要有两个：其一是通过社保制度引导民众分级就诊，小病慢性病在基层医疗机构就诊，大病重病在级别更高的医院就诊，类似美国商业保险发挥“守门人”功能。但是，后台必须有完善的双向转诊制度，保证诊疗记录、检查记录和用药记录的互联互通。其二是最大程度实现诊疗及用药的标准化，实现按病种收费，社保“先付费”。类似美国的“当前诊治专用码”所发挥的作用。

医疗信息化将成为实现这两个途径从而控制医疗费用的一把利器。分级就诊、双向转诊需要有一个信息化的后台可以连通辖区内的自下而上的所有医院。利用电子病历或健康档案作为流通介质，实现诊疗记录、检查记录和用药记录的互联互通，即目前由政府投入大力建设的区域医疗平台。在推行诊疗及收费的标准化初期，医院信息化作为监督手段，用于医院向上级主管部门汇报诊疗过程从而确定社保报销比例。主要由政府引导医院进行投资建设，一定程度给予补助。在推行标准化的后期，社保将从“后付费”改为“先付费”，运作效率高的医院才会有利润。因此，信息化将成为医院加强管理、节约成本、提高运作效率的重要手段，成为支撑系统，是一种自发需求，由医院自主投资。

2. 社保信息化

广义的社会保障包括社会保障和人力资源两部分。人社部也是由劳动和社会保障部以及人事部合并而成。劳动和社会保障部主要职责是统筹城乡就业和社会保障政策职责，建立健全从就业到养老的服务和保障体系。人事部主要职责是统筹机关企事业单位人员基本养老保险职责，完善劳动收入分配制度。

“金保一期”于2013年6月竣工，目前人社部正积极推动“金保二期”的顶层设计和立项工作，预计投资有望超过300亿元。社会保障系统将在“金保一期”建设的基础上继续加大投入，预计将达到总投资的2/3，即200亿元左右。我们认为，社保卡发行及用卡环境的构建将带来广阔市场机会；异地结算及业务系统互联互通成为“二期”重点；基数扩大和政策改变带来升级机会；服务平台向街道、乡镇等基层延伸。

“金保一期”人力资源系统基础薄弱，因而现阶段增速更高。“金保一期”应用系统建设主要是在就业和社会保险领域，劳动关系、人事人才等领域信息化建设还存在较大差距。预计“十二五”期间将有总投资规模近1/3的资金投入到人力资源领域，预计为100亿元左右。

3. 节能建筑（或绿色建筑）

中国建筑耗能已超过经济可负荷程度，节能市场巨大。我们将更绿色环保、更智慧高效的城镇化定义为新型城镇化，这是大势所趋。城镇化出现了很多问题，尤其是对能源的消耗。我国的能耗结构中，建筑占据了大约1/4；用电结构中，建筑用电也占据了约1/4。现有的430亿平方米建筑面积中，95%为高能耗建筑，每年新建建筑面积中80%仍为高耗能建筑。

如果说信息化与城镇化融合推动智慧城市全面起航，那么新型城镇化则提出更高要求，绿色建筑是新融合的产物，将“智慧城市”带向新的高度。“绿色建筑”的概念最早由英国人提出，是指在建筑的全寿命周期内，最大限度地节约资源（节能、节地、节水、节材），保护环境和减少污染，为人们提供健康、适用和高效的使用空间，与自然和谐共生的建筑。“绿色建筑”很好地契合了新型城镇化要求，信息化将在其中扮演重要角色，尤其是建筑运行能耗管理领域。

从国家政策层面来看，中央和地方政府正联手以“强制和补贴”并行的方式推动建筑节能，绿色建筑产业迎来发展春天。2012年1月，住建部发布《“十二五”建筑节能专项规划（征求意见稿）》，目标是到2015年城镇新建建筑执行不低于65%的建筑节能标准，城镇新建建筑95%达到建筑节能强制性标准的要求。7月26日，住建部公布《夏热冬冷地区既有居住建筑节能改造技术导则》（征求意见稿），为各地建筑节能补贴和技术改造提供参考，这预示着上海、重庆、江苏、浙江等地的建筑节能改造进入实质启动阶段。上海也拟出台《上海市建筑节能项目专项扶持办法》，单个项目最高补贴可达1000万元。

4. 智能交通领域需求不减

未来几年将是中国智能交通发展的上升时期。根据2013年上半年的行业数据推断，智能交通行业景气度仍然较高，BT或为提升行业增速贡献新动力。

在稳增长的背景下，道路交通固定资产投资增速有所恢复。该项数据意味着，地方政府将重新启动对交通业的投资，智能交通投资或将因此而受益。《交通运输行业智能交通发展战略（2012—2020年）》的公布，有望进一步推升行业景气度。

地方政府对智能交通系统的需求未减。今年上半年由于受到宏观经济的影响，智能交通市场总投资增速有所下滑，但仍然接近20%的增长。智能交通项目金额增大，BT成为重要投融资模式。反观河北智慧交通24亿元的订单，在地方经济需求下滑的背景下，河北省公安厅和交通厅在财政收入紧张的背景下，仍然以BT的方式进行项目建设，充分说明了地方政府对智能交通建设的需求未减。

智能交通正在成为各地智慧城市建设不可或缺的一部分。由于智能交通行业市场投资规模的加大、行业增速加快，不断有新的公司进入这个市场。拥有资本背景的厂商将凭借BT等方式领先于行业成长。从上下游产业链的角度，我们将传统智能交通企业分为产品供应商、子系统集成商、综合系统集成商。其中，我们仍然最为看好城市智能交通系统集成商。

5. 食品安全溯源将促成有效监管

2012年政府工作报告要求增强食品安全监管能力，提高食品安全水平，两会期间食品安全问题也成了代表重点关注的话题。食品追溯体系已被纳入多个政府实施项目，并展开招标。我们认为食品溯源建设近期将全面提速，未来将在更多的城市陆续开展。

当前食品安全溯源面临的最大问题是多头监管，一旦利益格局划定技术将发挥作用使项目落地。食品安全分管部门涉及卫生部、商务部、农业部、质检总局以及工信部等，多头监管及利益划分不清造成食品安全溯源项目开展难度较大。目前已开展的项目多是由当地政府牵头，范围局限在一个省或者一个市，不能在全国范围内进行溯源，仍存在一定的局限性。我们认为，只要利益格局划定，技术已经不是障碍，在需求日益迫切的背景下食品安全溯源有望尽快在全国推广。

6. 电子政务

电子政务的需求前景十分广阔，预计未来 3－5 年中国数字城管的市场容量每年可达到 120 亿元，且后续维护与升级的市场潜力巨大。

7. B2B 电子商务

在智慧城市的建设过程中，电子商务的重要程度日渐凸显，预计未来几年 B2B 电子商务的交易规模复合增长可达到 39%。

8. 城市安防

伴随着“平安城市”和“3111”工程的推进，国内各行业对安防监控需求激增，其中视频监控市场规模未来三年复合增长可达到 24%。

第三章

城镇化是城乡一体化发展根本出路

新型城镇化是以人为核心的城镇化，要真正解决人的城镇化问题，提高城镇化质量，必须破除城乡二元结构，有序推进农业转移人口市民化。

《国家新型城镇化规划（2014—2020年）》指出，要“推动城乡发展一体化。”《规划》意见提出，“坚持工业反哺农业、城市支持农村和多予少取放活方针，加大统筹城乡发展力度，增强农村发展活力，逐步缩小城乡差距，促进城镇化和新农村建设协调推进。”

城乡应一体化。城镇化是全社会的，是社会平等化的过程，包含了城乡一体化。城乡分割与对立的二元经济社会结构，是阻滞我国现代化整体推进的最大障碍，也是中国现代化面临的最大难题。这种分割与对立不仅将广大农村排斥在现代化的大门之外，而且严重制约着城市现代化的发展。它引起国民经济的比例失调、工农业结构和城乡人口结构严重错位，阻碍国民经济健康协调发展；导致资源配置不合理程度加剧、市场需求不足、剩余劳动力转移难、“城市病”和“农村病”并重等一系列问题。推进中国的现代化，必须改变二元结构状况，促进二元结构向一元结构的转换。完成这一历史使命的出路在于推进城乡一体化。城镇化是融合二元经济社会结构促进城乡一体化发展根本出路。

一　城乡一体化是中国农村和农民的复兴梦

改革开放以来，特别是1990年以来，大规模的农民进城务工激发了中国经济的活力。但剩余劳动力的逐渐转出和人口老龄化的出现，无限供给的非农就业劳动力逐渐成为历史。

这就意味着中国未来的城镇化动力何来的问题。中国与大部分国家不同之处在于，中国农民除了就业的城镇化以外，还有一个重要的环节尚未实现，那就是消费的城镇化，亦即“农民工”的“市民化”。过去中国的城镇化主要体现在投资的迅猛增长，但未来的城镇化将更多地体现在消费的增加上——即城市发展水平的提升、公共服务的均等化、社会发展的再平衡。

中国存在“城市土地国有、农村土地集体所有”的城乡二元土地制度，以及“农业户籍与非农户籍并存”的城乡二元户籍制度。这种特殊的城乡二元分割体制牵涉的城镇福利、社会保障和土地利益等，导致过去30多年进城务工的农民在生活习惯、消费模式上都未能真正转变为市民模式。

目前大部分的进城务工农民的家庭总收入一半来自于老家的务农收入，一半来自于外出务工的工资性收入，因此他们既离不开土地，也离不开城市。土地承担了他们的一半收入和社会保障功能，城市收入则让他们摆脱了贫困，但他们总体仍处于相对稳定但不富裕的状况，也限制了相应的消费水平。

从另外一个角度来看，当前中国城市的发展水平也尚不足以支撑起所有的“农民工”享受均等的社会福利和公共服务，这也是深度城市化的核心要义之一。要释放出大量农业转移人口的消费潜力，关键在于实现农业户籍人口的市民消费模式转换，实现进城务工农民与城镇生活方式的真正融合。其中不仅包括务工者本人，还包括其家属。务工者主要是生产者，而家庭则带来消费，这种生活模式才能促成一个良性、可持续的经济循环。

为此，需要多方面的改革和布局，包括产能布局、土地制度和户籍制度的改革、城镇基本公共服务均等化、财税体制改革、城市质量和管理水平的提升，以及农业现代化的发展等等。

（一）城乡二元结构制约着现代化的进一步发展

城镇化是工业化和农业现代化在人们居住格局上的反映，是经济社会发展的结果。当一国实现工业化，产业结构中农业比重大幅下降，二、三产业比重大幅上升，便会出现人口由农村转入城镇的趋势，从而使人口城乡结构发生重大变化，走向城镇化。比较成熟的经济应是工业化、城镇化和农业现代化协调发展、互相促进。因为只有实现了工业化，才有实力反哺农业，促进农业现代化；实现工业化后，就业主要在二、三产业，居住地主要在城镇。我国由于历史和国情等原因，城镇化水平远远落后于工业化。在这种背景下，强调城镇化，通过加快城镇化改变城镇化与工业化不协调的局面，具有重要意义。

1. 城镇化进程面临二元经济结构转变的挑战

工业化是在农耕文明中发生或引进的。因此，先进的工业和城市与传统落后的乡村农业并存的二元经济结构是现代化的起点。现代化就是二元经济结构此消彼长、城市化率不断提高的过程。但是，对于一个落后国家，实现从落后农业国向先进工业国的转变，面临着资本短缺、积累不足等种种困难。经济起飞的前提条件是农产品剩余的积累能支撑早期工业化的起步。

我国在上世纪50年代土地改革和国家工业化的布局发展，就是这样的良好开局。上世纪70年代末的改革开放和引入市场经济体制，既激发了经济发展的动力和活力，又使中国开始融入世界经济体系，能够充分利用后发优势和比较经济优势，实现了持续达30多年的经济起飞。

中国改革开放以来的经济高速发展，在世界经济史上，就人口经济体量和持续的时间来看，都是绝无仅有的。但是由于我们经济起飞时的人均收入起点很低，目前我们仍然处在典型的中等收入阶段和二元经济结构转变的中期。从这个角度看，并没有超越二战之后相当一批经历了经济快速发展、今天仍处在中等收入阶段的发展中国家，与东亚已成功实现现代化转型、进入高收入阶段的日本、韩国、新加坡和中国台湾等地区相比，仍然存在要完成二元经济结构转变的挑战。

我国城乡收入差距目前在2.5倍左右，而韩国1995年城乡差异已经消除，我国台湾2000年时城乡差异只有20%。

从先进工业与落后的农业并存的二元经济结构，过渡到工业化、信息化、城市化的城市经济主导，农村也实现了农业现代化的一元经济结构，其前提是实现农村就业人口向城市就业人口顺利转移，使得国家的绝大部分就业人口转入现代的城市经济体系，从而改善农村的人口资源关系，使留村的农民能够实现农业现代化方式的规模经营，从而消除城乡之间收入差距。

2. 城乡二元结构制约着新型工业化乃至整个国家的现代化

城镇化建设的地位越来越重要，它一头牵着工业化，一头牵着农业现代化，它带动经济社会很多方面的发展。像带动服务业的发展，服务业的发展又推动工业化的发展，这样就能形成经济发展的良性循环，从而真正地提高我们国家经济发展的质量。

从国内经济发展来看，我国目前的工业化正处于中后期，2011 年城镇化率为 51.27%，但扣除近 1.6 亿还没有成为真正市民的农民工，真实的城镇化率为 34%—35%。

长期以来，我国始终实施农村支撑城市、农业支持工业的发展思路。新中国建立后，随着重工业优先发展战略的确定，采用计划经济体制和统购统销经济制度，配合人民公社制度、户籍管理制度等限制人员城乡流动的系列辅助政策，通过工农产品“价格剪刀差”方式，抽取农业剩余迅速建立了新中国现代工业。

改革开放后，除了短暂时间外，随着经济建设投资向城市的过度倾斜，以及社会主义市场经济建立后，城乡二元制度下的“土地剪刀差”和“工资剪刀差”的出现，城市发展仍从农村获取大量支持。

城乡发展失衡的二元结构是影响社会和谐进步的隐患因素。这在国际上是有前车之鉴的。20 世纪 70 年代，拉丁美洲一些国家与韩国一样，都处在人均国内生产总值 1000 美元左右的发展阶段，但前者放任城乡差距扩大，导致社会不稳，丧失了步入发达国家行列的历史机遇；而后者则通过“新村运动”解决了城乡发展失衡问题，经济实现了快速增长。

在世纪之交，瑞士驻华大使回国后，在谈到对中国的总体印象时说，中国有 3 亿多人口的城市和欧洲差不多，8 亿多人口的农村和非洲差不多，欧洲加非洲就是中国。在这种城乡二元结构下，加之 1999 年起全国粮食连续 5 年减产、农民收入增长连年在低水平徘徊，还发生了拖欠农民工工资和子女上学难的问题，进而导致城乡结合部（进城务工农民大都在城乡结合部租用较便宜的简陋住房）治安状况差等问题。

21 世纪之初，中国工业化进入中期阶段，中共十六大报告首次提出走新型工业化道路，同时还提出了统筹城乡经济社会发展的方略。这是因为，中国城乡二元结构在对中国工业体系的快速建立、向全球制造业第一大国的跃升作出历史性贡献的同时，也不可否认，它的长时期延续而不予以破除，成了新型工业化乃至整个国家现代化进一步发展的约束因素。

城乡二元结构长期约束着农村需求的提升。在二元结构下，由于城乡居民收入差距的扩大，导致城乡居民消费差距也逐步扩大，农村居民的市场消费支出份额较低。从新增 GDP 来源分析，农村居民消费增长对 GDP 增长贡献较小，20 世纪末降至低谷，1998 年还为负值。占总人口绝大多数的农村人口购买力不旺，成为约束新型工业化乃至整个国家现代化发展的重要因素之一。针对国际金融危机对中国工业品出口的负面影响，政府采取了如对农民购买家电、建材实行财政补贴等一系列刺激农村消费的举措。尽管如此，城乡发展失衡所导致的农村消费需求难以提升，依然对新型工业化乃至整个国家现代化的进一步发展有着不可忽视的约束。

（二）实现城乡一体化就要打破城乡二元结构

当前，中国常住人口城镇化率已经超过 52%，但户籍人口城镇化率只有 35%，其中 2 亿多农民工实现了从农村到城市的地域转移、从农业到非农产业的职业转换，但没有实现从农民到市民的身份的转变，这是一种“半城镇化”。以人为核心的城镇化关键是要从“半城镇化”转向彻底的城镇化。城镇化的过程实质上是城乡结合的过程，是农民减少的过程，也是农民市民化的过程。

中央城镇化工作会议明确把实现中国“城乡一体化”的战略目标确定为战略责任，并落实在今后将实施的制度创新与社会进步的综合实践中。改变了原来只将城镇化作为拉动经济发展的一个手段的偏向，而是将其纳入到了建成小康社会、加快推进社会主义现代化的总体部署之中。

1. 城乡二元分割体制的改革决定了中国未来城镇化的空间仍然巨大

经过改革开放以来的高速发展，中国农业已经摆脱了“靠天吃饭”和几亿人搞饭吃的落后局面，但是农业的基础仍然很薄弱，可持续发展的条件和环境仍然很严峻。

某种程度上，我国很长一段时间以来的持续高速发展是以资源超前消费、环境污染破坏、能源过度消耗、文化丢失为代价。

土地方面，粗放用地模式已经严重威胁到我国18亿亩耕地红线。随着工业化和城市化的快速推进，耕地面积持续减少，而且减少的耕地一般都是城镇周边较好的耕地。2008年，针对不断加速的城镇化，国务院提出不能突破18亿亩耕地底线的艰巨任务。

水资源方面，淡水资源短缺。目前我国人均淡水总资源仅是世界人均水平的1/4左右，更严重的是水资源的时空分布极不均衡，北方地区总体上严重缺水。我国600多座城市中有2/3供水不足，其中1/6的城市严重缺水，全国近一半城镇饮用水源地水质不符合标准。

能源方面，我国原油、原煤、铁矿石等主要能源消耗占世界消耗总量的比例远远高于GDP的贡献量。

环境方面，区域性环境事故频发，污染开始从城市向农村全面蔓延。

农业人口方面，农业劳动力素质仍然较低。许多地方因青壮年大都外出打工，留在家里从事农业的主要是妇女、儿童和老人。

农产品方面，大量使用化肥、农药、兽药等投入品，制约了我国农业产品质量安全水平的提高，导致农业面源污染日益严重。

文化传统方面，对文化遗产的破坏时有发生，传统文化保护传承举步维艰。此外，我国的外向型经济受到全球性经济危机和国外贸易保护的双重制约，单一出口导向的经济模式面临严峻挑战。必须全面实施城乡一体化发展，才能发挥农村在保障国家和城市资源安全、环境安全、能源安全、粮食安全方面的作用，挖掘其在促进经济增长、传承历史文化、建设和谐社会方面的巨大潜力，实现社会经济持续健康发展。

从根本上讲，这是避免中国由快速发展不慎坠入“中等收入陷阱”的战略性选择。因为在提升城市人均生活质量的同时，通过国家的财富转移支持以及大力提升农业经济，实现农村人口向城市人口生活质量的看齐，已经有可实现的手段来选择和实施。但是，必须做到“三个同步”：必须同步带动工业现代化的实现，严防房地产借机操作导致恶性通胀；必须同步带动农业现代化尤其是设施农业的发展，防止由土地问题引发“社会共振”；必须同步解决“脱地”农民的再就业问题，防止由土地变现的“短期暴富”而进入“中等陷阱”。

2. 打通城乡二元结构需要建立起让城乡互相融合的社会机制

“城镇化”是中国进行缩小城乡差别的社会实践过程。“城乡一体化”是中国进行缩小城乡差别的社会实践所追求的战略目标。城镇化是国家着眼于实现未来持久健康发展而实施的利益再平衡工程，是国家为补齐占中国广大群体的农民的应得利益的历史欠账而实施的惠民工程，是实现中国资源空间价值即实现中国经济社会总价值与国民个人总价值提升的国家工程。

在城乡一体化的社会改革中提出消除“二元结构社会”，这是中国城镇化建设最具标志性意义的第一项战略性任务。完成这一历史任务，方能使中国现代化建设，补齐失缺度、具有完整性；方能使中国小康社会建设，解决均衡度、具有富足性。

发展城镇化的关键，是实现人的城镇化，具体来说，就是要让农民像城市居民一样能够分享国民经济增长的红利，以此来打破长期存在于我国的城乡二元化的社会结构。

城镇化的一个显性目标，是要创造条件让农民成为城市居民，但更重要的是打破城乡二元结构，让农村居民能够和城市居民平等地分享国家现代化的成果。

打通城乡二元结构，需要建立起让城乡互相融合的社会机制。除了在户籍管理上进行改革以外，更重要的是要对目前的一系列制度进行改革。积极稳妥地推进城镇化是加大统筹城乡发展力度的重要手段，也就是把城乡看成复杂系统，或城乡社会生态复杂系统。

(1) 城乡复杂系统是不同尺度、不同层次、多重复合城乡复杂系统网络中的一个组成，或子、子子系统。

(2) 城乡复杂系统是在一定地域范围内，由不同层次子系统即中心城市、小城市、乡镇和散落分布的村落社区，在长期密切关联、相互依存、相互补充、共同发展演化中形成的共生体。它们在结构、功能、规模、运作方式上都有自己的特点，具有统一的历史和文化内涵；按现在行政划分，中心城市相当于市、直辖市、各省会、县城。

(3) 城镇化必然覆盖整个城乡复杂系统，基于系统内整体地域空间布局。基本上遵循“大分散、小集中”原则，即城市市区和镇市区的人口要少，市区的面积要小。形成以中心城市为核心，以中小城市、乡镇为结点，近距离链接分散分布的村落社区的点—网结构。或称之为由中小城市、城镇和农村村落社区组成的，并含有分散其中若干小“月亮”的“满天星”结构。

(4) 城镇化的目标是，要营造系统内各类居民，使其富有朝气、积极向上、和谐互动、不断增强适应能力，并以最大的创造性推动系统不断发展与变革的条件和环境。复杂系统内的居民，不论是中心城市的，还是乡镇、农村村落居民，不论他们从事什么职业，基本上都应享有城市拥有的各种资源和各种社会福利待遇与社会服务，拥有自由择业、择居、教育、购物、医疗、养老等基本权益。特别是农民和农民工应得到真正的尊重，不受户籍限制，包括土地在内的各项权益应得到根本性的维护。

（5）城镇化必然逐步提升居民的道德水准、文化素质、科技知识、职业技能、运用科学的思维方式和科学的方法的能力，使他们以正确的人生观与价值观，科学地面对社会、人生、工作，处理各种关系。

（6）城镇化有效性的标志之一，就是城市人口与农村人口的自由流动，除了农民，让喜欢农村的人们，选择农村定居，享受风景优美、环境洁净、空气新鲜、安静的田园风光；小城市、城镇和农村具有大的力量吸引产业进入，人才就业、就住，也包括厌烦拥挤、喧闹、环境单调又杂乱的城市的就业人员居住。

（7）城镇化是城乡复杂系统发展、演化的一个必然过程，本身也是发展、演化的。由于历史、政治、文化、自然、地理等多种因素，城镇化程度在复杂系统内部，从不均衡逐步向动态性相对均衡发展，需要一个复杂的多阶段发展过程。

（三）城镇化是城乡一体化的重要推手

我国的城乡差异，有经济发展阶段的原因，更主要的是体制原因。更为严重的是，新进入城市的人口，形成了城市地区的新二元结构，"农民工"没有实现市民化，为城市的健康发展带来阻力。

从一定意义而言，农村、农民、农业"三农"问题和推进以人为核心的新型城镇化息息相关。

城镇化和工业化会占用农村土地，农业人口会转变成城镇人口，这中间会发生工业与农业、城镇与农村的矛盾。尤其在我国特有的土地与户籍体制下，出现的总是工业化快于城镇化，总是"三农"在承担着城镇化和工业化的成本，事实证明，这种非均衡的发展模式是不可持续的。

因此，推进以人为核心的新型城镇化，必须考虑农民的重大关切：

要通过推进农村土地制度改革，进一步明确界定农民对土地的产权关系，使得工业用地、城镇建设用地能够充分体现农民的利益；

要通过改革城乡分割的户籍、就业、医疗、养老保险、教育等制度，使得已经转变成工人的农民真正成为“市民”，而不是总戴着“农民工”和“乡下人”的帽子。

过去那种依靠农村廉价劳动力、粗放利用土地资源的发展模式，以及城乡间非均等公共服务下的低成本城镇化已经难以持续，未来必须以新型工业化、信息化、城镇化、农业现代化为依托，“四化”协调互动，实现城乡统筹发展。

可以预见，在新型城镇化建设的强力推动下，我国固有的城乡分割的二元体制将会得到实质性改变，许多长期得不到解决的难题，很有可能在推进新型城镇化建设过程中得以解决，比如户籍、就业、医疗、养老、教育以及土地制度等。这既是挑战，也是机遇。

我国已进入以城镇化拉动城乡一体化的新阶段。问题的关键在于，需要依赖人口城镇化的转型与改革，拉动城乡一体化进程。

1. 人口城镇化与城乡一体化

当前，在人口城镇化与城乡一体化方面有些不同的主张。第一，城乡一体化依赖于人口城镇化。以往30多年规模城镇化是以土地扩张为突出特点，以工业化和非农产业发展推动的城镇化。这种城镇化的发展不仅难以拉动城乡一体化，而且还以牺牲农民利益为代价。第二，人口城镇化能够直接拉动城乡一体化进程。所谓人口城镇化，是指农民流入城市就业并长期生活，成为城市新市民和逐步融入城镇的过程。未来5—10年，以农民工市民化为重点的人口城镇化将成为新型城镇化的首要目标和基本要求。

2. 人口城镇化与中小城镇发展

从现实情况看，大城市接纳大量农村转移人口的能力逐步减弱，而中小城市和小城镇在吸纳就业、促进城乡基本公共服务均等化的作用逐步显现。在全国已转移的农村劳动力中，乡镇企业等县域中小企业吸纳50%以上，东部经济发达地区农村劳动力在小城镇就地转移的高达90%以上。此外，中小城镇在城乡之间发挥着重要节点作用，使基础教育、社会保障、卫生医药、文化体育事业等基本公共服务进入农村社区，推动了城乡基本公共服务均等化进程。未来 10 年，大力发展中小城镇，着力提高中小城镇吸纳人口的能力，应当成为我国人口城镇化的重大任务。

3. 人口城镇化与公共资源配置的均等化

人口城镇化严重滞后于规模城镇化，深层次的原因在于公共资源按行政级别配置，而非按人口规模配置，并由此形成了公共资源配置向大城市集中，中小城镇公共资源配置严重不足。例如，一、二线城市的高房价，背后是公共资源、优质公共服务在中心城市的集中配置。

目前，大城市集中了我国 80% 的优质医疗资源，其中的 80% 又集中在大医院。其结果是，大城市公共服务质量高和就业机会多、但农民工市民化安置成本高；中小城镇农民工市民化安置成本低，但对农民工缺乏吸引力。

即使放开中小城镇户籍，由于缺少优质的公共资源和就业机会，农业转移人口还是会涌向大中城市。为此，需要实现公共资源由按照行政级别配置向按照人口规模配置的转变，按照人口在城镇集聚的规模测算不同城镇公共资源配置标准，按照基本公共服务均等化的原则，实现大中小城镇公共资源配置的均等化。

人口城镇化既承载着发展的历史使命，又承载着转型改革的历史使命。我们应当在政策创新、制度变革方面下功夫，应当在发展理念上实现变革，这样才能走出一条人的城镇化发展的新路。

二　城镇化的关键是城乡融合

《国家新型城镇化规划（2014—2020年）》指出，“推进农业转移人口享有城镇基本公共服务”。即，“按照保障基本、循序渐进的原则，积极推进城镇基本公共服务由主要对本地户籍人口提供向对常住人口提供转变，逐步解决在城镇就业居住但未落户的农业转移人口享有城镇基本公共服务问题。”《规划》就此提出五个方面的推进措施和途径，一要“保障随迁子女平等享有受教育权利”。二要“完善公共就业创业服务体系”。三要“扩大社会保障覆盖面”。四要“改善基本医疗卫生条件”。五要“拓宽住房保障渠道”。

一个封闭的城市会存在种种限制，约束城市内外人口流动，以维持它的特殊利益，尤其是维护它相对于农村的绝对优势和权威地位，换句话说，封闭的城市必然会对乡村形成压制和抢夺，这是它的本性和特质。

实践已经证明，社会要素流动与社会自由度成正比，而且社会要素流动只有对所有人开放和有益时，它才最终会对生活在某一市场系统内的部分人有益，根本不存在只对特定市场系统内少数人有益的社会要素流动。其中，人口流动是核心，改变我国城乡二元格局，必须首先打破限制人口自由流动的体制机制障碍。以此为起点，逐步推进城市开放，从而为推动城市开放，并逐步为构建城乡一体化市场格局和均等自由社会系统打下基础。

城镇化不是简单的农民进城，而是将户籍制度的破题与中小城市和城镇的发展结合在一起，并赋予新市民们同等的教育、社保、就业等权利。可以说，没有户籍制度的改革，也就没有真正的城镇化；没有公共服务的平等，也难以真正推进城镇化。城镇化的要义在于，要将农民

（特别是新生代农民工）转变成市民。

要推进城镇化发展，还必须先打消发展城镇化的一些顾虑。比如推进城镇化会不会导致“贫民窟”的出现，从城乡二元结构演变到城镇中的二元结构；比如农业人口转为市民，会不会增加社保的负担；比如公共资源的供给能力是否能承受就业产生大的冲击，等等。比之农民工进入大城市，农民工融入小城镇的门槛要低许多，出现“贫民窟”的可能也会更低。

未来的事实将表明，相对有能力融入城镇化进程中的，将主要是新生代农民工。目前，这个农民工群体的平均年龄还很轻，距离社保最终支付期还有很长时间，现在加入到社保体系中，将为城镇老龄人口作贡献，而不是增添负担。

同时，伴随着国家政策对城镇化的倾斜，小城镇会迎来新的发展机遇期。在这个过程中，农民工融入城镇当中，将与原有居民的就业互为补充，甚至可能创造出新的就业机会。

打破二元结构意味着城乡之间的互相融合，城市居民也可以到农村去安家落户，比如一些已经退休的老人希望回到安静的农村安享晚年。但是目前的制度却制约了这种可能性。比如，农村的土地流转目前还局限于本集体经济组织，城市居民无缘参与，这一方面使农民的宅基地因为市场交易的不充分而导致交易价格低下，另一方面也使城市居民不能通过购置农村宅基地而在农村置业。

大力推进城镇化，为破解“三农”问题提供了新路径。但是，这个过程注定漫长，需要有好的规划，要有好的制度安排，还要有坚定的决心。

如果打破了城市对农村的优势和压制，提升了城市的开放度和自由度，那么在人们内心深处也就不存在城市和农村了，城市和农村就变成了两个符号，两种存在形态，这是城乡一体的最高形态。

人们可以依据自身的喜好，去选择繁华、忙碌或者是宁静、安逸的生活。而这正是体现了社会要素自由流动的市场原则和社会运行规律。其结果必然对乡村和城市发展都起到积极的推动作用，从而真正实现城乡良性互动，把新农村建设得更像村，是具有现代生活功能的村，是对全体村民和更广大社会成员具有独特吸引力的村。

（一）城镇化本质是实现城乡和谐发展

城镇化实际是城乡聚落的变动过程，新型城镇化本质是实现城乡聚落体系的统一和谐。为了促进城镇化健康发展，有必要从城乡和谐角度对新型城镇化加以梳理。

依据规模大小和功能差异，聚落可以分为若干等级，如特大城市、大城市、中等城市、小城市、县城、建制镇、中心集镇、一般集镇、中心村、自然村等。在一般意义上，城镇化是指人口由农村向城镇转移的过程。这一概念把聚落的诸多等级差别概括为城镇与农村两类。在城镇与农村各方面条件差别明显的情况下，城镇化意味着人们生活水平的提高和社会进步。但随着社会的发展和技术的进步，农村聚落的基础设施不断完善，而城市的拥挤和环境问题使一些居民向往农村的居住环境。在有些发达国家，已经出现了逆城镇化现象。在这样的背景下，新型城镇化不单单是农村人口向城镇的转移，而应是全面整合城乡聚落体系，使大小不同、功能有别、环境各异的各类聚落形成统一和谐的整体。

把新型城镇化理解为城乡聚落体系结构合理化的调整过程，对于我国这个农村居民众多的国家具有特殊意义。我国人口众多，农业文明根基深厚，不可能像有的国家那样，将人口集中在少数几个大都市。应促进大、中、小城市和小城镇、村镇协调发展，尤其是加强中小城市和村镇建设，改善广大农村地区居住环境，使不同等级的城乡聚落充分发挥作用。这就是说，各等级城乡聚落在人居聚落系统中都起着特定作用，相互关联，不可分割。这就要求加强新型城镇化的顶层设计，使省、市、县、镇等不同层次的规划相互衔接，城镇化与新农村建设相互协调。

另一方面，推进城镇化也不能脱离经济发展实际。一地的城镇发展应与当地的专业化分工和劳动生产率提高相匹配。在“城”与“市”的关系上，“城”只是形式，“市”才是内容，才是“城”持续发展的原动力。“市”主要是指经济活动，尤其是专业化的经济活动。从这个基点出发，城镇化应更多依靠市场机制的作用。政府所做的，只能是认识和尊重市场规律，顺势而为，恰当地助推城镇化。这种助推方向要正确，用力也要适当。否则，就会出现有些人特别愿意去的城市，却设施不足；有些人不愿意去的地方，却路修得很好、楼盖得很多。

进一步说，城乡聚落的区位选择应综合考虑自然条件、资源禀赋、社会经济基础以及同周围相邻聚落的关系，从而论证当地经济发展潜力、可提供的就业状况等。以此为基础，进行聚落总体格局、空间结构、建筑风格、文化特色等的规划。在聚落区位选择中，应立足现状，处理好历史承继与未来发展的关系。除此之外，还应特别注意城镇体系的未来变化，避免出现建了拆、拆了建的局面。

作为长期积累而成的并关系到 13 亿人尤其是 9 亿农民的庞大工程而言，很难一蹴而就、短时间迅速完成，需要循序渐进地分阶段、分步骤加以解决。就全国而言，城乡统筹不仅与国家总体发展目标的实施过程相互关联，也与各个阶段的社会经济主要矛盾和国内外形势密切相关。现阶段城乡统筹需要重点关注民生问题、资源环境问题、社会公平问题，其中核心是公共服务均等化问题。具体到规划领域，现阶段对大部分地区而言核心任务将突出表现为“保护城乡地域生态、保障城乡聚落安全、保全城乡居民利益”的“三保”，“集中城镇、集聚人口、集群企业”的“三集”，“交通运输圈，基础设施、公共服务、社会管理的服务圈，城乡居民户外运动的休闲圈”的“三圈”规划的实现。另外，城乡统筹发展具有明显的空间层次差异，城乡统筹在全国空间范围、区域空间范围、省域空间范围、市县域空间范围的任务和重点不尽相同，需要注意的是不同空间层次的工作重点会随着地域差异而有所不同，也必然随着时间推移会发生变化和转移。这就需要我们时刻关注、分析不同阶段的工作特点，及时调整不同时期、不同层次空间范围内的城乡统筹的工作重点。

城镇化过程中，与乡村人口向城镇转移相伴相随的是，由于生产方式从传统农业转向社会化、市场化的大生产，从而影响到这部分“新移民”的生活方式、价值理念、人际关系和社会心理，在这些方面逐渐会发生质的转变。

目前，城市只是在就业方面接纳了农民工，因为城市建设和发展需要他们的体力和青春；城市还无暇顾及进城务工人员的住房问题，农民工不能与城镇居民同等享受廉租房、公共租赁房、经济适用房等保障性住房政策。城市居高不下的房价，农民工就是毕其一生也无法购买。居无定所，既增加了农民工的流动性，也坚定了他们不放弃农村户籍的决心。

以上分析表明，在农村，既有“小农经济”利润微薄的“推力”，也有附着在土地上收益的“拉力”；在城市，既有经济发展需要劳动力的“拉力”，又有就业、住房、子女教育等公共服务不健全的“推力”。推力与拉力的博弈，造成了当今中国“不完全城市化”的尴尬困局。

（二）城市外来人口住房问题本质是城乡二元结构问题

针对住房问题，《国家新型城镇化规划（2014—2020年）》提出以下规划意见：

采取廉租住房、公共租赁住房、租赁补贴等多种方式改善农民工居住条件。完善商品房配建保障性住房政策，鼓励社会资本参与建设。农民工集中的开发区和产业园区可以建设单元型或宿舍型公共租赁住房，农民工数量较多的企业可以在符合规定标准的用地范围内建设农民工集体宿舍。审慎探索由集体经济组织利用农村集体建设用地建设公共租赁住房。把进城落户农民完全纳入城镇住房保障体系。

健全房地产市场调控长效机制。各城市要编制城市住房发展规划，确保住房用地稳定供应，保障性住房用地应保尽保，优先安排政策性商品住房用地，合理增加普通商品住房用地，严格控制大户型高档商品住房用地。

实行差别化的住房税收、信贷政策，支持合理自住需求，建立以土地为基础的不动产统一登记制度，实现全国住房信息联网。

农民进城可融入的核心，一是就业，二是居住。农民工的市民化的主要障碍是居住问题。

我国农民进城务工通常是单身形式，大量居住在集体宿舍、地下室和城中村、城边村的农居中。所以我国虽然表面上看不到如许多发展中国家那样的公开蔓延的贫民窟，但农民工的居住条件与环境实际上与贫民窟无异，而且通常还不能将妻子子女带在身边。所以联合国人居署的统计实际上是把中国农民工的居住条件列入贫民窟的范畴，如据其2005年的公布数字，中国贫民窟人口占城市人口的比重达32.8%，甚至还高于拉美的巴西、阿根廷等国的水平。

因此，解决我国农民工在就业城市的安居和能举家融入市民阶层的居住环境，是可融入城市化的主要测度，也是我们能否成功跨越中等收入陷阱、进入高收入国家行列的关键。

随着城市化进程的不断推进，城市外来人口的住房问题渐渐成为焦点问题。

1. 住房供需矛盾十分突出

首先是住房供需关系的问题，供需矛盾十分突出。由于城市外来人口在城市人口中占有相当大的比重，同时城市居民也面临着住房的改善性需求，因此导致外来人口的住房问题变得更加难以解决。

城市的外乡人不仅要忍受着背井离乡，有些还要忍受与亲人分隔两地的思念之情，为了缓解这种思念之情，他们中的一些人将孩子接到身边，但带给他们的困扰如今更多了：例如孩子的上学问题和住房问题。

住房不仅与家庭收入和财富相关，更是外来人口能否融入城市，成为永久城市居民的决定条件。相比于城市原住民，以农民工大中专毕业生为主体的城市外来人口面临着更大的住房压力。

城市外来人口居住主要特点有：一是城市外来人口居住面积小，国务院发展研究中心课题组 2007 年对北京、广州、南京和兰州 4 城市的调查显示 10.6% 的农民工住所人均不到 5 平方米。二是城市外来人口除了人均居住面积远远小于城市家庭外，居住设施和卫生水平也与城市居民有较大的差异。2009 年对北京的农民工调查显示，19% 的人住在地下室或者经营性住房中，还有不少住在简易搭建的住房中。三是房源形式多样，以个人租住和单位提供住宿较为常见，住房流动性强，缺乏足够的保障。

2. 住房供需矛盾将长期存在

城市外来人口住房问题其实是城市外来人口社会融合的一个缩影，这个问题本质上是城乡二元结构问题。国外的发展历程给了我们很多经验教训，比如族群对立、城市衰败乃至城市冲突等各种问题。

一个时期以来，从经济适用房、廉租房到公租房、两限房，保障房覆盖的主要还是在城市生活而且有城市户口的群体。至于在城市生活的外来务工人员等群体的住房保障问题一直是难点。

近几年，一些地方开始探索给外来务工人员更多住房保障，尤其是十八大后，部分地方将农村转移人口也纳入住房保障体系之内。例如，四川省在《2013 年全省住房保障工作要点》中明确要启动实施“农民工住房保障行动”，把农民工等外来务工人员逐步纳入城镇住房保障体系。将20%的公租房向农民工等外来务工人员供应，还将专门研究将农民工扩展进公积金缴存范围等支持政策。

解决外来人口住房问题，必须建立城乡一体联动的基本思路，同时解决外来人口原住地农村土地住房和现居住地住房以及社会保障等问题，利用金融手段作为杠杆，实现要素资源的跨区域置换，辅之城乡就业、户籍和公共服务配套一体化进程，才能消解城市外来人口住房制度层面的障碍。

（三）城镇化应解决进城农民就业问题

针对城镇化过程中的就业问题，《国家新型城镇化规划（2014—2020年）》指出，“城镇化与服务业发展密切相关，服务业是就业的最大容纳器。”

《规划》提出，要“完善公共就业创业服务体系”。并提出了以下指导意见：

——加强农民工职业技能培训，提高就业创业能力和职业素质。整合职业教育和培训资源，全面提供政府补贴职业技能培训服务。强化企业开展农民工岗位技能培训责任，足额提取并合理使用职工教育培训经费。

——鼓励高等学校、各类职业院校和培训机构积极开展职业教育和技能培训，推进职业技能实训基地建设。鼓励农民工取得职业资格证书和专项职业能力证书，并按规定给予职业技能鉴定补贴。

——加大农民工创业政策扶持力度，健全农民工劳动权益保护机制。实现就业信息全国联网，为农民工提供免费的就业信息和政策咨询。

《规划》提出，要“营造良好就业创业环境”。并提出了以下指导意见：

——发挥城市创业平台作用，充分利用城市规模经济产生的专业化分工效应，放宽政府管制，降低交易成本，激发创业活力。

——完善扶持创业的优惠政策，形成政府激励创业、社会支持创业、劳动者勇于创业新机制。运用财政支持、税费减免、创业投资引导、政策性金融服务、小额贷款担保等手段，为中小企业特别是创业型企业发展提供良好的经营环境，促进以创业带动就业。

——促进以高校毕业生为重点的青年就业和农村转移劳动力、城镇困难人员、退役军人就业。结合产业升级开发更多适合高校毕业生的就业岗位，实行激励高校毕业生自主创业政策，实施离校未就业高校毕业生就业促进计划。合理引导高校毕业生就业流向，鼓励其到中小城市创业就业。

提高城市化水平和质量，引导城市产业结构调整和劳动力资源合理配置是中国未来20年来发展的希望所在。

从“十二五”开始，国内国际经济社会环境发生了重大改变。从国内情况看，中国经过30多年的经济快速增长，人口和环境承载水平已经达到极限，发展转型已经成为共识，中国GDP增速将由9%以上下降至5%—8%，中国经济将长期处于中速增长期；从国际环境上看，经过全球金融危机和第三次工业革命的冲击，全球产业链将进行调整，资本流动方向和方式也将发生改变。因此依靠科技创新和人力资本培训，提高质量、扩大内需、调整结构就成为必然选择。

推进城市化和引导劳动力向城市转移是未来经济增长的主要源泉。城市化的进程是一个必将要进行的过程，城市外来人口是城市发展的主要动力，又是城市发展必须面对的重大结构性矛盾。随着城市人口生育率水平迅速下滑，外来人口成为许多城市人口增长规模扩张的主要推动力量。根据《中国劳动力变动趋势及判断》和麦肯锡研究院报告，今后20年将有3亿农村人口转化为城镇人口，届时外来人口数量将达到城市人口总量的40%。而城市又存在劳动力供给不足和结构失调的隐忧，就业矛盾将从数量主导型转向结构主导型。

1. 城镇化要能够解决农民的就业问题

作为城市来说，首先自然是就业的问题，这个问题不解决是很麻烦的。最基本的问题是，城镇化能不能解决农民的就业，如果失去土地的农民，没有得到一份比种田更好的工作，或者掌握比种田更好的生计，这个城镇化肯定是失败的。不管是大城市带动小城镇，还是小城镇发展成大城市，都需要解决老百姓过日子的问题。

中央城镇化工作会议提出，促进有能力在城镇稳定就业和生活，这是通过城镇化改善民生的首要任务。就业是民生之本，转变为市民的农民只有有了稳定的就业，才能有好的生活质量，才能住得下、留得住、稳得根，城镇化才算成为真正的"人"的城镇化。要达到这一点，就必须发展城市经济，通过稳增长、调结构、促改革的方式，为市民提供更多的就业机会。否则的话，城镇化只是表面光鲜，农民也只是换了副市民的"马甲"，最后城镇化也"化"不起来，变为"鬼城"、"空城"。

政府应该把重点放在发展服务业上，既可以解决劳动力就业，又能为工业化提供动力。政府首先需要提供很多就业机会给新入城的农民，比如服务业、餐饮业。另外，应该鼓励创业，为创业者尤其是城镇化后的农村创业者提供良好的环境，提高他们的积极性。还有，可以大力发展旅游业。我国各地的资源很丰富，自然旅游资源集中在乡镇里，发展文化旅游产业，也是促进城镇化的良好途径，而且无污染，符合两型社会发展要求。

农民变成市民，如果入城之后只能扫扫地打打工，不是真正的城镇化。然后就是社会保障，比如子女上学、医疗保障等问题。农民失去土地以后，靠什么来生活，这是政府应该考虑的，年轻一点的可以鼓励他们去创业，更重要的是要创造一个好的环境。

当然，统一安排就业是不现实的，但应该为他们提供教育培训，或者为他们的子女提供教育，提升他们的个人能力。农民进城后，如果劳动技能、思想意识等没有得到提升的话，他们转化为市民，只会生活得更加困难，这种结果就和两型社会的初衷背道而驰了。

2. 城市如何接纳农民

城镇化过程，容易出现超前和急功近利的问题，或者强迫农村变成城市，强迫农民变成市民，但农民并不能一下就适应城市的生活。

城镇化过程中，如果没有实质性的户籍制度改革，农民工就无法“永久迁移”，现有征地制度的关键问题在于缺乏对“公共利益”的清晰界定和相应的征地范围的严格限制，使得地方政府可以低价从农民那里圈地。

解决上述问题的关键，是通过在城市中建立一个有效的融资机制，为迁移人口提供基本的社会保障和相应的居住、子女教育服务，从而使后者能够在自愿基础上放弃农村土地，而被释放的土地将能够用于应对农村内部人口变动的需要，使得土地承包权的稳定乃至于扩大农业生产经营规模成为可能。

政府不要为了追求财政收入，就去大面积征收农民的土地。如果每个地方通过财政、圈地来搞工业化、城镇化，这么做后患无穷。

（四）城乡一体化必须以现代公共服务体系为支撑

传统上，一个自我封闭的城市，是把公共服务看作一种福利和私利，有限的公共服务资源是不能与非城市系统内的外来人口共享的。

当然，高度自由流动的城市系统刚开始也面临因流动性产生的不确定情况，但是这里的不确定和风险是通过完善社会管理消除的，比如健全司法赔偿制度，而不是通过限制自由的方式应对不确定性弊端，由此分析，自由流动不是不信任社会关系的原因，也不能成为限制自由流动的借口。

而公共服务体系与稳定社会关系则存在必然联系，共享公共服务是稳定城市中社会关系的重要载体，由于公共服务的共享，牵引着人们汇聚在一起；由于公共服务的共享也让人们凝聚在一起，彼此形成一个利益同盟，共同成为一个城市的永久支持者和建设者。共享公共服务也是保证人口自由流动的有效手段，并最终推理为市场机制成熟的标志。总之，公共服务事关社会要素流动，事关城市化水平和现代化进程。

城镇化实际上是伴随工业化的一个自然过程。在工业化的过程中，原来主要从事农业活动、生产力低下的劳动者转移到非农行业就业，其生产力大幅提高，劳动收入也相应大幅增长。已经转入非农行业的劳动者，不管是留在家乡还是迁往外地大城市，其生活和交通方式也已经不再是传统的农业方式，而其需要的公共服务也是城镇化的公共服务。

在这个过程中，工业化带动城镇化，而相应的需求也会刺激城镇公共服务的发展以及居民消费的提高。不过在中国，因为户籍制度等人为因素，城镇化的步伐明显滞后于工业化的步伐。已经转入非农行业就业的劳动者，在城市环境中生活上十年也不能成为“城里人”，只能被称为“农民工”。在黄金工作年龄，他们到城镇打工，没有工作或老了，就不得不离开曾经工作的城镇，因为这里没有为他们提供养老服务和安家的条件，他们的子女也不能像城镇居民那样到城镇公立学校就读。农民工及其家庭成员，享受不到与城里人同样的子女入学、医疗保险、养老等基本社会福利待遇，因此他们一方面需要更多为自己和家庭积累审慎性储蓄，另一方面也难以放弃最后的保障线土地。

过去以物为主、由土地财政支撑的城镇化，虽然带动了经济和投资的大幅增长，但对刺激消费需求的作用十分有限。为此，许多专家学者建议，以户籍改革为突破口，促进城镇化、刺激消费。

在户籍制度改革方面，将逐步剥离附着在户籍上的诸多福利，着力推动农业转移人口市民化，稳步推进城镇基本公共服务常住人口全覆盖。这将使人口流动更自由，将城镇化成本问题部分交给市场解决，间接促进农业规模化经营和提升生产效率。

然而，户籍改革在许多地方有极大阻力。地方政府对户改的抵触是可以理解的，而且很难靠中央的行政命令消除。因为户籍所代表的是城乡差距，特别是各级别城市差距非常大的公共服务和福利，而目前各地方政府不同的财力、财源，也制约了其扩大公共福利开支的能力和动力。

其实，真正制约农民工消费的不是户口本身，而是它背后所代表的公共服务和社会福利。如果要以城镇化的发展刺激居民消费，最核心的不是一纸户口本身，而是要改革地方政府提供公共服务的动力和能力，形成城乡一体化、更加公平的公共服务体系。各级地方（城镇）政府作为公共服务的主要提供者，无论是对户籍制度改革，还是提供城乡一体化的公共服务方面，均需财力和动力。

首先，中国的税收主要依靠生产和流通环节的增值税、营业税以及企业所得税，而个人所得税覆盖面非常狭窄，基本上可以称作工薪税，仅占整个财政收入的6%、GDP的1%左右。这造成地方政府明显偏好投资工业企业，因为那是税收的主要来源，而忽略为本地居民的服务，更不用说吸引外地人口的流入。

人口增加，尤其是非本地户籍人口增加，并不能直接带来税收的明显增长，反而会明显加大本地政府公共服务的压力（交通、教育、医疗等）。因此，多数地方政府缺乏动力，不愿主动为非户籍人口提供公共服务，反而常常为流动人口的安居设置种种障碍。

其次，地方政府如何增加公共服务，财力何处来。人口增长带不来税收增长，而地方政府预算的一个重要来源是上级政府的转移支付，但教育、医疗、各项公共服务等均按户籍人口配置资源。

在一些外来人口积聚的城市，地方政府往往动用其他手段，如通过向企业摊派、增加各种税费、卖地等筹集资金，或者使用大量临时工、外包政府部门应该提供的服务，或者干脆缺位，因此引发各种社会矛盾。

在财税体制改革方面，重塑地方财源，让其具有来源稳定并与本地人口和居住环境相关的税收收入。为此，首先要在增值税改革的同时，逐步加大个人所得税在税收收入中的比重并增加地方分享份额，使其成为地方税收一个重要的、稳定的来源。这需要扩大个税税基，将地方辖区内个人的各项收入而不只是工薪收入，一起纳入所得税征收范围，同时大幅提高个人所得税起征点，并且降低税率。

其次要开征房产保有税等一些重要地方税种，引导资源更多地向增加生产性资本、提高生产率的方向配置，防止资金过多投向不动产，同时逐渐减少地方对土地财政的依赖。两者都可以引导地方政府更热心地提供公共服务和宜居环境，而不是靠对资源和要素的占有生财，从而促进经济增长方式的转变。

在地方政府（城镇）增加稳定税收来源的基础上，公共服务支出的预算也应该按辖区内常住人口而不是户籍人口来确定。教育、医疗服务、社区服务、交通和公共安全等各方面，应该根据城镇化的需要制定预算、配置财政资源，上级财政转移支付也要考虑到这一点。

要允许本地常住的外来人口包括农民工及其家庭，享受与本地户籍人口一样的教育、医疗设施，公用事业和公共安全等各项服务。公共服务的提升，可以缓解社会矛盾并刺激消费，而消费的提升也会为本地政府在增值税改革之后带来更多收入。如此，则可以形成加强公共服务、促进城镇化和消费、促进财政收入增长的良性循环。

要让城镇化真正成为中国促内需、调结构的长期依托，就应该摈弃许多地方围绕土地做文章的城镇化模式，从改革地方税收体制和公共服务体制着手，建立长期可持续的、城乡一体化的、公平的公共服务体系，帮助中国实现经济和社会的长期稳定发展。

所以城市必须建立全覆盖的公共服务，以此作为吸引外来资源和固定社会关系的手段。同时，改善公共服务设施提高公共服务水平既是现代工业文明和城市化的必然要求，也是加速工业文明进程、提高城市运行能力的保障。

工业文明和城市化在改变人们生活方式的同时，也增加了人为的风险和意外事故，人们在流动和竞争中提高了参与社会活动的频率，同时开发追逐自然资源和自然猎奇的内在冲动，也挑战着传统的人与自然关系，影响并改变自然秩序，于是自然的、非自然的怪异现象和利害关系就随之而来了。

同时，工业技术和城市群居生活为人们应对自身病痛和自然伤害提供了精确高效的手段，完善高效的公共服务网就是这些有效手段的重要组成部分。所以，城市化必然、必须以现代公共服务体系为支撑。

在中国现代化转型的过程中，各种社会结构和社会关系也都要发生根本性的调整和重塑。其中之一就是国家与个人之间的关系，现代国家的产生与合法性来自于人民与国家之间的契约，这个契约确定了国家必须保障人民的一组基本权利，由此获得了人民授予的包括合法垄断暴力在内的一组权力，这也就是推进城镇化过程中为什么要强调中央政府来承担“人人平等”的最基本公共服务的根本原因。有了这样的基石，现代国家才得以确立，健康推进城镇化才有前提。

三　新型城镇化的户籍社保等制度联动改革

中央城镇化工作会议提出要推进农业转移人口市民化、提高城镇建设用地使用效率、建立多元资金保障体制等六大方面任务，而在这六大任务中，推进农业转移人口市民化成为首要任务，由此可见，户籍改革已经成为破解新型城镇化推进困局最关键的一把钥匙。

农民变成市民，不光是将户口本上的“农业”两字变为“居民”，更重要的是解决好后续的就业、医疗、教育、住房以及社会保障等问题。

户籍制度改革的困难在于要推动嵌入户籍之中的就业、教育、医疗、养老等社会福利制度，以及土地制度、财税制度等相关制度的改革。户籍制度改革“牵一发而动全身”，不仅要逐步剥离户籍制度的福利分配功能，而且需要深化配套制度的改革。这一系统工程，决定了改革任务的长期性和艰巨性。

凡是要用户口本来区分利益，划分资源的制度都是需要改革的，健全城乡发展一体化体制机制是一项要求政府做好的工作，而不是限制公众的个人选择。

有一些观点认为加速城市化是促增长、保稳定的经济措施，这在对城乡一体化发展的定性上是有偏差的。实际上健全城乡一体化体制机制建设是解决社会不公、区域失衡等诸多社会问题的重大社会政策。加诸在户口上的各种区别化福利不是由户口所造成的，而是由各个领域的旧制改革步伐缓慢造成的。抛开后者，只谈户籍改革本身是没有意义的。

推动户籍制度改革，应采取“分类指导，因城而异，因群而异”的原则，分步重点推进解决举家迁徙及新生代农民工落户问题，实施全国统一的居住证制度，并使居住证成为提供基本公共服务的依据。按城市类型、经济规模和人口特征采取不同程度的户籍迁移管理办法。

对于大城市，既不能关死城门，堵住农民进城，也不能一步彻底完全放开户籍。户籍改革还需因群而异，要优先把有稳定劳动关系、长期举家工作、生活在城市，有稳定住所、工作和收入，并基本融入城市的“沉淀型”流动人口逐步转为城镇居民，分步重点推进解决举家迁徙及新生代农民工落户问题；对于中小城市，要向进城农民工打开城门，鼓励其进城落户；对于县城和中心镇，则要敞开城门，让农民自由进城。要加快实施全国统一的居住证制度，努力实现城镇基本公共服务依据居住证按常住人口全覆盖。

我国改革开放30多年的发展，城乡和区域之间的差距越来越大，城乡的生产要素无法公平交换，公共资源无法均衡分布。通过对农业促进、乡村建设和农民致富的支持，来解决城市化压力过大的问题，比限制户籍和城市人口的措施要好。比如保障农民工同工同酬、完善农民保险制度、农业的稳定增长、鼓励社会资本投向农村建设，尤其是企业和社会组织在农村兴办各类事业，统筹城乡义务教育资源均衡配置，统筹城乡居民基本养老保险制度、医疗保险制度，推进城乡最低生活保障制度，推进城镇基本公共服务均等化和全覆盖，把进城落户农民完全纳入城镇住房和社会保障体系。

2014年2月7日，国务院常务会议决定，合并实施新型农村社会养老保险、城镇社会居民养老保险，建立统一的城乡居民基本养老保险制度。此后不久，国务院印发《关于建立统一的城乡居民基本养老保险制度的意见》，部署在全国范围内建立统一的城乡居民基本养老保险制度，提出到“十二五”末，在全国基本实现新农保和城居保制度合并实施，并与职工基本养老保险制度相衔接；2020年前，全面建成公平、统一、规范的城乡居民养老保险制度，与社会救助、社会福利等其他社会保障政策相配套，充分发挥家庭养老等传统保障方式的积极作用，更好保障参保城乡居民的老年基本生活。

此前，2009年和2011年，我国先后启动实施新农保和城居保试点，并于2012年在全国所有地区推行。截至2013年年底，全国参加新农保和城居保的总人数达到4.98亿人（其中城镇居民2399万人），其中按月领取养老待遇的城乡老年居民1.38亿人（其中城镇老年居民近

1000万人)。

针对社会保险方面,《国家新型城镇化规划(2014—2020年)》指出,“扩大参保缴费覆盖面,适时适当降低社会保险费率。”

实现基础养老金全国统筹。依法将农民工纳入城镇职工基本医疗保险,允许灵活就业农民工参加当地城镇居民基本医疗保险。

完善社会保险关系转移接续政策,在农村参加的养老保险和医疗保险规范接入城镇社保体系,建立全国统一的城乡居民基本养老保险制度,整合城乡居民基本医疗保险制度。

针对医疗方面,《国家新型城镇化规划(2014—2020年)》指出,要“将农民工及其随迁家属纳入社区卫生服务体系,免费提供健康教育、妇幼保健、预防接种、传染病防控、计划生育等公共卫生服务。鼓励有条件的地方将符合条件的农民工及其随迁家属纳入当地医疗救助范围。”

(一)户籍改革成为破解城镇化困局的钥匙

户籍制度的改革首先应从改革社会保障制度上入手。我国户籍制度的二元化,其实就是公共服务、社会保障的二元化;结束了后者,前者便只具有象征意义。真正的户籍制度改革,无论国家层面或地方层面上的户籍制度改革,必然是在一体化公共服务、社会保障体系方面的改革。公共服务、社会保障体系一体化具有两大内涵:一为全覆盖,全体社会成员依照相对公平的标准承担各自义务,亦依照相对公平的标准享受服务与保障;二为通过财富的二次分配实现共同发展,通过向弱势群体的适当倾斜实现共同受益、起点公平,以强化保障功能、保持社会和谐。在旧制度向新模式的转变过程中,应首先淡化城市偏向,使户籍与社会福利逐步脱钩,通过先改内容后改形式的方式来缓和改革过程中的利益冲突和摩擦,再经过一系列环节过渡到城乡一元的户籍管理制度,而不宜直接废除户籍制度。

其次，要科学地制定门槛标准，促进人口合理流动。通过户籍制度的改革，以“准入条件”代替“指标控制”，为实现公民居住和迁徙自由提供依靠市场调节为主的制度前提。靠市场调节的居住和迁徙自由，以具有合法固定住所、稳定职业或生活来源为基本落户条件，但这并不排除政府为维护社会治安、公共秩序、生态环境、社会健康风尚以及他人权利的法定限制。由于各地经济水平、社会发展、自然禀赋等条件差异很大，中国必须走多样化的城镇化道路，发挥比较优势。

例如，在东部经济发达地区，要把县（市）所在的城关镇和中心镇作为发展重点，建立城乡一体化的劳动力市场。在西部不发达地区，地广人稀，要保护好生态环境，从集约化的规模效益出发，把有限的资金集中起来优先发展中心城市。

再次，在有条件的地区，可以取消农业、非农业户口界限，尽快探索建立城乡统一户口登记管理制度。

当前，许多地方在推进户籍制度改革上已初见成效：取消了人为的、行政的户口“审报”制度，以准入条件取代计划管理，实行属地化管理和职业登记，城乡统一的户籍管理制度开始建立起来。在此基础上，要以省、自治区、直辖市为单位渐次推开，按省、市、自治区行政区划建立城乡统一的居民户口。加强和完善户口登记制度，把以户口管理为重点转到以人口管理为重点上来，充分运用现代技术，实现静态管理向动态管理的转变。这是以后建立中华人民共和国居民户口的必要条件。我们可以探索“以房管人”、“以证管人”、“以业管人”的新模式。

最后，实施户籍与土地制度配套改革，增加改革的整体性。为了让在城市生活和工作的农村劳动力能够共享经济发展成果，同时也为了进一步增强城市经济增长的潜能，就需要把土地和户籍制度进行联动改革。应允许建设用地指标的跨地区再配置，同时，获得更多建设用地指标的沿海城市应更多吸纳非户籍常住人口为本地城镇户籍人口。

具体来说，全国统一规划中新增的城市建设用地指标，以及农村由于宅基地整理和复耕而增加的建设用地指标，都可以在地区间重新配置。但在此过程中，土地的再配置要与户籍改革联动，哪里要更多的建设用地指标，就必须相应增加本地新增户籍人口的数量，特别是要接纳那些已经在城市工作和生活的非户籍人口。建立地区间土地利用指标的交易机制是效率和平等兼顾的举措。

劳动力要和土地指标一起流动，推动土地和户籍制度的联动改革，让更多的劳动力分享经济集聚的好处。改革地方政府官员绩效的考核体制，对不同地区的官员考核分别赋予 GDP 总量增长和人均增长的不同权重。

土地、户籍和社会保障等制度的联动改革既能为中国经济增长注入新的动力，又能够让更多劳动力分享经济集聚的成果，是一条在集聚中走向平衡的发展道路。这样的城镇化之路才能真正做到“以人为本”。

（二）用市场化来解城镇化制度之困

改革开放的前 30 年，单兵突进的工业化并没有带动完整意义上的城市化水平提升，出现了“候鸟模式”的农民工群体。他们在城乡之间不断进行着身份的转换，构建了中国低成本竞争优势的基础，但是却没有实现自身生活方式的同步转化。

一方面是城市公共福利对于城市户籍的依附，构成了农民工市民化的“阻力”，使得农民工群体进城而不能享受包括住房、医保、社保等基础性公共福利。另一方面是农村集体土地承包权对于农村户籍的依附，构成了一个对于农民工市民化的“吸力”。这是目前农民群体最为稳定，同时也是最后一道保障机制，但更是一个具有无限能量的“黑洞”，使得农民工在遭遇相关风险时有一个缓冲器，将相关的经济风险转移到农村。回想2008年年底，正是沿海地区不断出现的农民工失业返乡现象，才最终促使国家出台了“4万亿”经济刺激计划。但因未能形成良性的新市民成长机制，造成了中国城市化与工业化的脱节。

从西方发达国家的实践来看，工业化可以为城市化提供相应的产业支撑和就业保障，并且可以为城市化提供相应的工业剩余为城市化运作的基础性的资金来源。而中国高速工业化时期，由于制度牵绊等原因，工业化并未能完成相关使命，没有及时消化农村转移人口，并且将数量庞大的农民工群体市民化。因此，当下在推进城镇化建设过程中应牢牢把握制度创新的主动权，通过加强制度创新，来真正弥补历史“欠账”。

首先，打破现有制度中的城市福利对城市户籍、农地承包权对农村户籍的两大依附。通过农村土地的资本化、货币化，提高土地资产、宅基地资产的可流通程度，盘活农村地区的资本存量，让农村生产要素市场并入城市市场，实现生产要素在城乡之间自由、平等交易。通过增加农民财产性收入，提高农民总收入水平，增加其融入城市生活的原始积累。在收入增长的前提下，实现生活模式和消费模式的更新升级。

其次，切实降低农民融入城市生活的成本，政府为进城农民提供住房、子女教育、医疗基本的公共服务。以教育为例，目前，在不少地区出现的打工子弟学校就其本质而言，是一种群体性自救措施，缺乏制度性保障。从政府层面来讲，应发挥制度建设主渠道作用，建立合理的市民化成本分担机制，平衡人员输出地和输入地之间的利益关系，为农民提供基础性公共服务。

第三，提高社保基金的使用效率和统筹层次，减少资金沉淀。对于农民工输入大省，尽管享受了农民工创造的经济增长，但是却没有为其市民化进行相应的投资。长期以来由于中国社保统筹层次较低，制度设计缺乏科学性，农民工输入大省的社保基金的统筹账户中沉淀了大量无法随农民工转移的资金。应进一步规范社保制度，对于统筹部分资金的使用应考虑适时进行改革，保障农民工群体的合法利益，提高其融入城市生活的经济实力。

第四，通过金融支持、财税补贴等多渠道支持农业转移人口创业。由于工业化所能吸纳的新增转移人口有限，应大力发挥服务业，特别是生产性服务业对于就业人口的吸纳能力。鼓励金融机构开发针对进城农民的创业贷款，扩大普惠性金融服务的适用范围。政府及相关机构在税收、经营场所提供等领域进行专项扶持，促进农业转移人口实现有民生保障的城市化。

第五，强化农业转移人口的职业技能教育培训。结合工业生产自动化、信息化、智能化的趋势，加强在相关领域的职业教育培训，提供与工业化升级相匹配的劳动技能，提高农民适应城市生活的生存技能。

过去中国的城市化落后于工业化，城市化和工业化意味着从“三农”提取了大量的剩余，而且城市每次遭到产业的周期性危机都会向“三农”转嫁代价。城市短期内大量集中资本，农村就日益显得属于被资本遗忘的角落。

城镇化要破除城乡二元结构，必须借助市场化的力量来推动。上世纪80年代我国农民创造的城镇化道路主要是市场调节的结果。当时以苏南模式和温州模式为代表，在农村启动工业化的同时发展小城镇、转移农业富余劳动力。这种农民自发的城镇化“村村点火、户户冒烟”，走的是分散型道路。后来农民进城意义上的城镇化也是市场导向的，即所谓“百万民工大流动”。如果说这一阶段的城镇化有政府导向，那主要是指设立各类开发区所推进的土地城镇化以及各级政府所进行的城市建设。

随着市场经济的发展和推动，农村人口已经绑不住了，城市的就业机会、收入水平、公共服务会吸引剩余劳动力从农村出来到城市就业，但他们能否或者愿意形成在城市的长期居住还不一定，取决于两个因素，一是城市公共服务对农业转移人口全面开放程度，二是农业转移人口原有农村资源资产（本）化力度。前者是很多人认为的城镇化重点，而后者往往被忽视了。

其实，从户籍制度背后福利来看，除一二线大城市的城市户口和农村集体经济发达的农村户口之外，在市场经济的冲击下，城市户口与农村户口的差别并不明显，在一些中小城市，农村户口价值甚至高于城市户口。

另一方面，当前城乡最大的不平等源自土地制度的不平等。我国城市的迅速发展是得益于城乡二元结构，特别是得益于国有与集体两种不同类型的土地，通过将农村集体土地低价征收为国有土地，然后再将其通过“招拍挂”的方式高价售出，城市政府获得了大量的城市建设资金，也就是俗称的“土地财政”。

不可否认，正是因为市场化的推进，使得土地作为资源要素可以在市场上进行交易，才产生了巨大的价值，但两种不同性质的土地在交易方式上是有限制条件的，对集体土地而言，只能卖给政府变成国有土地，而国有土地是可以在市场上自由进行交易的。这种不平等的做法，无论是在经济发展还是在社会管理上，其不可持续的弊端已经显露。因此，必须通过市场化来形成城镇化制度的倒逼机制，从而能使城乡资源都能变成资产，特别是改变城乡要素的单向流动。

要对绑在户籍制度、土地制度上的福利进行估值。在估值之前，首要做的就是确权。城市资源相对产权明晰，所以城市的资产都有价，能进行交换，有一套完善的市场交易体系。但是农村资源如农村住房，有些地方已经是第三轮或第四轮建房高峰了，由于产权不明晰，由于不能变成资产，也不能进行市场交换变现，这些投入都变成了沉没成本。确权后还需要建立一套完整的市场化制度，来保证城乡要素的自由流动。

最后，城镇化作为最大的内需潜力也离不开市场化的推动。扩大内需的本质是要让城乡要素自由流动起来，要素不流动就产生不了价值，也就产生不了内需。只有让城乡要素有价值，然后再提供城乡要素自由交易平台，才能让这些要素自由流动。只有当城乡要素可以自由流动起来，当农业转移人口自身的资源能转化为资产或资本的时候，城镇化才有可能真正地把农业转移人口变为市民，否则任何只强调单方面要素的流动或价值或吸引力，是不可能真正解决我国农民进城问题的，也是不利于推进城镇化的。

（三）城镇化必须涉及土地制度改革

《国家新型城镇化规划（2014—2020 年）》就城镇化过程中的土地问题提出以下规划意见：

——探索实行城镇建设用地增加规模与吸纳农业转移人口落户数量挂钩政策。有效控制特大城市新增建设用地规模，适度增加集约用地程度高、发展潜力大、吸纳人口多的卫星城、中小城市和县城建设用地供给。

——深化国有建设用地有偿使用制度改革。扩大国有土地有偿使用范围，逐步对经营性基础设施和社会事业用地实行有偿使用。减少非公益性用地划拨，对以划拨方式取得用于经营性项目的土地，通过征收土地年租金等多种方式纳入有偿使用范围。

——农民工集中的开发区和产业园区可以建设单元型或宿舍型公共租赁住房，农民工数量较多的企业可以在符合规定标准的用地范围内建设农民工集体宿舍。审慎探索由集体经济组织利用农村集体建设用地建设公共租赁住房。

——赋予农民对承包地占有、使用、收益、流转及承包经营权抵押、担保权能。保障农户宅基地用益物权，在试点基础上慎重稳妥推进农民住房财产权抵押、担保、转让。在符合规划和用途管制前提下，允许农村集体经营性建设用地出让、租赁、入股，实行与国有土地同等入市、同权同价。

城镇化其实是土地的城镇化和人口的城镇化两部分。土地制度改革尤其是农村土地制度改革是新型城镇化的又一关键。深化土地制度改革，切实保护好农民土地财产权，是新型城镇化过程中的重要问题。

中央城镇化工作会议提出，要严控增量，盘活存量，优化结构，提升效率，切实提高城镇建设用地集约化程度。同时强调，耕地红线一定要守住，红线包括数量，也包括质量。推进新型城镇化、人的城镇化，深化户籍制度改革、土地制度改革迫在眉睫。

中国土地制度城市化当中最大的问题是人口城市化和土地城市化的脱节，这跟这些年来推行建设用地增减挂钩直接相关，不应拿土地跟土地挂钩，而应拿土地和农民进城取得户籍落户挂钩。

1. 实现人的城镇化要确保农民在土地上的相关权益

2000—2010 年，全国城镇建成区面积扩张了 64.45%，而城镇人口增长速度只有 45.9%。土地的城镇化速度，要远快于人的城镇化速度。

城镇化包括人口、经济、社会以及政治、文化等多方面内容，核心是人口的城镇化，最终目的是为了满足人的全面发展的需要。然而，一些地方存在的以征地和土地买卖先行带动城镇扩张的现象，往往脱离满足人的全面发展需要的宗旨。

另外，城市经济、社会、文化、环境等的建设跟不上土地城镇化步伐的现象更是随处可见。目前，我国城市经济密度（单位面积产值）只相当于发达国家的几分之一；基础设施建设以及教育、医疗、卫生、社会保障等事业发展长期滞后；不少城市空气、水、固体废物和噪声污染严重。其实，土地不过是承担自然、产出、人力、社会资本运作的载体，其规模应根据满足人的需要和资本积聚的程度来定，而不能倒过来——先扩大载体规模再集聚资本、填充人力，变成为城镇化而造城、迁人。

当前，土地城镇化超前于人口城镇化积累起来的问题和矛盾如果不认真解决，就会产生城镇化方向走偏的风险。首先是脱离信息化、工业化驱动的风险。当前，信息化和信息产业爆发式增长正在引发第三次产业革命，现代城镇化必须依靠信息化、工业化驱动。如果依靠征地卖地支撑城镇化，凭借大片廉价土地吸引投资和劳动力，重投入、轻产出，重速度、轻效益，就会陷入脱离信息化、工业化驱动和滋生城市经济泡沫的风险。其次是脱离以城带乡、统筹城乡发展的风险。如果失地农民不能得到应有的补偿，一些人断了务农的路又不能成为真正的市民，就业和收入不稳定，就会增加落入拉美“城市化陷阱”的风险，背离以城带乡、城市反哺农村、统筹城乡发展的城镇化方向。还应看到，如果长期推行政府主导型城镇化，将土地财政用过了头，就有可能累积地方债务风险，给改革发展带来隐患。

因此，推进新型城镇化，需要改革政府主导型机制，特别是改革地方政府土地财政机制。应进一步推进财税体制和各级政府公共服务事权改革，认真研究中央和地方间的财力事权关系，以财力定事权，完善转移支付制度，健全公共财政体系，构建地方税体系，促进形成有利于经济结构优化、城镇化健康发展的税收制度。

但土地征用过程中存在很多问题，比如一些城市政府在推进城市发展和建设中，土地粗放型使用，甚至不惜大量占用耕地，进行城市的扩张。目前城市人均建设用地 133 平方米，超过国家规定的 80—120 平方米的标准。有的地方已经率先破局，取消农业和非农业户口的限制，放宽落户限制，但这还不能完全解决农民工入城问题，其中一个重要因素是农民工进城的成本从哪里来，谁来埋单。毫无疑问，政府要提供基础设施、教育、医疗、社会保障的成本，而农民工完全空手进城也是不可能安居的，要解决农民集体土地的相关权益，解决后顾之忧。十八届三中全会《决定》提出，赋予农民更多财产权利。

现在各地政府是靠“以地生财”、“以地谋发展”，也就是通常所说的“土地财政”。从农民那里廉价征收土地，而后高价拍卖，实际是剥夺农民的利益，获得垄断利益。但是“土地财政”现在不可能持续，根本问题要靠发展产业、优化用地结构，农村集体土地要合理利用和流转，确保农民土地的相关权益。构建平等进入、公平交易的土地市场，在现有土地权属基础上，赋予农民集体土地直接的处置权、抵押权和转让权。国有和集体所有制土地权利平等，增值收益公平共享。

如何确保农民在土地上的相关权益，提高农民在土地增值中的分配比例？关键在于政府要从“经营土地”的理念中跳出来，要摆脱“以地谋发展”的城镇化模式，解决农民土地和宅基地流转制度、土地确权是保障农民土地财产权利的基础。加大集体土地流转，推动土地资源（包括宅基地）市场化，以土地招标交易带动农村土地综合整治和农业生产现代化，改变粗放的城镇化发展模式。重点在于规范地方政府在土地市场上的行为，正确处理政府和市场的关系。一般经营性的土地征收，政府不得参与，杜绝地方政府“经营土地”的行为，使土地流转市场化。

要实现地方政府行为模式的根本转变，必然趋势是由“土地财政”转向“房产财政”，逐步扩大房产税试点，房产税收入将是未来地方政府收入的重要组成部分。由于地区差异、城镇化水平不同，房产税的实施在各个地区不能一刀切，也会有不同的时间差异。

中国城镇化中最突出的矛盾集中在农村土地制度的改革和创新。农村土地是集体土地所有制，土地数量固定，但集体数量可以变化，这就使得土地溢生出“分配和再分配”的利益问题。中国城镇化的下一步发展，最大难点问题在于对现有农村土地制度的改革。

土地问题是聚集中国所有问题的核心。由其衍生出的地租，就目前农民个体而言，其全部意义包含农民一生生存的全部成本：房屋、生活费用、工作等等。

当前要进一步完善农村土地的确权赋能，把直接用于生产的土地所有权落实到农户个体，发放相应的证书予以登记确认；把用于公益、发展企业或其他集体经济的所有权归于农民集体，并通过折股量化等形式分配到个人。同时，还要通过立法保障农民土地财产权不可侵犯。

要探索建立农民工承包地和宅基地的流转或退出机制，提高土地流转的市场化配置程度。家庭联产承包责任制使土地使用分散，集中度低，直接转向农业规模化与集约化经营难度较大。大批量农民工进城后，农村宅基地等建筑用地大量闲置，利用粗放，造成一定程度上的土地资源浪费。

要赋予农民对承包地、宅基地、住房等土地资源的自由处置权，允许农民依法对土地以出租、转让、置换、赠与、继承、作价入股等方式流转。要遵循自愿的原则，鼓励进城落户的农民工将承包地和宅基地进行流转。要改革征地补偿制度，防止地方以地生财而随意侵占和损害农民土地权益。加强城镇化过程中土地资源集约利用，提高土地利用效率，改变土地城镇化大大快于人口城镇化的局面。

2. 土地确权会根本上推动社会变革

中央的要求，是要坚守 18 亿亩红线。但地只有这么多，在城镇化进程中，既要按照要求严格保护耕地，同时又必须想办法去满足各个方面用地的需求，在此情形下，确实面临着土地制度多方面的改革，土地制度改革是个大任务。

怎么把握住改革的基本方向，这是当前的重要任务。任何一个国家，不管是什么样的所有制，土地制度一定是要保护产权人的权益；但是，土地的利用必须服从政府的用地制度，这样才能构成一个完整的土地制度，而且土地权益人的权利及政府对土地利用管制的力量，两者之间必须对应。如果有偏颇，政府的力量过大，土地权益人的利益就要受损。

土地制度改革要把握的一条是必须保护好土地权利人的合法权益；但如果只讲土地权益人的权利，爱怎么用就怎么用，那这个国家非出问题不可。因为对任何一个国家来说，土地都是有限的资源。只有在符合土地利用规划的前提下，土地权利人的权利才受到保护。平衡线在哪里，要制定科学的规划。

从2003年开始，国家强调要控制征地规模。2008年之后，全国各地已经在用各种各样的理由到农村进行大规模的拆建。将农村的建筑拆了盖新房子，把农民集中起来居住，再上楼，节约出建设用地。对于农民来说，不花钱或少花钱就能住上新房是最好的，很多农民也是愿意的。对于政府来说，它拿到了地。现在的问题出在哪里呢？国家法律明确规定，建设用地必须符合规划。但节约出的新增用地，用地指标挪过来，这等于是在国家计划指标之外又新增指标。到底行不行？现在还在试点。

明明说是试点，但现在全国各地各级党委政府自己都在搞，例如小城镇建设、新型社区建设。在各地政府过度依赖“土地财政”的情况下，大量农村土地被低价征收。但实际上，城市在吸纳农村土地的同时，应当同步做好失地农民的市民化问题。

改革开放以来，特别是进入20世纪90年代以来，城市通过低价征用农村的耕地或者集体建设用地资源，获取了大量的资金，解决了城市的基础设施建设。可以说，城市如今在形态上已经向现代化迈进，农村的土地作出了极大的贡献。中国每年有1000多万农民进城从事非农就业，总共有2.6亿多农民从事非农产业，农民收入的近一半来自非农就业。各个地方政府在招商的时候，工业土地基本是零地价或负地价，这也是建立在现有的土地征用制度基础上的。

在我国现行的土地制度下，农民对土地的产权非常模糊，农民难以对农地行使合法权利。法律对土地的转让权的界定不利于农民，政府垄断了土地征用权和城镇土地市场，政府征用土地时常常绕开“为了公共利益才可征地”这一限制性规定。当前的土地及其相关制度饱受诟病，新型城镇化战略必须同时对土地制度等进行实质性改革。

在土地制度改革方面，土地管理法、担保法等法律的修改已提上日程，一些不合时宜的法律条文、规定有望废止。这将激活土地的金融属性，逐步建立宅基地退出机制，赋予农民更多财产权。一些农民工由于宅基地退出将获得相应的财产性收入，城镇化速度会加快。

在大概明确了改革方向之后，现在就需要把现有的城镇化措施细化，明确化使之有针对性。特别要注意，避免给地方政府留下太多“操作”的空间。实际上，中国的征地制度是“权力的租金替代权利租金”，实际效果通常是“两不经济”，大都市土地供给不足，小地方却因工业化和城镇化滥用土地，农民的权益受损。

中国的城镇化应首先确认农民对土地和房屋等相关财产的合法权益，尤其是明确规定土地的所有权、使用权、产权行使方式和转让程序。

政府应该确定村集体与农民个人的关系，村民自己的地自主经营、出售、租赁等，应将农民的土地资产变为活资产，使其在流通过程中发现其应有的自然价值，允许农民在国家合理规划的基础上自主开发和经营房地产，这对于抑制城市畸高的房价将会起到重要作用。

土地确权不仅会给农村引入巨量资金，还会根本上促进整个社会改革。政府应该从维护农民的权利方面着手，保障农民讨价还价的权利，必须明确农民的农村耕地、山林、建设用地和宅基地使用权或经营权，否则土地流转会成为侵害农民财产的机会。

农村土地确权需要坚持最大限度保护农民合法权益、依法依规有序登记和遵循“主体平等”等原则进行。

现实中有两个问题值得关注：其一，政府不将征地的款项及时足额支付给村集体；其二，村集体不能及时足额将征地补偿款发放给农民；后者比前者更严重，一些村集体的领导人经常将村民应得的征地补偿据为己有。

政府应该制定更加合理的补偿标准决定机制，如果农民在土地被征收时无谈判权，强征强拆还会发生。不能只看到了每年千万农民变为市民这一“政绩”，却未解决许多农民在权益受到侵害情况下被迫变为市民这一惨剧。

第二次全国土地调查主要成果及其他相关数据显示，全国农村集体土地的总面积为66.9亿亩，包括55.3亿亩农用地和3.1亿亩建设用地，非资源性资产达到2.4万亿元，76%集中在东部地区。中央全面深化改革领导小组成立后，多次聚焦农村农业问题。2014年9月29中央全面深化改革领导小组第五次会议审议了《关于引导农村土地承包经营权有序流转发展农业适度规模经营的意见》、《积极发展农民股份合作赋予集体资产股份权能改革试点方案》。12月2日中央全面深化改革领导小组第七次会议又审议了《关于农村土地征收、集体经营性建设用地入市、宅基地制度改革试点工作的意见》。会议指出，坚持土地公有制性质不改变、耕地红线不突破、农民利益不受损三条底线，在试点基础上有序推进。专家认为，这“三条底线”定下了农村土地改革的基调：稳定重于效率。稳定有两层含义，首先是农村土地基本制度本身稳定下来，所有权不会改变，规划高于所有权的状况也不会改变；其次是农村土地对于社会稳定具有重要作用，这种作用比土地的经济效益更重要。针对城市规模划分标准革新的意义，专家表示，新标准的出台有利于鼓励重点发展中小城市、优化发展大城市和特大城市，从长远来看，更是破解当前愈演愈烈“城市病”的一剂良药。

第四章

城镇化的核心是以人为本

新型城镇化的关键是实现规模城镇化向人口城镇化的转型和发展，并在人口城镇化的基础上逐步走向人的城镇化。未来5—10年，随着我国城镇化面临的条件、需求、角色的深刻变化，新型城镇化要重在适应人的发展需求提升城镇品质。

一 新型城镇化是以人为核心的城镇化

《国家新型城镇化规划（2014—2020年）》指出，我们要“走以人为本、四化同步、优化布局、生态文明、文化传承的中国特色新型城镇化道路。”其中一个基本原则就是“以人为本，公平共享”。即“以人的城镇化为核心，合理引导人口流动，有序推进农业转移人口市民化，稳步推进城镇基本公共服务常住人口全覆盖，不断提高人口素质，促进人的全面发展和社会公平正义，使全体居民共享现代化建设成果。”

把以人为本，推进以人为核心的城镇化作为首要核心任务，不断提高城镇人口素质和居民生活质量，把促进有能力在城镇稳定就业和生活的常住人口有序实现市民化作为首要任务。

未来的城镇化需要着力推动农民工市民化、农民工家属市民化和农村先富人口市民化等三个市民化进程，解决进城人员的“侨居”或“客家”状态。为愿意进城和留在农村的农民创造平等的制度条件，为进城农民和城镇居民创造更好更多的发展机会，为留在农村的农民创造更好更优的生产生活条件。

（一）城镇化是促进农业人口转移的根本出路

从人类历史的眼光看，城镇化是每个国家都会发生的，除非像新加坡这种地方，本来就是个城市国家，没有农村。凡是有农村的国家，都避免不了城镇化的过程。因为农业是一个产出很低的行业，劳动生产率很低。一个国家要变富，必须要工业化，他的大批人口要从农业转移到工业，从农村转移到城市。

1978 年开始的农村改革，由于尊重农民的权利和利益而为农业的发展提供了巨大的动力。家庭承包等多种形式责任制的全面推行，极大地调动了农民的积极性，不仅使得农业大幅度增产，解决了吃饭问题，也促进了农村专业户为先导的多种经济成分并存发展局面的出现。而这两点为乡镇企业的大发展创造了条件，反过来乡镇企业的大发展，不仅为农业转移了大量的剩余劳动力，也为农业的发展提供了资金和技术支持。到 1987 年乡镇工业产值已经占全国工业总产值的 1/4，相当于 1975 年的全国工业总产值。

农村改革从一开始就引入了市场机制，长期受到抑制的市场因素迅速复活，并日益显示出它调节经济的灵活性、及时性和有效性。于是，随着改革开放的深入和所有制的多样化，市场机制调节的范围和配置资源的作用越来越大，到党的十三大提出了“国家调控市场，市场引导企业”的经济体制改革目标，到十四大上正式形成了社会主义市场经济理论。

1978年改革开放以前，农民和乡村对工业化和城市的支持，主要是通过上缴农业税和提供低价的农副产品来进行的。换句话说，就是农村通过向城市提供农业剩余为工业化积累资金和降低成本，同时，又通过限制农民流动来减轻城市压力和维持社会安定。当然，也有部分农村人口通过考学、参军、有计划的招工等形式转到城市，但是这种转移人数非常有限。

改革开放以后，农民和农村对工业化和城市的支持形式发生了巨大的变化。随着农产品“统购统销”制度的废止和农产品的市场化，通过直接和间接的农业剩余来支持工业化和城市的比重越来越低，而农民通过提供廉价的劳动力和农村资源（资金和土地等）来支持工业化越来越成为主要贡献。

第一，农民提供的大量廉价劳动力为改革开放以来的经济发展提供了丰富的人力资源，大大降低了工业化的成本和企业资本积累的速度，特别是为外向型企业和劳动密集型企业的发展提供了快速成长的资本积累。

第二，改革开放以来，农村不仅为城市发展、经济开发区建设以及大量的交通等基础设施工程，提供了廉价的土地资源，而且许多城市还通过征购农民土地并转让其使用权，获取了大量土地收益，填补了城市发展的资金缺口，这种方法被称为“经营型”城市发展。

第三，农民通过以乡镇企业来推动小城镇发展和直接向城市投资的形式，将大量的农村资金直接投入到城镇建设。

城镇化，正在以无比巨大的力量和规模，改变着中国农民的命运，塑造着中国发展的逻辑。我们只用了30多年的时间，就把城镇化率由上个世纪70年代末期不到20%提高到2012年的52.57%，而西方国家这一历程用了300年的时间。

我们完全有理由相信，一批又一批农民工在城镇化的大潮中背负行囊，在陌生的城市中闯出了一个新天地，甚至有不少农民工在城市办起了自己的公司，农民工的打工收入，正在成为农民家庭收入的重要组成部分，并越来越占据重要的份额。

新型城镇化是以人为核心的城镇化，必须和农业现代化相辅相成。全面建成小康社会，毫无疑问，重点和难点都在农村。没有农村的现代化，中国的现代化就是不完全的现代化。没有农村的小康社会，中国的小康就是不完全的小康。我们的城镇化，在全面建成小康社会的历史进程中，居功至伟，怎么给予高度的评价都不为过。

农民在波澜壮阔的城市化进程中，不断地、自发地、坚韧地把乡村和城市的纽带连接起来。第一次大包干，那时，农产品极大丰富，农民要通过自己的营销把农产品卖到城市，但这一次融入，十分不彻底。第二次是20世纪90年代中期以来迅速推进的城镇化，这一次，农民用自己的辛勤劳动融入城市的血脉，哪里累和苦，哪里就有农民工的身影。

城市既是经济发展的产物，同时也是经济发展的火车头。城市因为聚集了文化、经济、商品、信息、科技、金融和交通等，它不仅为人们创造财富提供了市场和方便，也为人们提供了分工效益和规模效益。正如恩格斯所说："伦敦因为聚集了250万人，使这250万人的力量增加了100倍。"这就是说，只有绝大部分人集中到城市里进行劳动时，总的劳动生产率才能达到一个高水平。

不仅如此，城市的发展，人口的聚集，还为"人人为我，我为人人"的诸多服务行业、第三产业拓展了空间，创造了条件。事实证明，越大的城市，第三产业越发达，服务业就业岗位就越多。纽约有70%

以上的就业岗位属于第三产业。国内北京、上海三产所占比重高达60%左右，在国内数一数二，也是因为它们有着千万人口的聚集所致。

远在上世纪末，部分发达国家从事农业的人口占总人口的比例就已降到10%以下，韩国当时是最高的，农业人口占10.5%，但现在韩国从事农业的人口也已降到5%以下。我们作为农业人口众多的大国，没必要也不可能完全做到发达国家的水平，但是，不大量分流和减少农村人口，我们的现代化是难以实现的。

为了壮大我国三产比重，创造更多就业岗位，提高劳动生产率，解决好"三农"发展和内需不振问题，就必须坚决做到城镇化以分流和减少农民为宗旨，把农民变市民作为城镇化的指标和目的。

自改革开放以来，我国的城镇化在取得巨大成就的同时，原本"重物轻人"模式也暴露出极大弊端。而农民作为城镇化的主体，其参与性与积极性才是城镇化得以长期持久和健康发展的关键所在。

近年来部分地区在城镇化进程中出现的野蛮拆迁和低价拆迁等行为，使农民利益受到损害，将原本是城镇化主体的广大农民排斥在城镇化发展成果之外，出现了"土地城镇化、数字城镇化"等发展偏差。

将城镇化等同于城市建设，是"简单粗暴"的城镇化，简单的旧城改造、新城扩建乃至圈地和造城运动并不能实现真正的城镇化，盲目推进只会事与愿违。只有"以人为本"，走"人本型"城镇化道路，赋予农民主体地位，充分发挥农民的积极性，充分保障农民的各项权益，充分尊重农民的创造，这样的城镇化才能持久，才是真正的城镇化之路。

城镇化必须以减少和分流农民为宗旨，将农民市民化作为城镇化的指标和目的。中国作为一个农业大国，农业人口众多，人均耕地甚少，这是三农问题突出的源头所在，也是农民劳动生产率过低和农民收入微薄的根本原因。要解决中国的三农问题，就必须通过城镇化道路，分流和减少农民，以此提高农业劳动者对土地的占有数量和提高城乡两方面的劳动生产效率。

（二）人口城镇化是经济社会转型的最大潜力

随着改革开放和现代化建设的推进，我国城镇化面临重大机遇、拥有巨大潜力，但也面临质量不高、可持续性差的问题和挑战。

当前我国城镇化的问题也越来越突出，主要表现在五个方面：大量农业转移人口难以融入城市社会，市民化进程滞后；土地城镇化快于人口城镇化，城镇用地粗放低效；城镇空间分布与资源环境承载能力不匹配，城镇规模结构不合理；“城市病”问题日益突出，城市服务管理水平不高；体制机制不健全，阻碍了城镇化健康发展。

改革开放以来，城镇化在拉动经济快速增长中扮演了重要角色。但由于以往的城镇化与传统经济发展方式相伴生，过于注重城镇规模扩张，如以工业化为主导，以做大经济总量和承接投资为主要目标，以土地批租为重要手段等。传统城镇化道路已难以为继。解决城镇化中存在的问题，提高城镇化质量，需要创新政策和体制，积极推进人口城镇化，有效释放城镇化扩大内需的巨大潜力。

人口城镇化是最大的潜力。城镇化是我国发展的最大潜力，主要是指城镇化所蕴含的巨大内需潜力。这个潜力的释放主要在于人口城镇化，在于由人口集聚效应带来的服务业等相关产业的发展。

我们说，我国城镇化具有其他国家难以比拟的优势，就在于虽然我国开始进入工业化中后期，但城镇化水平仍有很大提升空间，尤其是人口城镇化的空间巨大。

内需是我国经济发展的最大潜力和动力所在，而人口城镇化能够有效释放消费潜力并引致相关的投资需求，在扩大内需中具有关键性作用。因此，应把人口城镇化作为新型城镇化的出发点、落脚点，坚持以人口城镇化带动产业结构调整，推动工业转型升级，促进服务业大发展；坚持以人口城镇化带动城乡发展一体化、带动中等收入群体的持续扩大，为加快转变经济发展方式提供不竭动力。

2013年，我国城镇化率为53.73%，但按户籍人口计算仅为36%左右，远低于2011年世界52%的平均水平。

城镇化是消费释放的主要载体。以往35年城镇化的快速发展，主要通过工业化和产业化来拉动。当前，我国进入发展型新阶段，虽然工业化、产业化发展对拉动城镇化仍在发挥着重要的作用，但这个“作用”有逐步减弱的趋势；13亿人消费结构的变化和消费潜力释放推动的城镇化有逐步加大的趋势。就是说，工业化、产业发展与消费结构变化、消费释放成为推动城镇化的双重驱动力。但是，后者推动的作用呈现出越来越快、越来越强的趋势。未来5—10年，以人口城镇化为支撑，推进消费主导的转型改革、充分释放国内最大的消费潜力，将成为我国发展转型的突出优势和主要动力。

打破传统城镇化惯性，积极推进人口城镇化，伴随着深刻复杂的利益关系调整和发展理念转变，需要进一步解放思想，以政策和体制创新释放城镇化这个扩大内需的“最大潜力”。

按西方国家的发展经验，城镇化率超过30%时就进入了加速阶段，我国正好处于加速时期。按照75%的城镇化率计算，意味着将有真实的城镇化率40%的提升空间，将会有5亿多农民进城；即便是按照60%的城镇化率计算，也有近3亿农民进城。

这是中国最大的内需，因为这些人进城后，需要买房子、买衣服，要消费，人口多了，商业也发展起来了，还要拓宽道路、修建基础设施，进一步拉动投资。因此，城镇化是中国现代化进程中的大战略，也是目前克服经济下滑、拉升国内消费的最好“推手”。

国家城镇化规划中将户籍制度改革作为政策制度创新中的一个重

点，农民工市民化的速度将有所加快。如果到 2020 年 4 亿农民工能够实现市民化，按最低口径，农民工市民化以人均 10 万元的固定资产投资计算，就能够增加 40 万亿元左右的投资需求。就是说，人口城镇化蕴藏着巨大的投资需求。

新型城镇化是稳增长的最大新引擎。当前实现经济持续健康增长最重要的是扩大内需，而最大的潜在内需来自于城镇化。城镇化是驱动消费和投资增长的结合点，一方面，会驱动大规模消费增长，另一方面，又提高基础设施、公共服务设施以及房地产投资，为我国经济增长提供巨大的驱动力。新型城镇化是继人口数量红利之后的发展新红利。

人口城镇化需要加大公益性项目投资和消费供给能力的投资。适应人口城镇化发展的大趋势，需要推动国有资本从做大总量向以公益性为目标的配置转变。当前，进入公共产品短缺时代，全社会对公共产品的需求发生了重要变化。在这个大背景下，推动国有资本从一般竞争性领域退出，重点配置到义务教育、基本公共医疗以及基本住房保障等与民生相关的公共产品领域，给社会资本投资腾出更大的市场空间，以发挥国有资本在提升中小城镇基础设施、公共服务水平上的重大作用，在解决公共产品短缺中的独特作用。

（三）如何推进以人为核心的城镇化

发展依靠人，发展为了人。把人口城镇化作为新型城镇化的出发点、落脚点，把城镇化的红利由全体公民共享，这是以人为核心的城镇化的根本宗旨。用推进城镇化来解决农业、农村、农民问题，推动区域协调发展，扩大内需和促进产业升级，目标是通过推进城镇化发展，为城乡居民带来更多福祉，为全面建成小康社会和实现中华民族伟大复兴的中国梦作出更大贡献。

1. 以人为核心的城镇化如何推进?

首先，要与农业现代化相辅相成。城镇化首先而且也不应该是消灭农村的过程，在我国这样一个传统的农业国家，十几亿人口把饭碗牢牢端在自己的手中，始终是一件大事。因此，必须在城镇化过程中千方百计保持粮食生产。虽然我国谷物自给率仍然高达97.7%，但粮食自给率包括谷物自给率开始下降。当前农业生产的要素和环境已绷得很紧。随着我国工业化、城镇化快速发展，守住18亿亩耕地红线难度越来越大。

其次，要遵循城镇化的客观规律，积极稳妥推动城镇化健康发展。坚持科学规划、合理布局、城乡统筹、节约用地、因地制宜、提高质量。特大城市和大城市要合理控制规模，充分发挥辐射带动作用；中小城市和小城镇要增强产业发展、公共服务、吸纳就业、人口集聚功能。一些地方贪大求洋，土地的城市化快于人口的城市化，城镇化快于工业化最终使城镇化徒有其表，这方面的教训太深刻了。

再次，加快推进户籍制度、社会管理体制和相关制度改革，有序推进农业转移人口市民化，逐步实现城镇基本公共服务覆盖常住人口，为人们自由迁徙、安居乐业创造公平的制度环境。村庄建设要注意保持乡村风貌，营造宜居环境，使城镇化和新农村建设良性互动。

总之，在城镇化推进过程中，必须始终坚持把人民利益放在第一位，着力保障和改善民生。要全面推进社会保障体系建设，建立新型农村社会养老保险和城镇居民社会养老保险制度。要深化医药卫生体制改革，建立新型农村合作医疗制度和城镇居民基本医疗保险制度。要不断加强和创新社会管理，建立健全应急管理体系，发挥城乡社区自治和服务功能，社会保持和谐稳定。

2. 人的城镇化要逐步推进实施

2012年，我国农民工总共有2.6亿人，这个群体目前是流动不定的，以后每年会增加1000多万。我们所说的人的城镇化就是要使这个群体稳定下来，逐渐融入城镇，融入工业化、现代化的潮流，共享改革和现代化成果，而不是退回农村，或者是被边缘化。

应该有序转移，不能操之过急，要水到渠成。但是这么大数量的人口要稳定在城镇也不是一件容易的事，需要分批逐步实现。要废除对进城农民的身份歧视、制度歧视，进行制度创新和改革。

农业转移人口，也就是现在所说的农民工，包括抚养的父母、妻儿要在城镇安居下来，关键在于要有稳定的就业，要分别进入大、中、小城市和小城镇，特别是要重视小城市和小城镇的发展，推动产业就近集聚、就近发展，人口就近转移、就近择业。

但光靠小城镇发展来吸纳转移的农业人口也是不够的，必须形成合理的城镇体系，大、中、小城市和小城镇协调发展，要以大带小，促进不同规模城市共同发展。

主要是要靠产业发展来带动人口转移，做到城镇建设、产业发展、就业吸纳和人口集聚相统一。城镇化不能单纯热衷于发展房地产，而是要重视发展服务业，特别要大力发展能大量吸引劳动力的服务业，不但发展传统服务业，比如饭馆、酒店、一般生活服务等，而且要发展现代服务业，包括电信、金融、保险、法律、咨询、文化、环保、食品安全、现代物流以及老年服务业等，这将是解决农业转移人口就业的主要渠道。

同时，人的城镇化要建立多种形式的住房体系，满足不同层次进城农业转移人口的住房要求，向转移人口开放公租房、廉租房、限价房和经济适用房，逐步把农民工从地下室、城中村和工棚里迁移出来，只有“住有所居”，才能使农民工稳定在城镇。

此外，城镇化的建设成本单靠政府也是不行的，要面向社会，构建多元可持续的资金保障机制，建立城市建设公共投资基金，城市政府、各个金融、保险机构以及有条件的企业共同出资，也可通过发债券的方法吸纳市民出资。基金建立后，按市场规则运行。

总之，人的城镇化要与经济发展和改革发展相适应、相促进；要与城乡一体化相适应、相促进。没有城乡的协调发展，没有产业的发展创新，没有改革的推动，没有经济与社会的发展相统一，人的城镇化和城乡一体化将难以实现。

二　人口城镇化重在农民工市民化

《国家新型城镇化规划（2014—2020年）》指出，要“有序推进农业转移人口市民化”。《规划》意见提出，“按照尊重意愿、自主选择，因地制宜、分步推进，存量优先、带动增量的原则，以农业转移人口为重点，兼顾高校和职业技术院校毕业生、城镇间异地就业人员和城区城郊农业人口，统筹推进户籍制度改革和基本公共服务均等化。”

中国城镇化进程面临的问题有四个：一、人口问题；二、“差异化”的公众服务；三、城乡建设用地利用粗放；四、中小城市和小城镇发展机会不平等。

因此，中国要坚持以人口城镇化带动工业化的转型升级，带动产业结构调整；要坚持以人口城镇化带动城乡一体化；要以人口城镇化带动中等收入群体的持续增加。

庞大的农民工人群是现在最有条件、最适合真正城镇化的人口。从“人的城镇化”的要求出发，从我国现阶段发展的最大实际出发，应该制定科学合理的城镇化发展速度和步骤。

人口城镇化重在农民工市民化。人口城镇化的过程就是农民进入城镇就业并融入城镇生活的过程。也就是说，农民工市民化是推进人口城镇化的基本内容。

（一）把人口城镇化纳入包容性增长

联合国开发计划署（UNDP）图们秘书处主任崔勋表示，在UNDP

看来，包容性增长就是一种共享的增长，一种有利于穷人的增长，而城镇化则是包容性增长的“试金石”。

目前我国城市管理中存在“不包容”现象，尤其是对流动人口。现在城镇内部的二元结构已经很典型了，怎么创造条件让农民工和他的家属在城市能够转化为市民，这对我们的城镇化来讲是最核心的任务。

城镇化要实现包容性增长，“重头戏”是解决好农民工市民化问题。在我国城镇化推进的实践中，我们看到大量的农民工身在城市，却难以融入城市。城市公共服务的温暖并没有完全惠及广大农民工。很多农民工游走在乡村和城市边缘，把孩子和老人留在乡村。很多二代农民工由于成长在城市，难以回到阡陌进行农耕生活，而城市又很难以平等的身份容下他们。

目前实现农民工市民化到达临界点：一方面农民工在城镇居住呈长期化趋势，有很强的现实需求；另一方面农民工长期融不进城市社会，累积大量社会矛盾和风险，时间空间约束明显增强。因此，应尽快出台农民工市民化的国家规划，到2020年总体解决农民工市民化，初步形成人口城镇化的格局。

农民工市民化的过程实质上是基本公共服务均等化的过程。有专家建议：以农民工整体融入城市公共服务体系为核心，推动农民工“个人融入企业、子女融入学校、家庭融入社区、群体融入社会”，即实现“四个融入”，以这种方式解决农民工基本公共服务均等化，让农民工在城镇安家，享受与城镇居民同等的权利和义务。这不仅有利于经济社会稳定发展，而且会由此赢得转型发展的主动权。但这是一个长期过程，需要付出艰苦的努力。

有专家认为，针对不同主体的需求，政府的角色不同，财政保障机制也不同，应该确立基本公共服务的层次，如基本公共服务可以分为基本生存需求、社会保障体系和发展机会与能力提升3个层次。基本生存的公共服务应该被所有的主体公平享有，这是全国性的公共服务，由政府来提供，而且是由全国性财政支出来保障，如果地方财政不足，就通过中央转移支付来实现。社会保障体系中，养老、医疗卫生、基本居住权等可以差别化享有，主要靠地方政府来完成。社会保障体系要有一个可持续的地方财政收支体系和公共服务的财政来源。而发展机会与能力提升，如高等教育、职业培训、文化娱乐等，则应该是差别化享有，充分利用市场机制。

城镇化进程中的许多问题大都与体制机制改革滞后相关。政府需要以更大的决心和魄力推进户籍制度、土地制度、公共服务制度等方面的改革和创新，通过改变政府增长主义倾向，充分、持续释放人口城镇化的“最大潜力”。

我国现在大约有 2.6 亿农民工，使他们中有愿望的人逐步融入城市，是一个长期复杂的过程，要有就业支撑，有服务保障。城镇化的核心是农村人口向城市转移。农民工在城里头就业、生活，但是没有享受到和城镇居民同等的公共服务，所谓的人口城镇化的核心就是要解决他们的问题，解决农民工的公共服务问题，解决农民工实名化的问题。

城镇化改善民生的关键是推进农业转移人口市民化。改善民生首先要确定身份，提供平台，所以中央城镇化工作会议在工作任务第一条中就指出，解决好人的问题是推进新型城镇化的关键，主要任务是解决已经转移到城镇就业的农业转移人口落户问题，将农民有序变为市民，为他们提供一个正式的身份和稳定的平台，改变长期以来农民工在城市生活名不正言不顺的尴尬境地。

城镇化发展需要一定速度，需要与这种速度相配套的措施手段。但城镇化速度的依据是什么，为此要制定哪些配套政策措施，需要科学合理地进行考量界定，否则就容易走上土地城镇化、指标城镇化、规模城镇化老路。

据统计，在现有的城镇化率中，真正拥有城镇户籍的不超过36%，另外的“城镇化人口”并没有城镇户籍。也就是说，即使单纯从户籍指标上来考量，这样的城镇化率也还有许多水分，何况城镇化中应平等享有的生老病死、衣食住行等方面的保险保障还没有全面均等覆盖。

可见，按什么样的发展速度，不能只从数字指标上入手，而应该根据经济社会发展水平和发展状况、根据城镇化一定阶段的合理承载能力，从“人的城镇化”的要求出发，从我国现阶段发展的最大实际出发，制定科学合理的发展速度和步骤。

这里的最大实际是什么？根据最新统计，我国现有2.6亿多农民工，其中近1亿人在本地打工，1.6亿多人外出务工。其中，有相当多的人已经在城镇安家，他们不可能回到土地上；有相当一部分虽然没有在城镇定居，但他们因为各种原因根本不打算回到农村；还有相当一部分具有灵活性，最终选择城镇或乡村完全取决于“城里好还是乡下好”。也就是说，这一巨大的人群是现在最有条件、最适合真正城镇化的人口。

另一方面，现在居住在农村的人口除了部分“留守儿童”和部分终将随子女进城的老人，其他基本属于不能走、不愿走、暂时没有条件走的农民，他们中的很大一部分既是现在的务农主力，也是将来的乡村“守望者”，他们与土地的关系是唇齿相依，土地就是他们的“命根子”。

在现实中，一些地方的城镇化眼光恰恰忽视了人在城镇的农民工，不是创造各种条件让他们真正“市民化”，真正享受城镇化给生产生活带来的各种便利和好处，而是将眼光盯在了农村，盯在了现在还不具备城镇化条件的农民身上，盯在了农民的土地上，总是想方设法圈地盖楼，圈地建城，强迫农民离开土地，强行让农民买楼进城。这样的结果，实际上与城镇化的要求和目标背道而驰。

因此，从实际出发，从有质量的城镇化出发，从人的城镇化出发，还是先从农民工的真正城镇化做起。

中国城镇化的外部条件和内在动力正在发生深刻变化，必须走以提升质量为主的转型发展之路。

（二）城镇化的本质就是农民进城

中国的工业化城市化走了一条特殊的道路。我们有2亿多农民进城务工，但又还保留着农村的土地和住宅，大量的家庭分离，6000多万儿童不能跟随务工的父母生活，留守在农村老家，从而形成了“离乡不离土”的两栖状态。

这种特殊的工业化城市化道路，过去对中国成为世界工厂发挥过巨大作用，这也是中国农民工曾登上《时代》杂志封面的原因。但是，这种几亿劳动人口在城乡间的长期流动，不仅造成了巨大的劳动时间浪费和对交通运输能力的压力，造成人力资本素质不能随产业升级而提高，造成非举家迁徙的家庭悲剧和第三产业的长期压抑，造成农村土地集约使用的瓶颈和农业规模经营和现代化的障碍，而且随着新生代农民工越来越不愿意也不可能再返乡务农，造成越来越严重的社会问题。

因此，实现农民工及其家属的市民化即可融入的城市化，既是实现公民权利均等化的要求，也是中国社会稳定、经济持续增长的必由之路。

进城，是无数农民的梦想。城镇化，是中国未来几十年最大的发展潜力所在。人的城镇化、农民的市民化是城镇化的核心，权益保障和产业支撑是其最重要的两个支点。如果农民进了城，却是难就业、难落户、难上学，这样的城镇化只是“夹生饭”。

从本质上说，城镇化的本质可以概括为四个字——农民进城。应该破除障碍，让农民进城。即使农民未能及时享有城市福利，让农民进城依旧能带来好处。尤其是增加农民收入方面，城市化功不可没。

虽然我国提出城镇化战略比较晚，但其实我国城镇化的过程早就开始了，从鼓励农民进城务工、经商的那一天开始，就开始了城镇化的历程。允许农民进城务工、经商就是一次巨大的制度性变革，从内涵上讲，进城农民属于城镇人口，属于城镇化的一部分。

关键问题在于，农民进城以后，无论他们在城市工作、居住的时间有多长，都无法改变自己农民的身份，不能成为真正的市民。所以，“农民工”三个字代表的庞大群体，将留在我们的记忆中，记录着这样一个历史阶段。

现在一个新的情况就是，在民间使用很多年的“农民工”这一称谓，在“十二五”规划当中也使用过的“农民工”这一概念，在十八大报告中已经变为农业转移人口。十八大报告明确指出，加快改革户籍制度，有序推进农业转移人口市民化，努力实现城镇基本公共服务常住人口全覆盖。将“农民工”改称为农业转移人口体现了国家对于农村进城人口的尊重。

近年以来，农业转移人口受到了社会各界的关注，党中央、国务院也倍加重视，在十八大报告当中明确提出了农业转移人口市民化问题和城镇常住人口的公共服务均等化问题。其中，城市常住人口既包括了城市户籍人口，也包含了长期在城市工作的农业转移人口。

三农问题的难点在于农民增收，核心问题是农民人多。只有减少农民，才能富裕农民，而减少农民的根本途径就是城市化，让农民进城。农民的根本利益在于给农民以自由迁移自主进城的权力；当他们进城了，有了稳定的收入、稳定的岗位，就应当享有平等的市民待遇，即农民与市民平等分享城市化成果。

1. 进城是农民的根本利益所在

农村城市化的口号是错误的。农村变成城市就不能再称之为农村，就已经成长为城市了。尽管农村是城市的母体，但两者之间的社会结构、产业结构、思维方式以及生活方式是不同的。正确的提法应该是农村现代化。而农村工业化的提法实践证明也要支付极高的分散化成本，也是行不通的。

城镇化的本质就是将进城务工、经商的农民转化为真正的城市居民，不仅为工业化提供人力资源，而且不断扩大市场需求，为经济增长提供新动力。

城镇化战略已经得到社会各界的认同，但对城镇化本质的认识仍不一致，无论是地方政府官员还是一些学者，更多的还是对城镇化的外延很重视，比如说城市和小城镇建设，以及土地城镇化、农村城镇化等问题，不同程度地忽视了城镇化的本质。

究竟应该如何解决“农民工”也就是十八大报告中所提出的农业转移人口问题呢？农业转移人口市民化问题肯定要解决，但要有进度、有顺序，不可能一蹴而就，也不能搞一刀切。要把促进有能力在城镇稳定就业和生活的常住人口有序实现市民化作为首要任务。

首先应该考虑的是户籍制度问题，解决户籍涉及很多问题，比如承包地问题、宅基地问题和其他权益问题。城市户口也不仅仅意味着一个户口本，而是附着在城市户口上面的种种福利。户口的本质就是附着在户口本上的福利，一方面要解决农民工的户籍问题，另一方面也要让农民工享受与城市居民均等的福利和保障。

接下来就是农民工本地化的问题。这个本地化不是让农民工到户籍所在地的小城镇解决城镇户口，而是让农民工在哪儿就业就得让哪个地方的城市政府为他们提供福利、保障等。

现在，很多城市的政府不愿承担这个责任，把这些问题推给了农民工输出地的政府。这是一个政策问题，所以要提出农民工本地化。

农民工在哪儿打工就为哪里作了贡献，作了贡献，当地政府就应该为他们提供公共服务和各种福利、保障，这是不容推卸的社会责任。这应该成为制度、法律。

未来，还应该关注农民工的家庭化问题。让单个的农民工长期进城务工是不近情理的，现在留守儿童已经受到社会的重视，但我们还有留守妇女、留守老人的额外难题。

而农村和城市劳动力的竞争问题其实并不是理论上想的那么严重。农民工做的都是苦脏累险的工作，这是城里人不愿意做的。相反一些下岗市民是活累不干、钱少不干、离家远的不干。所以农民工与市民就业正面发生冲突的概率较小。

现在城市的空巢家庭有社会保障和退休金，农民工的家庭没有社会保障，没有退休金，将来怎么办？所以留守老人很快将成为农村很大的问题，应该将农民工的市民化、本地化、家庭化结合起来，才是实现了真正的城镇化。

此外，应该注意的是，城镇化是一个市场化的过程，农民进城或不进城是他们的自由，不能强迫他们进城。也有人认为，城镇化没有问题，但是不能让农民工到大城市去，应该让他们到小城镇去，我认为农民工到哪儿去不是政府确定的，哪里有就业岗位，他们自然会到哪里。我们只能分析农民工的选择，要根据他们的去向进行决策，决定未来的城市规划。

2. 2014 一号文件进一步明确了农民工市民化的路径选择

新型城镇化要力避单纯“经营城市”的错位做法，围绕着“人”的城镇化推进一系列改革。

尽管2013年我国的“城镇化率”统计数字已达53.73%，但实际上，户籍农民真正大规模城镇化只能算初始。我国第一产业比重仅占GDP的10%左右，但户籍农民仍占到总人口的65%。即使目前总人口不再增长，未来至少仍有5亿农民（含现有农民工）要成为城镇居民，相当于今天城镇居民翻番。

城镇化严重滞后是诸多结构失衡中最大的结构失衡，是制约经济转型升级的基础性牵制。随着我国工业化的高速进程，历史留给我们推进城镇化的回旋时间已经紧迫。促进新型城镇化的“化”人方式，不能采取一次性砸毁二元堤坝方式，应通过加快分流放水的改革办法。

2014 年 1 月，中共中央国务院印发了《关于全面深化农村改革加快推进农业现代化的若干意见》，这是新世纪以来党中央连续发出的第 11 个指导“三农”工作的“一号文件”。中央一号文件指出：要加快推动农业转移人口市民化。文件提出“全面实行流动人口居住证制度，逐步推进居住证持有人享有与居住地居民相同的基本公共服务，保障农民工同工同酬”。文件指出“积极推进户籍制度改革，建立城乡统一的户口登记制度，促进有能力在城镇合法稳定就业和生活的常住人口有序实现市民化”。文件提出“鼓励各地从实际出发制定相关政策，解决好辖区内农业转移人口在本地城镇的落户问题”。

加快推动农业转移人口市民化的“意见”有如下四大特点。

一是城镇基本公共服务体制实行自上而下的全面改革。文件提出“全面实行流动人口居住证制度，逐步推进居住证持有人享有与居住地居民相同的基本公共服务，保障农民工同工同酬”。公共服务体制的改革是转移人口市民化的首要问题。如果没有公共服务，一纸户籍的改变没有任何意义。十八届三中全会指出，稳步推进城镇基本公共服务常住人口全覆盖。建立财政转移支付同农业转移人口市民化挂钩机制。包括劳动报酬、劳动保护、子女教育、医疗服务、社会保障等基本公共服务和公共产品要逐步由户籍人口向常住人口全覆盖。

二是户籍制度实行“因人而异”的分类改革。文件指出“积极推进户籍制度改革，建立城乡统一的户口登记制度，促进有能力在城镇合法稳定就业和生活的常住人口有序实现市民化”。专家认为，要依据城市综合承载力，对不同类型农民工群体逐步放宽落户条件。要优先把有稳定劳动关系，长期举家工作、生活在城市，有稳定住所、工作和收入，并基本融入城市的“沉淀型”农民工流动人口逐步转为城镇居民。要重点解决新生代农民工落户问题。在农民工市民化的进程中，新生代农民工是市民化意愿最强、市民化过程最为迫切，同时也是比较容易融入城市的群体。户籍改革是非常复杂的问题，有调查表明，74%的农民工，不愿意放弃农村的户籍。为什么？因为现在农村的户籍含金量越来越高，有宅基地、承包地和各种补贴，特别是土地制度改革，使其含金量更高。户籍改革中非常重要的一点是坚持自愿的原则。

三是落户条件实行“因城而异”的差别化政策。专家表示，户籍制度改革要采取“分类指导、因城而异、因群而异”的原则，按城市类型、经济规模和人口特征采取不同的户籍迁移管理办法。十八届三中全会决定提出，全面放开建制镇和小城市落户限制，有序开放中等城市落户限制，合理确定大城市落户条件，严格控制特大城市人口规模。对小城市全面放开，对中等城市有序放开，对大城市合理确定落户条件，对特大城市严格控制，这是因城而异。

最后，改革要实现顶层设计与基层创新相结合。文件提出“鼓励各地从实际出发制定相关政策，解决好辖区内农业转移人口在本地城镇的落户问题”。这体现了“摸着石头过河”与顶层设计的结合。

我国城乡二元人口、经济和社会结构由来已久。随着改革开放后进城务工经商的农民与日俱增，这种二元结构也带到城市中来，形成城市中的二元结构。在住房、就业、看病、上学、社会保障等方面，城市大都将本市居民和进城农民区分开来，实行差别化政策。

然而，人口普查和人口抽样调查则把在城镇居住半年以上的人口登记为城镇常住人口，即统计口径上的城镇人口。

目前全国流动人口约2.6亿，其中2亿左右为进城农民，形成一定程度的城镇人口虚张。但虚张多少，要做出实事求是的估量。有学者把非农业人口认定为城镇人口，则目前的城镇化率只有35%左右。如此

"去虚张"未免有些矫枉过正，因为任何国家（城市国家除外）的城镇人口中都包含一定数量的农业人口。

怎样确定合理的农业人口占比？新中国成立 60 多年的经验数据表明，城镇辖区人口中非农业人口占 75% 左右、农业人口占 25% 左右较为正常，有利于城乡协调发展。据此计算，现在的实际城镇化率应当在 50% 左右，比统计数据少约 3500 万人。如此，目前 2 亿进城农民中扣除虚张部分，其余 1.65 亿左右理应通过户籍制度改革转变为同原有市民一样的城镇居民。

（三）多措并举"溶解"二元身份

在"溶解"人的二元身份方面，相比于"地"的二元问题的复杂性，"人"的二元问题可以找到清晰的破解路径。

首先，加快以户籍制度改革为核心的农村转移人口市民化进程，这是主要举措，也就是城镇化的核心。

其次，对于暂时还不能落户的在城农民工，要稳步提高其保障水平、增加合法权益，渐进缩小与城市居民的保障与福利落差，也为户籍改革渐进积累条件。

再者，对于在乡农民，以赋予农民更多财产权利为核心，推进城乡要素平等交换和公共资源均衡配置，加快构建新型农业体系，提高农民收入，遏制城乡差距扩大。

1. 探索以不同方式推进城镇化

农民从进城务工到迁移落户，是我国城镇化的主要路径，也是各国城市化的主要路径。这条路径的关键环节是要接纳务工居住农民在城镇落户，公平享有城镇居民待遇。

农村就地城镇化则是另外一条路径，但这需要具备条件。目前我国农村劳动力有 5 亿多人，一般认为剩余劳动力有 2 亿人，约占劳动力总数的1/4，而且随着人口的增长、农业集约化经营及生产力水平的逐步提高，剩余劳动力还会增加。因此，将这些富余劳动力分离出来，转移到非农产业上去，是关系到农业乃至整个国民经济发展和现代化建设的重大战略问题。

现有大中城市不可能容纳这支庞大的农村剩余劳动力队伍，同时国家也不可能通过新建城市来增强对劳动力的吸纳功能，试想如果将这近2亿剩余劳动力转移出来进入城市，则要新建100万人口的城市200个或能容纳50万人口的城市400个，需要投资数万亿元，这显然是不现实的。如果按照以往的做法进行就地转移，即让农村剩余劳动力继续留在农村就地经商办企业，这虽然可以避免因人口大量机械转移而带来的社会问题，但这种模式易形成“村村点火，户户冒烟”的“小而全”局面，增加发展非农产业的公共成本，既浪费土地、污染环境，又无法形成规模效应，势必延缓农村现代化的进程。

相比之下，只有大力发展小城镇，吸收大批农业剩余劳动力到小城镇从事第二、三产业，发展城镇经济，才是现实而科学的选择。小城镇与大中城市相比，工业技术层次和资本有机构成比较低，吸纳劳动力的就业费用和基础设施费用也就比较低。据有关专家测算，大城市安排一个劳动力就业，仅生产方面的投资就需要1.5万元，而小城镇只需0.4万元，而且小城镇可重点发展劳动密集型经济，更多地吸纳就业人口。据统计我国目前约有6万个小城镇，如果每个小城镇多吸纳5000人，则可解决近3亿农村劳动力的转移问题。这些劳动力进入小城镇专门从事第二、三产业，是“离土又离乡”、“进厂又进城”，实现了由农民向城镇市民身份的彻底转换，加快了人口城镇化的进程。

同时随着小城镇基础设施的日益完善和社会发展水平的提高，还能够吸引一部分需要转移的城市产业进入小城镇，部分城镇剩余劳动力（包括一部分层次较高的技术工人和管理人员）也可相应流向小城镇。

这样，既可以从根本上解决农村剩余劳动力的有效转移，为农业规模化、集约化经营创造条件，又能在一定程度上缓解城市人口的就业压力，使“城市—城镇—农村”围绕小城镇这一轴心更加协调发展。可见，小城镇在推进剩余劳动力转移和实现人口城镇化的现代化进程中，发挥着主渠道的作用。

城市发展过程中形成的城中村、城边村最具备条件，应在保障农民财产收益基础上，及时变村民为市民，不应该拖到城市包围了农村，城中村还是农村形态，农民还是农民身份。

东部有的大城市郊区，主要靠工业和三产，“农民”富裕程度不次于城市，也可探索依存所属城市直接转化为城镇人口，使其水到渠成。

农村就地城镇化，如能把农民财产收益通过一定财产组织形式转化为工商资本进城，往往更加成功。但是，就地城镇化是在必备条件下形成的，不可能成为城镇化所依存的主要途径，不可作为“模式”套用到广大农村地区，更不能代替城镇农民工的户籍改革之路。

不管以何种方式推进城镇化，破解二元结构和溶解人的二元身份都是主要目标。在破解二元结构方面，只有到城镇户籍率超过70%时，作为体制固化的城乡二元结构，才能被彻底拆除，实现城乡之间的迁徙自由，要素交换顺畅。

在这个过程中，推进城乡发展一体化，支持农村农业发展和农民收入提高就十分重要。城镇化与城乡发展一体化互为依存，也互为支持。离开了城镇化，城乡发展一体化就成了固化的静态城乡结构，也就不能破解城乡二元结构。而离开城乡发展一体化，城镇化进程既不会顺利，也不能解决过程形态中的城乡关系统筹。

2. 走包容、公平、共享的新型城镇化道路

中国城市化进程中最主要的问题不仅在于城市化不够，而且在于城市化过程中的不公平问题。一方面是城乡不公，另一方面是在城市中市民与外来务工者之间的不公。所以更要突破目前的制度性障碍，一来允许农民进城；二来允许进城务工者尽早享有城市福利和公共服务。

传统城市化是指农业人口不断转变为非农业人口的过程。这是一种城乡二元思维的定义，具有浓厚的割裂社会色彩，它是导致城乡二元现实恶果的逻辑起点。

在改革开放以来的35年里，虽然从90年代初就打破了农民“离土不离乡，进厂不进城”的限制，中国的城市化率已经由1978年的17.9%上升到2013年的53.73%，但是据调查，拥有城市户籍的人口比率仅为36%，换句话说，还有占人口总量近17%的进城农民工没有能够享受与市民同等的公共产品和服务。在未来一定时间里，将有更多的农村人口转移到城市，如果他们仍然不能享有同城待遇，那么这种城市化效果是值得怀疑的。

尤其是当这些农民工在城里结婚生子，甚至孩子已经长大，他们不可能再像“候鸟”一样召之即来、挥之即去的时候，这种不平等必然导致社会的不稳定，也有失社会主义公平。

所以，必须真正实施科学发展和“以人为本”的城市化，走新型城镇化的发展道路。

在我国推进新型城镇化过程中，许多城市都面对一个基本现实，这就是三大人口群体——本地农民、本地市民和外来流动人口——的同城差别问题。这种差别表现在身份、权利、待遇的各个方面，形成了一种具有三元化特征的社会利益格局。其具体表现是：本地农民与本地市民两个群体的利益关系；本地农民与外来流动人口两个群体的利益关系；本地农民、本地市民与外来流动人口的利益关系。

新型城镇化过程中要不断弱化或消除三大人口群体的利益区隔，缩小城镇居民在社会权益方面的现实差别，通过这种平抑不公、消除区隔、缩小同城差距的过程，不断促进三大人口群体在利益诉求方面的相互包容、开放和共享，实现“同城居民城乡一体化社会权益”体系的愿景目标。这既是中国城市化的迫切要求，也是其未来发展的必然趋势。

促进城市中三大人口群体在社会利益上的基本协调，推动三元化利益结构的柔化和同化趋向，不断增进“身份—权利—待遇”的同城化，是走向包容、公平、共享的新型城市化必需的过程。

我们认为，在“身份—权利—待遇”的同城化以及走向包容、公平、共享的新型城镇化过程中，既强调正义的价值性和理想性，也重视正义的工具性和可兑现性，这使我们能够始终保持一份清醒和明智。

三　户籍制度等配套改革是实现新型城镇化的关键

《国家新型城镇化规划（2014—2020年）》指出，要“有序推进农业转移人口市民化”。《规划》特别强调“推进符合条件农业转移人口落户城镇”。即，“逐步使符合条件的农业转移人口落户城镇，不仅要放开小城镇落户限制，也要放宽大中城市落户条件。”一方面，要“健全农业转移人口落户制度”，另一方面，要“实施差别化落户政策”。

以户籍制度为核心的二元体制、过于僵硬的城乡行政区划体制等，人为抑制了城镇化进程。

我国的城镇化走过了一段曲折的道路。新中国成立以后，为了在较短时间内建立起较为完备的工业部门，我国建立了以户籍制度为核心的二元体制，以计划和行政手段人为抑制城镇化进程。改革开放后，市场机制的逐步建立和快速工业化加速了我国城镇化进程。但是，城镇化发展依然面临重重体制阻力。

2012年社会蓝皮书（即《2012年中国社会形势分析与预测》）指出，2011年中国的城镇人口占总人口比重首次超过了五成，近三成农业户籍人口已经居住在城市，这标志着中国发展进入了一个新的成长阶段，城市化进程展现出了其超强的发展势头。中国维持了数千年的产业格局和人口格局也正在悄然间发生着变化。越来越多农业户籍的人入住到城市，农村人口转化为城镇人口，摆脱了传统的职业收益，而是开始投入城市的基本建设中来，这对中国的城市化和现代化都在一定程度上起到了积极的作用。

但是，就在中国的城市化进程正在飞速推进的同时，也付出了巨大的代价，有专家指出，城市化所诞生的矛盾更加值得所有人的注意。中国虽然强大，但仍然属于发展中国家，城市的工业化推动了城市化和农村的发展，同样也产生了不少“新流动人口”。在中国，务农人口已经不足四成，并正在呈逐年递减的势头，我国现今依然面临着农村人口进入城市就业的较大压力，因此，如何合理解决新生劳动力的就业，特别是新进入城市的农业户籍人口的就业就成了今后社会生活的重中之重。这些“半城市化”状态下的人，所处的位置依然尴尬，一方面他们享受不到作为城市非农户口居民的保障待遇，另一方面抛弃了原有生活状态的他们也急需适应城市化的速度。真正意义上的城市化，需要更完善的社会制度作为保证，让所有人享受到城市化的果实。

要实现农民转变为市民目标，需要系统的配套改革措施。已经有许多学者对失地农民进行了调查研究，指出了失地农民被动变为市民之后的诸多问题，农民变为市民之后就业和收入难有实质性改善，大部分失地农民难以实现自我认同的转变、难以融入城市。所以，不应低估农民转变为市民的难度，不应忽视农民的心理和文化与城市存在明显的差异。

农村和农业生活模式、文化不同于城市，农民向市民的转化需要漫长的过程，一切机构、社会机制和心理机制都必须要改变，人格结构必须重组。城镇化会导致大量的农民变成市民，被迫的城镇化对失地农民而言将是痛苦的。

从农民到市民的变化不是简单称呼的改变。农民的市民化涉及户籍、就业、住房、医疗、养老、教育等全方位的制度变革，需要政府进行一系列配套的公共服务和社会保障等制度改革。

在一系列的配套制度改革中，最为重要的是进行户籍制度改革，因为当前的城乡二元户籍制度已经严重阻碍了我国社会与经济的发展。遗憾的是，至今在户籍制度方面仍未有明确的、有实质性进步的改革举措，尤其在大城市户籍改革方面。

城镇化的问题，从根本上说是个制度问题，户籍制度阻碍了城镇化，我们城镇化过程中“人”的城镇化滞后于“土地”的城镇化，一个重要的原因就是户籍制度，我国城乡二元结构的存在，原因也在于户籍制度。

如果前30年的城镇化进程是围绕土地财政打转的话，那么新型城镇化则应该围绕着人打转，未来城镇化需要从土地的城镇化转向人口的城镇化。城镇化必然会涉及户籍、土地和财税等改革。

（一）户籍制度改革迫在眉睫

按照党的十八大关于加快户籍制度改革的部署要求，统筹考虑各地经济社会发展水平和城市综合承载能力，区别情况、积极作为，稳妥有序推进户籍制度改革，逐步让大多数流动人口在城镇和农村安居乐业、各得其所，这是我国城镇化过程中正在进行的一项艰巨任务。

2013年12月召开的中央城镇化工作会议提出要推进农业转移人口市民化、提高城镇建设用地使用效率、建立多元资金保障体制等六大方面任务，而在这六大任务中，推进农业转移人口市民化成为首要任务，由此可见，户籍改革已经成为破解新型城镇化推进困局最关键的一把钥匙。

中央农村工作会议指出，要积极稳妥扎实推进城镇化，到2020年，要解决约1亿进城常住的农业转移人口落户城镇、约1亿人口的城镇棚户区和城中村改造、约1亿人口在中西部地区的城镇化，推动新型城镇化要与农业现代化相辅相成，突出特色推进新农村建设，努力让广大农民群众过上更好的日子。要实现这些要求，必须加快户籍制度改革，绝不能让户籍身份拖了进城农民市民化的后腿。

向城市转移的农民类型，主要分为流动人口、失地农民和在地农民。根据他们市民化的方式，又可以将农民市民化的路径分为“被动城镇化”和“主动城镇化”两大类。被动城镇化主要是指由政府主导推进，通过“征地安置”，实现农村土地的城市化和农民身份的“农转非”。而主动城镇化则指农民自主选择进入城市的城镇化过程。对大规模进城的农民群体来说，要完成市民化的过程，必须满足三方面的基本条件：一是在城市生活的物质基础和一定的保障；二是能够顺利渡过城市适应期，形成城市认同感和归属感；三是农民与土地的联结足够弱化，和城市接纳制度的形成。对此，一是建议未来户籍制度改革应逐步转换户籍功能，把人口登记和公共服务的功能放在首位；二是“就地市民化”或“就近市民化”，让部分农民到中小城镇进行市民化。

所谓新型城镇化究竟“新”在了哪里？在业界看来，这种“新”不是说一种新的背景、新的形势或者说新的方法，而是新的制度，它体现在城镇化的制度创新。

在改革开放30多年来的城镇化进程中，虽然每年有上千万人口从农村转移到了城市，以“常住人口”为统计口径的城镇化率已经超过50%，然而，众所周知的现实是，在不少城市中，尤其是大型、超大型城市，“农民”依然是近半数进城人口不可抹去的身份标签，哪怕是在“农民”后面加上一个“工人”的标签，也改变不了他们只能为城市作贡献，却不能享受城市发展福利的命运。

产业带来人口，人口带来消费，消费推动城镇化。话虽如此，但在旧的城镇化模式中，产业带来了人口，但人口集聚却没有带来消费，这也是造成中国当前城镇化进程困局的主要原因。归其根本原因，并不在于进城人口没有消费欲望，相反，按照经济规律，低收入群体的边际消费倾向非常高，他们只要手里有钱，要比富人更愿意花钱，问题的关键在于，他们不愿意消费，或者说没有能力消费。

西方经济学基本概念指出，所谓“消费需求”，不仅需要有购买意愿，还需要有购买能力，而要想让进城的农民提高购买能力，唯一的办法就是让他们可以像真正的“城里人”一样获得住房、医疗、教育等多个方面的福利，让他们可以后顾无忧的消费，而户籍正是阻碍进城农民获得这些福利的最后一道门槛，迈过了这一道门槛，用精细的制度设计让更多的农民获得城市文明发展的成果，城镇化也就水到渠成了。

从市场经济的角度看，农民进城，或者是城市间人口迁徙的选择，人们选择居住的城市是一个精打细算理性的过程。一般而言，生活成本、就业机会或居住环境是最重要的考虑因素。

然而，由于户籍制度的约束，高达2.6亿的“半城市化人”生活在城镇里没有城镇户口，没有享受到相应的公共服务和配套设施，他们的生活和消费都没有达到城市居民的水平，也使得当前的城市化难以如预想中一样拉动消费和内需。

因此，新型城镇化，对于地方政府来说，并不是有更多的土地出让，而是需要投入更多的财力物力，弥补半城市化的差距，弥补公共服务和设施配套方面的欠账。

城镇化带来的人口从农村流入城市，从小城镇流入大中型城市，意味着流入城市的政府支出大幅增长，不管接纳地愿意与否。

进入城市的人口面临着生存成本，包括占用土地、水资源、能源等基础成本，衣食等生活成本，住房等居住成本和医疗成本等；以及发展成本，即人力资源培训的成本，就业成本和社会保障成本等。

在资本逻辑的指引下，哪个城市都希望不要吸引其他城市不欢迎的移民，不主动考虑吸纳外来流动人口作为新市民。因此，无论是大城市还是中小城镇，都在有意无意地设置各种城市的进入门槛，包括不对等的就业、教育、医疗等政策，以及繁复的税费，组织和排挤弱势群体市民化。

实际上，这些排斥外来人口的城市管理者可能没有意识到，人口是经济因素而非政治因素，人口是促进城市繁荣的生产力而非负担。

深圳因移民而兴，从一个南国渔村变身为国际化大都市，却因为户籍制度而陷入发展的瓶颈。1980 年，深圳只是一座小渔村，人口也仅有 2.5 万人。后来成为中国第一个经济特区，不受劳动力的迁徙限制，可以实行自由的市场经济，全国各地的人纷纷涌入这个南国渔村，慢慢地成长为一个工业集散地。深圳的人口到了 20 世纪末已经接近 700 万，其中许多是来自全国各地的乡村移民，聚居在工厂宿舍里。此外，也诞生了一群繁盛活跃的中产阶级，他们大多从其他中小城市迁徙到深圳，深圳也因此成为服务于全球的制造基地。

经过上个世纪 90 年代的繁荣以后，深圳逐渐出现了发展瓶颈。近 10 年来，深圳不断调高最低薪资标准，劳动力却在不断流失。虽然深圳市政府不断提高最低薪水，却无助于吸引劳动力回头，因为打工者需要的不仅仅是薪资，更是可以落地生根的机遇。

遗憾的是，深圳并没有大刀阔斧地进行户籍改革，依然是全国户籍倒挂最严重的城市。据 2011 年年底的数据显示，深圳全市拥有 1500 万人口，登记在册的非户籍人口达到了 1280 万，而户籍人口仅为 274.7 万。巨大的落差背后，是户籍改革的停滞不前。为便于管理外来人口，深圳在被确立为特区后的第 4 年就实行了暂住证制度，直到 2008 年，暂住证制度才退出深圳历史舞台。步入了“淡化户籍意识，强化居民意识”为理念的“居住证”时代。这样缓慢的户籍改革，远远落后于经济的发展，只会拖累城市的竞争力。

深圳犹如一面镜子，反映的仅仅是冰山一角。尽管几乎所有的城市都不愿意为流动人口投入更多，但随着经济的发展，从社会稳定的角度看，户籍改革迫在眉睫。

户籍制度不仅严重阻碍了城镇化进程，也严重阻碍了社会发展的方方面面。户籍制度具有严重的计划经济性质，把人口看成政治因素，就如同一个无形的枷锁，有意无意地限制人口的自由行动，而在市场经济环境下，人口是促进城市繁荣的经济因素。

（二）户籍制度从形成到逐步探索改革

户口是当前中国面临的历史遗留问题之一，这个人手一份的身份证明决定了中国人的居住地。从一出生开始，每个中国公民就有一个小本，上面显示你属于城镇户口还是农村户口，而这种分类是与社会福利挂钩的。

放松人口向城镇迁移的管制对成百上千万希望离开农村进入城市的中国人来说，这似乎是个好消息。解开这个谜团的关键是中国的户口制度。只有迁居到城市的人们才有资格享受医疗保险等福利，在农村是没有的。户口制度让中国2.6亿迁居人口在很多城市都无法享受到基础教育，而这是一项最最珍贵的无形财富。

经济学家厉以宁有一次举了个例子，电视剧《闯关东》讲的是清朝末年、民国初年，山东的人迁居到东北的故事。山东的农民到了东北，他可以在城里建房、买房、开店，生下小孩以后，就是城里的孩子；他愿意下乡、愿意种地、愿意在农村建房，也可以。在城里居住的可以搬到农村，在农村居住的也可以搬到城市，这就是有二元结构，没有二元体制。新中国成立后，户口制度一分为二变成城市户口和农村户口，导致生产要素的割裂，城乡之间的流动受到极大限制，这个要改。这个难题不取消，那我们就与市场经济还有不小的距离。

1. 户籍制度的形成

1958 年，中国颁布了第一部户籍制度《中华人民共和国户口登记条例》，确立了一套严格的户口管理制度。中国按照户口身份来执行科教、卫生、医疗、就业等一系列政策。这一计划经济体制下建立的户籍制度带有明显的“城乡二元分割”特征，由此产生了与户籍相关的“居住”和“暂住”等概念，事实上造成城乡之间、流动人口与本地人口之间在教育、医疗、社保、卫生等诸多方面的不平等。

新中国成立后首部户籍管理制度，当数 1951 年 7 月公安部颁布的《城市户口管理暂行条例》，其目的在于“维护社会治安，保障人民之安全及居住、迁徙自由”。但由于农民进城所形成的粮食供给与就业压力，上层加强了对农民转变为城市市民的控制，在 1957 年年底中共中央、国务院联合发出了《关于制止农村人口盲目外流的指示》，在 1958 年 1 月颁布了《中华人民共和国户口登记条例》，而正是这个“条例”，才改变了中国在 1951 年的提法，将户口管理的目的修改为“为了维持社会秩序，保护公民的权利和利益，服务于社会主义建设”，而删去了“迁徙自由”的字句，城乡分隔的格局初步形成。自此开始，中国的社会分层体系就固化了“吃商品粮的”与“不吃商品粮的”之间的区别。

正因为户籍制度加载了许多强制性人为安排的不平等，所以，改革开放以来，为繁荣城市的经济，为解决农村剩余劳动力的就业出路，也为维护家庭成员相聚生活的基本权利，国家才逐步改革不合理的户籍制度。

2. 户籍制度改革的探索

多年来，中国户籍制度的改革依然进展缓慢，各地的户籍制度改革依然处于探路阶段。

1984年10月，《国务院关于农民进入集镇落户问题的通知》指出，“凡申请到集镇务工、经商、办服务业的农民和家属，在集镇有固定住所，有经营能力，或在乡镇企事业单位长期务工，公安部门应准予落常住户口，发给《自理口粮户口簿》，统计为非农业户口”。受此影响，有450多万农民工转变为非农户口。1985年7月，公安部又颁布了《关于城镇暂住人口管理的暂行规定》，要求暂住时间超过3个月的16周岁以上的人申领《暂住证》，暂住时间较长的人申领《寄住证》。这是城市对流动人口实行暂住证管理制度的鼻祖制度，其进步意义是对《中华人民共和国户口登记条例》中关于超过3个月以上的暂住人口要办理迁移手续或动员其返回常住地条款的实质性否定。

据悉，早在1992年，国家就成立户籍制度改革文件起草小组，并于1993年6月草拟出户籍制度改革总体方案，提出了包括取消农业、非农业二元户口性质，统一城乡户口登记制度，实行居住地登记户口原则，以具有合法固定住所、稳定职业或生活来源作为基本落户条件，调整户口迁移政策的改革目标。

1997年6月，国务院批转了公安部《关于小城镇户籍管理制度改革的试点方案》，允许“具有合法稳定的非农职业或者已有稳定的生活来源，具有合法固定的住所，居住已满二年”的农村人口办理城镇常住户口。1998年7月，在国务院批转公安部《关于当前户籍管理中几个突出问题的意见》中，才开始实行婴儿落户随父随母自愿的政策，并放宽了解决夫妻分居申请的限制，也允许投靠子女的老人可以在城市落户。

2006年，国务院14个部门组成6个调研组，分赴全国12个省市，就户籍改革工作进行了综合调研，开始探索取消农业户口和非农户口的区别。但伴随粮食价格的上升与农民对土地价值的重视，东部沿海地区的农民已经不愿意转变为非农户口。在农村地区交通状况的改善与新农村建设日益推进的过程中，中西部地区的农民也开始不愿进入当地的小城镇落户了。

在这种情况下，征得中央政府的同意，有关省开始自行推进户籍制度改革。截至2007年4月，已有河北、辽宁、江苏、山东、重庆、四川、广西等12个省区市相继取消了农业户口和非农业户口的二元户口性质划分，统称为居民户口，建立了城乡统一的户口登记制度。

但大城市放开户籍制度的尝试却在试验中无疾而终。多年过去了，户籍制度改革依然处于各地局部试点阶段。

3. 户籍制度改革的几种模式

事实上，近年来各地在户籍制度上也展开了一些有益的尝试。尤其是重庆、成都、广东三地形成了较有影响力的三套模式。

2010年7月12日，重庆市政府第75次常务会议审议并原则通过了《重庆市人民政府关于统筹城乡户籍制度改革的意见》及《重庆市户籍制度改革配套方案》。同年8月，被称为中国“最大规模的户籍制度改革”在重庆启动，其目标是“在10年内让1000万农民转为城市居民”。

其第一阶段的目标是在2010年—2011年，重点推进有条件的农民工和新生代转为城镇居民，力争新增城镇人口300万人。这一目标能够顺利实现，与重庆市在户籍制度改革中相对完备的保障设计关系密切。重庆市在户籍改革中针对城市待遇问题，坚持“五件衣服”一步到位。比如明确规定农民工转户后，同等参加城镇企业职工基本养老保险、城镇职工基本医疗保险等五大社会保险，享受同等社会保险待遇。目前，重庆户籍制度改革进入了一个常态化阶段，尽管其尚未公布新的数据，但是，围绕户籍制度改革的公租房建设等具体措施上，重庆的力度并没有减弱。

而在重庆模式之外，成都模式也极为抢眼。2010年11月，成都市委、市政府出台了《关于全域成都城乡统一户籍实现居民自由迁徙的意见》。该《意见》指出，到2012年，成都将实现全域统一户籍，彻底破除城乡居民身份差异，建立户籍、居住一元化管理。居民可以自由迁徙，实现户口登记地与实际居住地一致。这一被誉为最激进的户籍制度改革进展顺利，根据四川省公安厅公布的情况通报，成都市已经实现了城乡户籍自由迁移和城乡基本公共服务均等化。

此外，2010年6月7日，广东省政府出台了《关于开展农民工积分制入户城镇工作的指导意见（试行）》，正式启动了“积分入户”的户籍改革探索。该《意见》指出，原则上农民工积满60分可申请入户。这套模式则是实施有条件、有限制的人口城市化。

对于各地实施不同的模式，中国区域经济学会副理事长陈耀表示：“由于户籍制度改革涉及社保配套等问题，地方财政压力也比较大，因此出现不同的方式和节奏推进户籍制度改革也是必然。”事实上，相对于重庆、四川等内陆城市，拥有较多流动人口的广东等沿海地区在户籍制度改革上相对谨慎，地方政府甚至担心对流动人口入户彻底敞开大门之后，会出现较大的财政压力。

4. 城镇化加速让户籍制度改革的进程可以更快

正当重庆、广东、成都等地还在进行艰难探路之时，中国户籍制度改革正在迎来一个新的契机：城镇化加速。

2012年的中央经济工作会议明确指出，“城镇化是中国现代化建设的历史任务，也是扩大内需的最大潜力所在。”而要加快城镇化建设，户籍制度改革甚为关键。

意识到推动户籍制度改革的重要性之后，各地在提出城镇化目标之时，也纷纷提出了要实现户籍人口城镇化率的提高。

2012年9月，重庆市提出推进新型城镇化的主要目标：到2015年，全市常住人口城镇化率达到60%，户籍人口城镇化率达到45%，户籍人口城镇化率与常住人口城镇化率的差距逐步缩小。

2012年年底，上海对居住证进行“积分制”管理，居住证A证和C证持有者在社会保险、公共卫生、住房保障等各方面的待遇完全相同，享受和上海本地户籍居民同等的待遇。

2013年2月，国务院常务会议在研究部署继续做好房地产市场调控工作中提出要求：2013年年底前，地级以上城市要把符合条件的外来务工人员纳入当地住房保障范围。

2013年3月1日，大连市正式实施2012年12月7日发布的《大连市户籍准入规定》，该《规定》中全面放宽了大连购房落户条件，这也是近期各地户籍制度改革探路的又一例。

2013年4月，北京市提出年内启动实施居住证制度，同步研究制定医疗、教育相关的公共服务的配套政策措施。

2013年5月，广州市公安局宣布在全市范围内开展更换统一的广州居民户口簿工作，取消农业户口和非农业户口的区别，统一登记为“广州市居民户口”。

2013年11月20日，《江苏省流动人口居住管理办法（试行）》正式实施。《办法》规定，拟在居住地居住6个月以上的流动人口，应当申领居住证，可享受社保、子女上学等一系列政策。

从2014年4月1日起，南昌将实施户口“一元化”登记，在全市范围内逐步取消农业户口和非农业户口的区别，建立城乡统一的居民户口登记制度。

据人民网北京2014年3月19日电报道，在国新办就《国家新型城镇化规划（2014—2020）》举行的新闻发布会上，公安部副部长黄明介绍户籍制度改革的进程情况时表示，《国务院关于进一步推进户籍制度改革的意见》文稿正在进一步修改完善，尽快报党中央、国务院审批。黄明介绍说，关于如何进行改革，由于文稿还没有正式出台，目前他可以回答两个方面的原则意见。一是户改的政策与《规划》是配套的，改革的原则是明确的，即尊重意愿、自主选择，因地制宜、分步推进，存量优先，带动增量。改革的重点也很明确，就是以农业转移人口为重点，兼顾其他常住人口。要优先解决好进城时间长、就业能力强的人口落户的问题，要提高高校毕业生、职业技术院校毕业生、技术工人等人口的城镇落户率。二是户籍改革与新型城镇化的目标是一致的，改革的措施与目标也是相适应的。黄明表示，公安部会同国家统计局，对户改的政策进行了研究预测，认为这个目标，包括1亿左右的人落户城镇，是符合实际的，也是切实可行的。黄明表示，这个目标真正的实现不仅是要依靠户籍政策的调整，还要依靠城镇化建设的健康发展，尤其是加快中小城市和建制镇的建设发展，还要依靠与户籍制度相配套的相关政策，包括基本公共服务均等化的落实到位，而且要充分尊重农民群众的意愿。

2014年7月24日，国务院印发《国务院关于进一步推进户籍制度改革的意见》（国发［2014］25号）。意见指出，建立城乡统一的户口登记制度。取消农业户口与非农业户口性质区分和由此衍生的蓝印户口等户口类型，统一登记为居民户口，体现户籍制度的人口登记管理功能。意见还指出，建立与统一和城乡户口登记制度相适应的教育、卫生计生、就业、社保、住房、土地及人口统计制度。同时，建立居住证制度，即公民离开常住户口所在地到其他设区的市级以上城市居住半年以上的，在居住地申领居住证。符合条件的居住证持有人，可以在居住地申请登记常住户口。居住证持有人可享有与当地户籍人口同等的劳动就业、基本公共教育、基本医疗卫生服务、计划生育服务、公共文化服务、证照办理服务等权利。意见指出，进一步调整户籍迁移政策，全面放开建制镇和小城市落户限制，有序放开中等城市落户限制。合理确定大城市落户条件，100万—300万人口的城市，符合条件可以申请落户；

300 万—500 万人口的城市，要适度控制落户规模和节奏，也可结合本地实际，建立积分落户制度，大城市对参加城镇社保年限的要求不得超过 5 年。

《国务院关于进一步推进户籍制度改革的意见》提出建立居住证制度以后，2014 年 12 月 4 日，国务院法制办公室发布《居住证管理办法(征求意见稿)》向社会公开征求意见。征求意见稿明确了居住证的功能定位、申领条件及范围；规定了政府及相关部门的工作职责。征求意见稿规定了居住证持有人逐步享受的权利及便利，规定：国务院有关部门、地方各级人民政府及其有关部门应当积极创造条件，使居住证持有人享有与当地户籍人口同等的就业扶持、住房保障、养老服务、社会福利、社会救助、随迁子女在当地参加中考和高考的资格等权利。此外，征求意见稿还明确了居住证的申领受理、制作、发放、签注、换领、补领等各项程序性规定，并对骗领、出租、出借居住证等违法行为及负责居住证持有人权益保障和服务管理工作的相关部门及其工作人员的违法行为规定了相应的法律责任。

(三) 恢复户籍制度的人口信息登记功能

《国家新型城镇化规划（2014—2020 年)》指出，要“逐步消除城乡区域间户籍壁垒，还原户籍的人口登记管理功能”。《规划》提出两条指导意见：

——全面推行流动人口居住证制度，建立健全与居住年限等条件相挂钩的基本公共服务提供机制，并作为申请登记居住地常住户口的重要依据。城镇流动人口暂住证持有年限累计进居住证。

——建设覆盖全国、安全可靠的国家人口综合信息库和信息交换平台，到 2020 年在全国实行以公民身份号码为唯一标识。

上世纪的“蓝印户口”是“卖户口”的先驱。早在 1992 年 8 月，在《公安部关于实行当地有效城镇居民户口制度的通知》中，允许在小城镇、经济特区、经济开发区、高新技术产业开发区的农村人口以“地方居民城镇户口”“蓝印户口”入户，统计为“非农人口”，并享受与城镇人口的同等待遇。这开启了各地以“城市增容费”名义出卖户口以增加收入的口子，但绝大多数出卖户口的小城市没有兑现“同城同待遇”的承诺。一直到现在，很多购买了蓝印户口的农民工，既难以融入当地城市，也难以转回农村重新拿回承包地，成为真正的“两难人”，但城市却有效吸引了资金。

进入新世纪以后，随着房地产的发展，“购房入户”成为主流。2001 年 3 月，国务院又批转了公安部《关于推进小城镇户籍管理制度改革的意见》，对办理小城镇常住户口的人员，不再实行计划管理。2001 年 5 月又明令取消了《市镇居民粮食供应转移证明》，给延续将近 40 年的“粮户挂钩”画上了句号。2003 年 7 月，国务院常务会议认为，“促进房地产市场持续健康发展，有利于扩大内需，促进消费，改善居民居住质量，提高人民群众生活水平。”中小城镇开启了“购房入户”的大门。

2008 年奥运会刚刚落幕，金融危机就接踵而来。为刺激经济发展，国家出台了“四万亿”投资计划。各地为挽救突然降价的房价与地价，开始在户籍制度改革的名义下陆续出台“购房落户”政策。为拉动内需，城镇化成为官员、学人祭起的不二法宝。在土地财政的激励下，各个省份争先恐后地出台所谓“以承包地换保障”、“以宅基地换住房”的“双置换”政策。有些中小城市还出现了逼迫农民上楼的城镇化政策，激起了群众的不满。

2010 年以来房价的飞速上涨，使原本需要改革的大城市户籍管理制度，变相成为限制外地人共享城市公共资源的工具。虽然媒体不遗余力地宣传户籍改革的成果，但将“暂住证”转变为“居住证”的改革，却并没有为农民工带来实质意义的福利。另外，很多地方把中央政府敦促实施的“农民工子弟就地入学”以及对“社会保险”覆盖面的推广等又附加到户籍制度管理之上。本应该还户籍制度以人口信息登记功能的改革，却在城镇化过程中为大城市和特大城市反向操作。

正因为如此，国家才于2011年2月下发了《国务院办公厅关于积极稳妥推进户籍管理制度改革的通知》，明确指出，“现阶段，农民工落户城镇，是否放弃宅基地和承包的耕地、林地、草地，必须完全尊重农民本人的意愿，不得强制或变相强制收回”；严令“禁止借户籍管理制度改革或者擅自通过‘村改居’等方式非经法定征收程序将农民集体所有土地转为国有土地，禁止农村集体经济组织非法出让、出租集体土地用于非农业建设，严格执行禁止城镇居民在农村购置宅基地的政策”；还要求各地“今后出台有关就业、义务教育、技能培训等政策措施，不要与户口性质挂钩”。

最为社会诟病的是户籍改革的实惠，主要倾斜给了“富人”，而不是普通民众，有“劫贫济富”之嫌。不管是“购房入户”、“投资入户”还是“引进人才入户”，都是为“有钱人”打开了户籍制度的大门，但与普通民众无关。有些大城市还出台了限制低素质人口进入城市的门槛文件。某些小城镇在出卖户口之后，某些农村下层百姓在购买户口之后，承包地被收回，但在城镇难以就业，这反倒影响了他们在这些改革中的收益，引起了一系列社会冲突。

2001年之后的改革，是在城镇化加速发展过程的改革。在有些地方还是专门针对失地农民而进行的户籍改革。在城郊农民以一家两户分别分享城市和乡村身份收益的同时，因工业用地而失地的农民却成为“土地工业化”与“土地城镇化”的牺牲品。但城镇里的某些“先富家庭”，却通过各种手段，在农村购置了宅基地。新圈地运动的出现，使学界与社会媒体进一步反思土地制度和户籍制度改革的趋向。

正因为这样，已经有很多有识之士建议“废除户籍制度的福利附加功能”，而还其本源的信息登记功能。也就是说，如果将户籍制度改革的希望寄托在“暂住证”升级为“居住证”上，或者只在中小城市进行改革但却在大城市强化限制功能，则改革的制度供给就难以满足农民工市民化之所需。

到现在为止，户口仍然承担着配置公共设施与服务、安排社会管理的主要职能。虽然身份证已经使用了多年，社会保障证也套用了身份证信息以进行社会保险管理，但地方政府与地方民众却强化了“地方保护主义”色彩。最近几年的社会管理，仍然是以户口管理而不是以身份证管理。中央政府的指示难以被落实。教育等稀缺资源的均等分享还需要继续推进，尤其是在一些特大城市和大城市，没有中央政府的敦促，其改革的步伐就会严重滞后。

《国家新型城镇化规划（2014—2020年）》指出，“对未能在公办学校就学的，采取政府购买服务等方式，保障农民工随迁子女在普惠性民办学校接受义务教育的权利。”“推动各地建立健全农民工随迁子女接受义务教育后在流入地参加升学考试的实施办法。”

1. 户籍制度改革需要中央的顶层设计和大力推动

户籍管理制度的改革涉及政策决策者、城市政府职能部门以及城市居民与外来流动人口之间复杂的利益关系互动与妥协的过程。中国现行户籍管理制度改革主要有条件准入模式和居住证模式，但无论哪种改革方式，改革的政策方案应当能够有限度地化解政府职能部门与城市居民的阻力。

户籍制度改革牵一发而动全身，需要中央政府进行顶层设计。户籍制度改革关乎公民社会权和民族国家的建构，不能仅限于地方制度的改革，中央政府应从国家建设和公民权的角度来制定户籍改革的相关法规，从法律制度上保证基本公民社会权。国家尤其是中央政府应当负起应尽的责任和义务。

对于户籍制度改革多年依然进展不大的情况，有专家指出，户籍制度改革这么多年来无法获得实质性突破的一个重要原因是地方之间存在利益博弈，户籍制度所附着的民生利益保障需要改变相关财政政策，涉及转移支付的问题，涉及财税体制问题。有研究人员表示，若无来自上级尤其是中央政府的指导性政策、跨区域的协调，乃至于对地方政府尤其是人口流入地的地方政府施加较大压力，跨地市、跨省的户籍改革问题基本上很难得到解决。

中国现有1.6亿农民工跨省流动，大多从中西部流入东部沿海地区，这才是当前户籍制度改革的重点。

十八大所号召的新型城镇化，不仅是与工业化、信息化和农业现代化密切结合的城镇化，而且还是与西方国家不同的城镇化——是人口的城市化与人口的镇落化。在反思过去十多年城镇化发展战略的过程中，政府开始更加强调大中小城市与小城镇并举的城镇化。这就是说，中国既不能简单地复制“小城镇，大问题”的经验，也不能彰显大城市优先发展战略，而需要群雄并起，四面开花，此可谓因地制宜。但中国的人口结构正在发生重大变化：从第六次人口普查得到的结论是，中国的城市越大，吸引的农民工越多，人口平均年龄也越小。在此趋势下，特大城市年轻于大城市、大城市年轻于小城市、小城市年轻于城镇、城镇年轻于农村、经济较好的农村年轻于边远山区的农村。

另外，到现在为止，大城市的经济发展动力仍然强于中小城市和城镇。所以，要想既发展大中小城市，又发展城镇，就需要扭转现有的农民工流动趋势。在打工经济的刺激下，只有在小城镇与中小城市的收入高于或大致等于大城市时，农民工才会在理性选择下，回归到中小城市或城镇。但只要原有的发展理论继续起作用，则农民工流动的趋势就不会大改变。

于是，人的城镇化，就仍然是东部快于中西部、特大城市和大城市的人口增长速度快于中小城市和城镇。在中国的农村，20—30 岁之间的劳动力几乎枯竭——农村作为劳动力蓄水池的功能，早已完结了。正因为如此，中小城市放开户籍限制的那种改革，已经与庞大的流动农民工的制度需求不相匹配。行政区域内户籍制度改革的举措，在地方保护主义的影响下，难以对跨区域流动的农民工产生正能量。对于市长们来说，将跨区域流动的农民工视为劳动力而非本地市民的那种想法根深蒂固，难以撼动。

所以，人口的城镇化，不能仅仅寄希望于地方城市政府的户籍制度改革，而应该寄希望于中央政府的大力促动。那种将暂住证升级为居住证的做法，实际上仍然在强化着身份与资格管制的思路。市长们乐此不疲的主要原因，是居住证制度的实施，可以使其更加便捷地附加各种条件——这些条件的唯一合理性解释，就是其可以合法地将人口以“先来后到”的顺序分类管理。

2. 户籍制度改革大中小城市统筹兼顾

《国家新型城镇化规划（2014—2020 年）》指出，要“逐步使符合条件的农业转移人口落户城镇，不仅要放开小城镇落户限制，也要放宽大中城市落户条件。”《规划》提出以下指导意见：

——各类城镇要健全农业转移人口落户制度，根据综合承载能力和发展潜力，以就业年限、居住年限、城镇社会保险参保年限等为基准条件，因地制宜制定具体的农业转移人口落户标准。

——以合法稳定就业和合法稳定住所（含租赁）等为前置条件，全面放开建制镇和小城市落户限制，有序放开城区人口 50 万—100 万的城市落户限制，合理放开城区人口 100 万—300 万的大城市落户限制，合理确定城区人口 300 万—500 万的大城市落户条件，严格控制城区人口 500 万以上的特大城市人口规模。

——大中城市可设置参加城镇社会保险年限的要求，但最高年限不得超过 5 年。特大城市可采取积分制等方式设置阶梯式落户通道调控落户规模和节奏。

一直以来缓慢推进的户籍制度改革将会在城镇化大潮中得以获得新的契机。现在需要进一步明确农民工的地区分布及其在大中小城市的结构状况，再根据农民工的需求而进行“人的城镇化”的制度供给，唯此才可以摆脱以往改革的桎梏。

过去，户改的困难主要在于城乡二元结构，城市和农村的社会保障水平不一致，甚至在农村基本没有社会保障，唯一的保障是土地和子女，农民一旦进城转为非农户口，就意味着他的社保从无到有，全部由城市政府负担，所以能吃上“国家粮”是一件天大的事情。

经过几十年的发展演进，社会保障制度虽然仍然不平等，但已经基本实现全覆盖，土地的社会保障功能也因此弱化，大部分农民已经不指望土地养家养老，大量土地被抛荒弃种。农民想要由农村转移到县城，变为城市户口，已经是很容易的事情，甚至很多农民不愿意转到县城，认为没有这个必要，道理很简单，因为转到县城户口并不能带来更多的社会保障。

可见，目前户籍制度改革的主要障碍是区域差异，以及大中小城市发展水平之间的差异。

城镇化是一个涉及改革最多的领域，涉及了户籍制度改革、土地制度改革等。当然，户籍制度在大城市的破冰依然不容易，现在看来，户籍制度改革在中小城镇中相对容易一些，容易做出成绩，大城市的户籍制度改革还需要更强有力的举措。

从长远看，在制度设计上特大城市如何应对大量人口迁入的愿望？解决这方面的问题需要分层施策，稳步推进。这两个方面都是以人为核心的，要推进以“人”为核心的城镇化。比如说在整个人口中不能只考虑已经进城的那部分人，还要考虑现在没进城的农民、一段时间内要进城的那些人以及已经在城市中生活的市民。制度的安排要取决于当地群众、农民、市民生产生活中亟待解决的难题，需要制度配套予以适当解决。要以人的需求为核心，以人的公平发展、体面生存为核心。

30 年的城市化盲目发展了一些大中城市，但这并不是因为在户口上没有限制大城市造成的，而是社会再生产的各种投资基本集中在城市，尤其是特大城市。但这种不平衡发展的结果已经累积了近 30 年，在特大城市看似有无限的发展机会，但实际上不是这样的，根据迁移人口的期望收益理论，人们期望在大城市得到的收益，比起现实情况太过理想。

我国现行的法律制度和社会管理制度已经不能限制任何人进入特大城市。四类城市的划分不是用来解决人到不到北京，而是解决个体能不能在北京长期发展的问题。这是一个个人经济选择问题，与政府政策无关。

当前户籍制度改革时机成熟，改革不仅有着强烈的民意期待，而且一些地方先行先试也积累了经验。但同时也要看到，改革牵一发动全身，尤其是涉及面广泛的户籍改革，宜分类推进、分步实施。如在三四线城市等农民入户意愿有限、公共资源并不十分紧张的地方先行放开，着力解决增量；而在入户意愿和公共资源紧张的一二线城市，则着力消化存量，即已进城农民的市民化。

值得一提的是，在户籍改革中，亟待消除一些地方以成本高、隐患多为由的不敢改不愿改的犹疑心态。事实上，一些先行先试地区的经验显示，解决进城农民工公共服务的财政成本并不算高，而对三四线城市来说，也并未出现蜂拥而入的农民进城潮。观望犹疑心态说到底，还是城乡二元思想在作祟。

改革要从群众最期盼的领域改起，从制约经济社会发展最突出的问题改起。城市和社会的管理者们，是时候该给户籍“松松绑”了。

【延伸阅读】我国户籍制度简史

1951年7月：公安部颁布的《城市户口管理暂行条例》，目的在于“维护社会治安，保障人民之安全及居住、迁徙自由”。这个“暂行条例”持续使用了50多年，在2004年才被公安部自行废止。

1955年6月：国务院发布的《关于建立经常户口登记制度的指示》中，将户口管理由城市推及农村。对绝大多数人来说，新中国成立初期的迁徙是相对自由的。

1957年年底：中共中央、国务院联合发出了《关于制止农村人口盲目外流的指示》，1958年1月颁布了《中华人民共和国户口登记条例》，将户口管理的目的修改为“为了维持社会秩序，保护公民的权利和利益，服务于社会主义建设”，而删去了“迁徙自由”的字句。

1964年8月：《公安部关于处理户口迁移的规定（草案）》，鼓励人口从“城市、集镇迁往农村；从城市迁往集镇或从大城市迁往小城市”，但却对从农村迁往城市、集镇的要严加限制；对从集镇迁往城市的要严加限制。

1977年11月：国务院批转的《公安部关于处理户口迁移的规定》，还将“严格控制市、镇人口”上升为“党在社会主义时期的一项重要政策”，强调要进一步“控制农村人口进入城镇”。

1984年10月：《国务院关于农民进入集镇落户问题的通知》指出，“凡申请到集镇务工、经商、办服务业的农民和家属，在集镇有固定住所，有经营能力，或在乡镇企事业单位长期务工，公安部门应准予落常住户口。”

1985年7月：公安部颁布《关于城镇暂住人口管理的暂行规定》，要求暂住时间超过3个月的16周岁以上的人申领《暂住证》。这是城市对流动人口实行暂住证管理制度的鼻祖制度。

1992年8月：在《公安部关于实行当地有效城镇居民户口制度的通知》中，允许在小城镇、经济特区、经济开发区、高新技术产业开发区的农村人口以“地方居民城镇户口”“蓝印户口”入户，统计为“非农人口”，并享受与城镇人口的同等待遇。

1997年6月：国务院批转了公安部《关于小城镇户籍管理制度改革的试点方案》，允许“具有合法稳定的非农职业或者已有稳定的生活来源，具有合法固定的住所，居住已满二年”的农村人口办理城镇常住户口。

1998年7月：在国务院批转公安部《关于当前户籍管理中几个突出问题的意见》中，才开始实行婴儿落户随父随母自愿的政策，并放宽了解决夫妻分居申请的限制，也允许投靠子女的老人可以在城市落户，还对在城市投资、兴办实业、购买商品房的公民及其共同居住的直系亲属，放宽了落户条件。

2001年3月：公安部《关于推进小城镇户籍管理制度改革的意见》，对办理小城镇常住户口的人员，不再实行计划管理。2001年5月给延续将近40年的“粮户挂钩”画上了句号。

2003年7月：国务院常务会议认为，“促进房地产市场持续健康发展，有利于扩大内需，促进消费，改善居民居住质量，提高人民群众生活水平。”中小城镇开启了“购房入户”的大门。

2006年：有关省开始自行推进户籍制度改革。截至2007年4月，有12个省区市相继取消了农业户口和非农业户口的二元户口性质划分，统称为居民户口。

2010年：房价的飞速上涨，使原本需要改革的大城市户籍管理制度，变相成为限制外地人共享城市公共资源的工具。

2012年：党的十八大报告为纠正以往城镇化过程的“有偏”危险，防止土地城镇化快于人口城镇化的趋势，指出要“加快改革户籍制度，有序推进农业转移人口市民化，努力实现城镇基本公共服务常住人口全覆盖”。

2013 年：党的十八届三中全会提出“把进城落户农民完全纳入城镇住房和社会保障体系”等配套制度，这意味着“以人为核心的城镇化”迈出了坚实一步。党的十八届三中全会审议通过的《中共中央关于全面深化改革若干重大问题的决定》明确提出，“加快户籍制度改革，全面放开建制镇和小城市落户限制，有序放开中等城市落户限制，合理确定大城市落户条件，严格控制特大城市人口规模”，释放出加快户籍制度的重要信号，这必将给亿万农业转移人口带来福音。

第五章

城镇化的规划设计与政府引导

《国家新型城镇化规划（2014—2020年）》指出，要“提高城市规划建设水平”。《规划》指出，“适应新型城镇化发展要求，提高城市规划科学性，加强开发管制，健全规划管理体制机制，严格建筑规范和质量管理，强化实施监督，提高城市规划管理水平和建筑质量。”要从“创新规划理念”、“完善规划程序”、“强化规划管控”、“严格建筑质量管理”等方面提高城市规划建设水平。

所谓规划性就是要做好全国和区域统筹的城镇化规划。规划的制定要在政府组织下，通过尽可能公开透明、民主讨论的方式，积极吸收户籍市民和非户籍市民各界代表、专家、非政府组织等各利益相关方参与，以保证规划的科学性和合理性，特别是要通过逐步实现基本公共服务的均等化，来实现规划所追求的目标，让规划制定本身成为城镇化的导向和组成部分。规划的内容应包括：大中小城市、小城镇、新型农村社区在全国和不同区域的布局及相互关系；城镇的污水处理、垃圾处理、排水、道路等市政基础公共设施、教育、医疗、社会保障、绿化、人口密度等基本要求和标准。

在新型城镇化浪潮下，各级政府都在积极参与城镇化规划和建设，然而，城镇化在更大程度上是一个自然和历史的过程，这包括人口的自由迁徙、生产要素的自由流动、产业的合理布局，等等。在社会人类学家费孝通先生早期的观察中，城镇体系，或者叫做区域体系的形成就像生物的演化一样，不断适应国际国内市场，促进资源自由流动，逐步形成自己的结构和体系。城镇化离不开政府，但如果城镇化建设一切都按照行政命令推进，那一定会出现灾难性后果。如何通过建立全国统一的市场体系，并使国内市场与国际市场有机接轨，进一步打破经济发展的行政羁绊，逐步建立起与社会主义市场经济体制相适应的地方行政体制，是新时期城镇化建设无法回避的内容。

在推进城镇化的过程中，需要把握好政府的规划引导和市场决定相结合这个分寸。城镇化过程中的劳动力流向应由市场起决定性作用，这是基础规律。也就是不能脱离建立在产业发展基础上的劳动力流向，逆市场设计城镇布局。在此基础上，城镇化确实需要政府规划引导，城镇布局引导，劳动力流向引导，提供公共服务引导，形成规划政策引导，市场内生动力推进的城镇化总格局。

城镇化是市场的产物，推进城镇化要尊重客观规律。新型城镇化需要政府“有形之手”和市场“无形之手”的“两只手”相结合，形成“政府推动”和“市场拉动”的双重动力机制，在加大政府对城镇化的财政投入的同时，积极引入民间资本参与城镇建设。一方面，要发挥市场配置资源的基础性作用，探索多种形式的民间投资模式，通过采取招标、让民间资本直接参与、特许经营等方式构建公共部门与私人企业合作模式，更多地吸引民间力量参与城镇建设。另一方面，要加强政府在包括城镇建设体制、户籍制度、农村土地制度、非农企业产权制度、城建用地制度等方面的体制创新。同时，政府要推进民营企业在参与城镇基础设施、公共事业和社会事业建设中与其他所有制企业在投资审批、土地、财税扶持方面的公平待遇，为吸引民间资本参与城镇化建设营造良好环境。

一 城镇化依托于国家区域经济发展大格局

（一）国家级区域经济规划

20 世纪 90 年代末起，中国陆续出台了西部大开发、促进中部崛起和东北等老工业基地振兴等区域发展战略。但中国地域范围广大、地理差别明显，为了使这些战略能够更好地落到实处，产生更大的成效，近几年来，中国政府先后批复涉及珠江三角洲，长江三角洲，天津滨海新区，福建省海峡西岸经济区，包括陕西、甘肃两省部分地区的关中—天水经济区，中国图们江区域，黄河三角洲，横琴新区，安徽皖江城市带，鄱阳湖生态经济区等 10 多部区域规划和文件。

2009 年 12 月 5 日至 7 日，中央经济工作会议指出，2010 年经济工作的主要任务之一，是要“推进基本公共服务均等化和引导产业有序转移，促进区域协调发展。要继续实施西部大开发、东北地区等老工业基地振兴、中部地区崛起、东部地区率先发展的区域发展总体战略，积极扶持革命老区、民族地区、边疆地区、贫困地区加快发展，加大扶贫开发力度，提高自主发展能力，改善群众生产生活条件，让各族人民共享改革发展成果。”

2010 年 6 月 12 日，国务院常务会议审议并原则通过《全国主体功能区规划》。2010 年 12 月，国务院将这份规划印发全国各省份和国务院有关部门，并要求尽快组织完成省级主体功能区规划编制工作，调整完善财政、投资、产业、土地、农业、人口、环境等相关规划和政策法规，建立健全绩效考核评价体系，全面做好《规划》实施的各项工作。

2011 年 6 月 8 日，中国政府网全文刊载我国首个全国性国土空间开发规划《全国主体功能区规划》。《规划》按开发方式将国土空间划分为优化开发区域、重点开发区域、限制开发区域和禁止开发区域。《规划》推进实现主体功能区主要目标的时间是 2020 年，规划范围为全国陆地国土空间以及内水和领海（不包括港澳台地区）。

2011 年 6 月 9 日，为了贯彻落实《长江三角洲地区区域规划》《江苏沿海地区发展规划》，进一步加强区域合作、促进区域协调发展，国务院批准在江苏省连云港市设立国家东中西区域合作示范区，并正式批复《国家东中西区域合作示范区建设总体方案》。

2012 年 1 月 9 日，国务院西部地区开发领导小组会议和国务院振兴东北地区等老工业基地领导小组会议讨论通过《西部大开发“十二五”规划》和《东北振兴“十二五”规划》。

截至 2012 年 7 月，国务院先后批准建立了 88 个国家高新区。国家高新区以创新为动力，以改革促发展，探索出了一条具有中国特色的发展高新技术产业的道路，已经成为我国高新技术产业化成果丰硕、高新技术企业集中、民营科技企业活跃、创新创业氛围浓厚、金融资源关注并进入的区域，在我国社会主义现代化建设中起到了良好的示范、引领和带动作用。

（二）国家级区域经济布局

1. 中国经济“四大板块”和“八大经济圈”

中国经济“四大板块”是指东部率先、西部开发、中部崛起和东北振兴。此外，还有 5 个核心经济圈带，即：①长江中下游经济带；②黄河中游经济带；③环渤海经济圈；④东海经济圈；⑤南海经济圈。

针对国内经济圈划分比较盲目随意，综合权衡区域经济发展背景、现状和发展趋势，在“十二五”规划中，中国区域发展的新格局，以城市群为基础和核心，形成八大经济圈。即：

(1) 大长三角经济圈：以长三角城市群为核心的大长三角经济圈。包括现在的长三角城市群和江淮城市群。

(2) 泛渤海经济圈：以京津冀、山东半岛为核心的泛渤海经济圈。过去提出的环渤海经济圈包括辽宁，但根据经济联系，辽宁省和吉林省、黑龙江省以及内蒙古东部联系更密切，和山东半岛及京津冀的联系并不密切，因此泛渤海经济圈未包括辽宁。山西省虽划分在中部，但是它和河南、湖北、湖南的联系不如和京津冀更密切。内蒙古中部和京津冀、山东半岛联系很密切，所以泛渤海把山西和内蒙古中部划进来。为了跟环渤海经济圈相区别，所以提出泛渤海经济圈。

(3) 大珠三角经济圈：以珠三角为核心的大珠三角经济圈。2003年时提出叫泛珠三角经济圈，现在提出“9+2”模式，所以改变为大珠三角经济圈。

(4) 东北经济圈：以辽中南为核心的东北经济圈。

(5) 海峡经济圈：以海峡西岸城市群和台北为核心的海峡经济圈。

(6) 中部经济圈：以长江中游、中原城、湘中城市群为核心的中部经济圈。中部经济圈不包括安徽，即江淮城市群。

(7) 西南经济圈：以川渝城市群为核心的西南经济圈。

(8) 西北经济圈：以关中为核心的西北经济圈。

2. 五个核心经济圈带和“十大城市群”

1) 五个核心经济圈带

依托产业、人力资源、市场转移升级，将形成5个极化核心经济带，即：

(1) 长江中下游经济带：以武汉城市圈、长株潭城市群、成渝地区、昌九地区为依托的长江中上游经济带。

（2）黄河中游经济带：以中原地区、关中地区以及国家能源基地为依托的黄河中游经济带。

（3）环渤海经济圈：以山东半岛、辽中南地区为两翼，提升和拓展环渤海经济圈。

（4）东海经济圈：以两岸交流合作的深化、国务院关于长三角地区进一步改革发展意见的实施和海峡西岸经济区建设为契机，加速形成东海经济圈。

（5）南海经济圈：以珠三角地区改革发展规划纲要的实施、广西北部湾经济区建设以及中国－东盟自由贸易区建立为引擎，加速形成南海经济圈。

2）“十大城市群”

关于城市群有三个特征：第一是有若干个大都市为核心，第二是交通非常便捷，第三是经济联系比较密切。这“十大城市群”土地面积占全国的土地面积为11%，居住的人口超过了1/3，创造的GDP超过了2/3。

东部六个城市群

（1）珠三角城市群：包括9个城市，实际上有11个城市，另外两个是香港和澳门。珠三角城市群以香港、广州和深圳为中心。

（2）海峡西岸城市群：海峡西岸城市群以福州市为中心。

（3）长三角城市群：长三角城市群以上海、南京和杭州为中心，共16个城市。

（4）山东半岛城市群：山东半岛城市群有10个城市。包括济南、青岛、淄博、东营、烟台、潍坊、威海、日照、滨州8个城市。

（5）京津冀城市群：京津冀城市群是“10＋2”模式，以北京、天津为中心。

（6）辽中南城市群：辽中南城市群有10个城市。

中部两个城市群

(7) 长江中游城市群：长江中游城市群也有 12 个城市。

(8) 中原城市群：中原城市群有 9 个城市，以郑州为中心。

西部两个城市群

(9) 川渝城市群：川渝城市群共有 15 个城市，以成都市和重庆市为中心。

(10) 关中—天水城市群：关中城市群以西安、天水为中心。

3. "十二五"正在发展中的其他六大城市群

(1) 以长株潭为中心的湘中城市群：长株潭比较特殊，未列入十大城市群是因为：区域人口和城市数量以及经济的总量未进入前列，其次是因为这三个城市表面上看是三个行政区，实际上距离很近，而且相互之间已经不是独立的城市个体，是多个组团的一个城市，其未来将形成以长株潭为中心，包括更多的城市在内的湘中城市群。

(2) 以合肥为中心的江淮城市群。

(3) 以长春和吉林为中心的城市群（即吉长都市圈）。

(4) 以哈大齐为中心的黑龙江东南部的城市群。

(5) 以南宁为中心的北部湾城市群。

(6) 以乌鲁木齐为中心的天山北部城市群。

4. 城市群发展的新目标

2013 年十二届全国人大常委会第三次会议上，发改委主任徐绍史对大会作了《国务院关于城镇化建设工作情况的报告》，在《报告》中，城市群的相关发展战略已经被列为城镇化健康发展的重点之一。目前，由于城市承载能力有限，一些城市面临无序开发、人口过度集聚、重经济轻环境等"城市病"问题，而解决"城市病"最好的办法就是建设城市群。通过这个报告，未来即将出台的规划雏形已经展现在公众面前。

针对当前可预知的城镇化困境，接下来，国务院将围绕四大战略重点促进城镇化健康发展：有序推进农业转移人口市民化、优化城市化布局和形态、提高城市可持续发展能力、推动城乡发展一体化。发改委对城市群的发展目标是，下一步京津冀、长江三角洲和珠江三角洲城市群将向世界级城市群发展，另外再打造哈长、呼包鄂榆、太原、宁夏沿黄、江淮、北部湾、黔中、滇中、兰西、乌昌石等10个区域性城市群，在这10个城市群中，中西部地区占据大半名额。

5. 层次化推进城市群建设

城市空间的本质特征在于聚集，城市群是城市空间聚集的高级阶段。城市群是一个国家工业化和城镇化过程中产业发展和人口迁移的主要空间载体，是承载区域乃至整个国家经济社会发展的重要地区。多层次城市群包括三方面内容：从城市规模看，将形成城市带、城市群、巨型城市、超大城市、特大城市、大城市、中等城市、小城市、小城镇、居民点协调发展的城市发展格局；从空间影响看，城市发展将自成体系，既有世界城市和国际化城市，也有国家级城市和区域城市；从城市功能看，将呈层级分化趋势，少数城市将成为全球经济控制和管理中心，成为世界顶级城市，同时存在以管理和服务、生产加工为主要功能的中低端城市。

城市群建设大致可从三个层次推进：一是已基本建成的11个城市群，包括珠三角、长三角、京津冀、山东半岛、辽宁半岛、长江中游、中原、成渝、关中、海峡西岸、海峡东岸。

二是正在建设的14个城市群，包括武汉城市群、长株潭城市群、江淮城市群、呼包鄂城市群、兰州城市群、乌昌城市群、黔中城市群、银川城市群、拉萨城市群、太原城市群、石家庄城市群、滇中城市群、环鄱阳湖城市群、南宁城市群。

三是7个潜在城市群，包括豫皖城市群、冀鲁豫城市群、鄂豫城市群、徐州城市群、浙东城市群、汕头城市群、琼海城市群。其中，豫皖城市群、冀鲁豫城市群、鄂豫城市群均属于区域级城市群，豫皖城市群包含城市有：阜阳、亳州、商丘、周口；冀鲁豫城市群包含城市有：安阳、鹤壁、濮阳、聊城、菏泽、邯郸；鄂豫城市群包含城市有：信阳、南阳、襄樊、随州、驻马店。

总之，改革开放30多年来，我国城镇化空间战略经历了以小城镇为主、以城市为主、以城市群为主的发展过程。以城市群为主体的城镇化空间战略是我国长期探索的结果。由于城市群能使资源在更大范围内实现优化配置，让地理位置、经济实力及结构不同的城市承担不同功能，实现城市间的分工合作，使城市群获得比单个城市更大的分工收益和规模效益，因而城市群越来越成为区域经济增长的重要源泉。

（三）放长眼光合理进行区域定位

每个区域都有发展的需要，但是，也必须承认，各地的自然条件、人文环境以及干部素质存在差异，那么，区域发展的不平衡也就显而易见，在现实中，就表现为地区发展的不平衡或者是差距。我们应该树立协调的发展观，而协调发展观的提出正是以对区域关系和区域差距的认识为前提的，也正是在这个前提下来进行区域发展定位的。

区域发展战略定位，是区域发展的基本战略问题，是统揽发展大局的总纲，是指对特定区域发展所处的阶段、环境、条件以及发展道路等方面特点所作出的综合判断。它所要解决的是带有全局性、方向性、战略性的问题，要清醒地回答“我是谁”、“我在哪里”、“我从哪里来”、“我要到哪里去”等问题，是确立区域发展思路、制定发展策略的基础，对一个地区的长期发展具有特别重要的意义。清醒的认识、合理的判断、科学的定位，既可以为今后的快速发展提供有利的前提，同时也为创造性地服务全国发展大局打好基础。没有准确的区域定位，就会使区域发展失去方向和目标，或因超越现实盲目发展而导致失败，或因调整滞后而贻误发展时机，推迟经济发展进程。

中央提出，要以科学发展观统领经济社会发展全局，从宏观上看，要实现统筹发展；对于区域来说，则要求实现全面协调可持续的发展，这是区域发展定位必须坚持的原则。关于区域经济协调发展，中央曾作出过一系列重要决定。比如中部崛起，振兴东北等老工业基地，西部大开发等；又提出要启动全国功能区的规划，特别令人瞩目的是地方实验区，一个是成都和重庆，即城乡统筹综合配套改革实验区，一个是天津滨海新区建设；在中部地区，国家还通过了武汉城市圈和长珠潭城市群的试验区等等，这些实际上都是国家在对区域发展进行统筹规划，区域经济已经在国家整体布局之中。

存在这个前提，就应该强调落实科学发展观在区域定位中的主导作用。过去我们曾经批评区域乱发展，是因为不清楚这些地方究竟在干什么，现在逐步发展起来了，有了科学发展观这个要求，区域经济发展就有了一个明确的方向，区域经济扮演什么角色也就有了基础。定位准确以后，该发展什么、不该发展什么，首先要以处理好经济发展与资源环境的关系为旨归，这是比经济增长速度更加重要的问题。现在到了考虑区域定位和区域规划的时候，我们应该从可持续的角度来谋划，要为后人着想，为未来的可持续留有余地。

区域分工导致国家的竞争力更多地体现在个体的区域竞争力上。那么，一个区域的定位正确与否，不仅决定竞争力之所在，更重要的是指明了发展的方向。目前，我国经济与社会发展正处在关键时期，科学认识与合理确定区域发展战略定位，对于制定正确的发展战略和发展政策，构筑发展新优势，拓展可持续的战略空间，服务全国发展大局，具有重要的意义，城镇化发展也只有与所在区域发展定位两相适应的情况下，才能顺利蓬勃发展。

二　等级化城市管理体制限制城镇化的空间

城镇化本身是等级体系，大城市有大城市的功能，不同规模城市有不同的功能。中国的“城市”概念与国外差异很大。据统计，2011 年中国的城镇人口 6.9 亿，而“城市”却只有 657 个（直辖市、地级市、县级市），数目如此少的“城市”却容纳了相当于两个欧元区国家总人口规模的城镇人口，这在西方看来是不可思议的。其中最大的不同在于，中国的城镇是等级化的管理体系，省下面除了地级市、县级市，还有为数众多的县、镇、乡。

我国的平均镇区人口为 1.1 万人，最多的人口可达近百万人，这在国外已经是大城市了。如果我们讨论“城市化”只关注 657 个“城市”，要把至 2050 年新增的 5.46 亿人口全部安置在这 657 个“城市”，将是不可承受之重。

在中国，当人们要定位一个城市或者划分城市等级时，首先考虑的会是它的行政级别，而这在很大程度上也跟中国城市的形成原因有关。中国城市的形成更多是基于行政驻地和军事驻点，政治和军事因素起了决定性的作用。

按照国际通行的理解，现代意义上的城市是工商业发展的产物，是资金、人才、货品、信息交流之地。英国著名城市经济学家 K. J. 巴顿就把城市定义为“一个坐落在有限空间地区内的各种经济市场——住房、劳动力、土地、运输等等——相互交织在一起的网络系统”。

中国的等级化城市管理体制决定了中国是“城镇化”，而非简单的“城市化”过程。几乎每个跨国公司来到中国时都会惊讶于中国的城市数量之多以及人口规模之庞大。对他们的国家来说，可能超过百万人口已经是大都市，而在中国，能称得上“大都市”的城市的人口数似乎都要再加个零，中国百万以上人口的城市就超过100个。如果拿具体城市来对比的话，法国首都巴黎有220多万市区人口，而这一人口规模大约相当于中国的地级市江苏无锡或者湖北襄樊；美国第二大城市洛杉矶有300多万市区人口，大约相当于中国中等人口规模的省会城市济南或者哈尔滨。

改革开放30多年之后，中国城市的发展事实上也正在冲破行政级别的枷锁，更加贴近现代意义上的由商业驱动的都市。这种突破意味着，依据工商业繁荣程度对城市进行分级已经成为可能，而且必要性也越来越迫切。

我国的城市都区分为不同的等级，如"副省级城市"比一般城市级别高，省会城市又比副省级城市高，级别高的城市权力更大。按照计划经济模式，资源分配与城市等级挂钩，级别高的城市分配到的资源最多，而最下层的乡镇就没什么资源，所以造成了大城市像欧洲，而农村像非洲的状况。要城镇化，就应该破除各种等级制，包括户籍和城市的等级等等。现在说要把一些经济发达的"镇"提升为"市"，这也还是等级制的观念，这不是根本的解决办法。

我国城镇化中另外一个行政扭曲力量是城乡行政区划体制过于僵硬，不能适应迅速变化的形势。比如，我国很多发达地区乡镇人口密度和经济活跃度已经远远超过一般意义上的城市标准，但依然无法在当前的行政体制中成为城市，这就人为地抑制了城镇化进程；并且，发达地区的常住人口在决定公共服务时又不能统计在内，被当地政府当成"财政负担"，压制了市场的集聚效应和城市的发展。

在当前的财政体制下，行政级别决定财政资源的分配，这会使政治中心城市更具优势，而经济中心城市和小城镇因为得不到足够多的财政支持而发展滞后。有一些城市其实没有足够的经济集聚效应，但因为行政级别高而变得过大，其发展离开财政供养难以持续。另外很多城市的经济集聚力量很强，但行政级别较低，行政和财政资源不能支撑城市发展的需要。

（一）城市规模等级划分及各级城市发展

党的十八届三中全会指出，坚持走中国特色新型城镇化道路，推进以人为核心的城镇化，推动大中小城市和小城镇协调发展、产业和城镇融合发展，促进城镇化和新农村建设协调推进。这为我国城镇化发展指明了方向。

但由于长期以来在资源配置及有关政策方面多向大中城市倾斜，小城镇发展一直处于活力不足、成长不快、发育受限状态，而国家在短期内也无力改变这一现实。据美国人口调查局最新数据，美国10万到20万人口的城市有131个，3万至10万的有878个，数千至3万人口的小城镇34000多个，美国城市中10万人以下的小城镇约占城市总数的99%。德国人口在2000至10万之间的小城镇承载着德国60%的人口。

有专家测算，中国城市规模以25万至200万人口为宜，最佳为80万至120万人。有关资料显示，至2030年中国人口超百万的城市将高达200多个，美国仅9个。

1. 我国传统城市规模等级划分

中华人民共和国成立初期，规定人口在5万以上的城市可以准予设市；1951年年底政务院在《关于调整机构和紧缩编制的决定》中，规定人口在9万以上可以设市；1955年6月9日，国务院第一次颁布《关于设置市镇建制的决定》，规定聚居人口10万以上的城镇可以设市，聚居人口不足10万，但属重工矿基地、省级地方国家机关所在地、规模较大的物资集散地或边远地区的重要城镇，并确有必需时，可以设市。

1986年4月19日，国务院批转民政部《关于调整设市标准和市领导县条件的报告》，第一次在市镇建制中加入经济指标。规定总人口在50万以上的县，驻地所在镇非农业人口在10万以上、常住人口中农业人口不超40%、年国民生产总值在3亿元以上，可以撤县设市，或总人口在50万以上的县，驻地非农业人口在12万以上、年国民生产总值4亿元以上，可以撤县设市。市、镇的辖区范围迅速膨胀，按行政建制统计的城镇人口已不能反映城乡人口状况，联合国和世界银行等国际机构也停止公布中国1982年以后的城镇人口统计资料。

1989年制定的《中华人民共和国城市规划法》规定，中等城市是指市区和近郊区非农业人口20万以上、不满50万的城市，小城市是指市区和近郊区非农业人口不满20万的城市。

城市规划部门一般是按城市人口规模（包括市中心区及近郊区内的非农业人口）划分城市等级与规模，分为特大城市、大城市、中等城市、小城市四个等级。

特大城市：特大城市是指市区非农业人口在100万到200万之间的城市。市区非农业人口超过200万人口的特大城市又被称为超大城市。

大城市：大城市一般指市区非农业人口在50万到100万之间的城市，超过100万的大城市称为特大城市而单独列出。

中等城市：中等城市是指市区非农业人口超过20万，低于50万的城市。

小城市：小城市限定于非农业人口少于20万的设市的地区，一般为县级市。

城镇尽管有规模差异和职能区分，但都是应生产力发展需要所生，在国民经济发展中都有其特定的、不可替代的地位和功能。但是这种功能的发挥不是孤立的，而是通过城镇体系得以整体发挥。因此，合理的城镇体系结构要求不同规模等级城镇之间保持合适的比例关系，中间不出现断层也不缺少环节，只有这样，城镇的职能作用才能通过城镇网络依次有序地逐级扩散到整个体系。

根据城镇规模等级分布模型，城镇分布一般呈金字塔型，处在塔尖高位序的城市数量最少，随着位序的下降而数量逐级增多，直至塔的底层作为基础的是数量众多的小城镇。

如果按中心地理论的 k = 3 城镇规模等级结构，特大、大、中、小城市和小城镇的理想比例应为：1∶3∶9∶27∶81。但是对于不同国家和地区而言，由于经济发展和城镇化水平相差较大，我国各地的城镇体系不应严格按金字塔模式去生搬硬套，我们可以在参考有关城镇等级体系结构的前提下，遵循各级城镇有机结合、协调发展的原则，合理确定各自的规模结构。

数据表明，2004 年我国城镇体系结构从数量分布看呈金字塔型［特大（含超大）、大、中、小城市和小城镇的数量比例为：1.00∶1.51∶3.60∶5.53∶441.54］，除建制镇这一等级外，其余各等级城镇数量的递减比较均匀，整个城镇体系结构较为完整，中间没有断层也不缺少环节，较高层次城市的职能作用可以依次传递到较低级城镇，直至整个城镇体系和腹地。因此，从数量上看，当前我国的城镇规模等级结构基本合理，初步形成了以大城市为中心、中小城市为骨干、小城镇为基础的多层次城镇体系。

2. 我国各级城市发展基本情况和发展方向

《国家新型城镇化规划（2014—2020 年）》指出，要“促进各类城市协调发展”，“优化城镇规模结构，增强中心城市辐射带动功能，加快发展中小城市，有重点地发展小城镇，促进大中小城市和小城镇协调发展。”

中国城镇化要走大中小城市和小城镇协调发展之路，即以大城市为依托，以中小城市为重点，逐步形成辐射作用大的城市群，促进大中小城市和小城镇协调发展。政府财政要加大对中小城市的投入，通过中小城市和城镇基础设施的改善、城市建设的加快，努力实现小城镇的小城市化，中小城市的大城市化，大城市的国际化，全面实现全国各地大中小城市的均衡发展。这样可以分散人口向特大城市的流动，我国的“城市病”才会得到有效的控制。

（1）大城市的中心地位得到加强。

按照行政区划的级别，我国大城市可以分为直辖市、副省级城市、非副省级省会城市以及其他较大的市。

作为工业、商业和服务业的主要聚集地，而且享有设施齐全、交通便利、信息灵通、人才汇集以及市场容量大和投资效益高等优点，大城市（市区和近郊区非农业人口>50 万）在我国往往既是经济中心，又是政治、文化中心，在现代化建设中占有举足轻重的地位和作用。特别是近些年来，随着我国城镇发展方针中逐步淡化了“严格控制大城市”（事实上也未能控制住）的指导思想，大城市获得了更加长足的发展，不论在经济、社会、文化和引领城镇化方面均扮演着较之以前更为重要的角色。

大城市是我国经济最发达、最具实力、结构最先进和合理的地区。大城市人口容纳能力极强。从大城市内部的人口构成来看，人口 100 万以上的特大城市人口占大城市总人口的 70.40%，即大城市人口的绝大多数都集中在特大城市。

另外，大城市的社会发展程度也是最高的，文教卫生等方面均远远领先于全国平均水平。例如，截至 2003 年，全部地级以上城市（不含市辖县）共有高校 1524 所，占全国的 98.2%；在校人数 1101 万，占 99.3%。大城市的好处很多，红利应当与全民分享。

不仅大城市自身实现了向更高层次的发展，而且辐射带动作用也在日益增强，最为明显的例子是以大城市为中心的城镇密集区［也有称作“城镇群”、“（大）都市带”、“大都市圈”、“都市连绵区”、“都市密集区”等］的形成和发展。从总体上看，我国大陆已形成了以上海为中心、南京和杭州为次中心的长江三角洲城镇密集区，以广州、香港和深圳为中心的珠江三角洲城镇密集区，以北京和天津为中心的京津唐城镇密集区，以沈阳和大连为中心的辽中南城镇密集区，以郑州为中心的中原城镇密集区，以长沙为中心的长株潭城镇密集区，以西安为中心的关中城镇密集区，以哈尔滨和长春为中心的哈大齐城镇密集区，以济南和青岛为中心的山东半岛城市密集区，以福州和厦门为中心的海峡西岸城镇密集区，以武汉为中心的江汉平原城镇密集区，以南宁为中心的北部湾城镇密集区，以成都和重庆为中心的成渝城镇密集区和以乌鲁木齐为中心的天山北麓城镇密集区等。

《国家新型城镇化规划（2014—2020 年）》指出，要“增强中心城市辐射带动功能”。《规划》具体强调了以下几个方面：

——直辖市、省会城市、计划单列市和重要节点城市等中心城市，是我国城镇化发展的重要支撑。

——沿海中心城市要加快产业转型升级，提高参与全球产业分工的层次，延伸面向腹地的产业和服务链，加快提升国际化程度和国际竞争力。

——内陆中心城市要加大开发开放力度，健全以先进制造业、战略性新兴产业、现代服务业为主的产业体系，提升要素集聚、科技创新、高端服务能力，发挥规模效应和带动效应。

——区域重要节点城市要完善城市功能，壮大经济实力，加强协作对接，实现集约发展、联动发展、互补发展。

——特大城市要适当疏散经济功能和其他功能，推进劳动密集型加工业向外转移，加强与周边城镇基础设施连接和公共服务共享，推进中心城区功能向 1 小时交通圈地区扩散，培育形成通勤高效、一体发展的都市圈。

（2）中小城市数量发展出现迟滞。

《国家新型城镇化规划（2014—2020 年）》指出，要“加快发展中小城市”。《规划》中提出以下具体指导意见：

——把加快发展中小城市作为优化城镇规模结构的主攻方向，加强产业和公共服务资源布局引导，提升质量增加数量。

——鼓励引导产业项目在资源环境承载力强、发展潜力大的中小城市和县城布局，依托优势资源发展特色产业，夯实产业基础。

——加强市政基础设施和公共服务设施建设，教育医疗等公共资源配置要向中小城市和县城倾斜，引导高等学校和职业院校在中小城市布局、优质教育和医疗机构在中小城市设立分支机构，增强集聚要素的吸引力。

——完善设市标准，严格审批程序，对具备行政区划调整条件的县可有序改市，把有条件的县城和重点镇发展成为中小城市。

——培育壮大陆路边境口岸城镇，完善边境贸易、金融服务、交通枢纽等功能，建设国际贸易物流节点和加工基地。

国务院发展研究中心的计算表明，如果以人口 >10 万人的城市计算，日本现有城市 221 座，相当于城市的国土密度为 5.9 座/万平方公里。而按同样标准计算，2004 年我国城市国土密度仅为 0.69 座/万平方公里。要使我国城市国土密度达到日本现在水平的一半（我国人口密度约为日本的一半），就需要将城市总数增加至 2805 座，是我国 2005 年城市数量的 4.24 倍。

由此可见，中国城市数量有待进一步提高，而无论从完善当前城镇规模等级结构的目的还是遵循城镇化发展的现实出发，城市数目的增加都在很大程度上取决于中小城市数目的增加。作为沟通大城市与小城镇及其周边地区的桥梁，中小城市在区域城镇体系中发挥着重要作用，也即如果中小城市发展滞后，大城市经济社会发展的辐射影响就难以有效传输，无法充分促进周边地区发展，小城镇的发展也将受到限制。另外，中小城市是大城市形成的基础，许多中小城市渐渐发展成为大城市，如果没有中小城市，大城市的数量发展也就成了无源之水。改革开放以前，由于人为抑制原因，我国中小城市数量增长缓慢，许多已够设市条件的小城镇没有及时设市，限制了城市发展及其作用的发挥。

改革开放以来，随着城市对国家经济社会发展的重要作用重新为国人所认识，政府也开始重视城市在国家建设中的作用，采取了多种措施促进城市发展和建设，并于1986年对设市标准做了新规定。1978年我国中小城市总数为152座（占当年全部城市数量193座的78.76%），到1996年更是达到了588座（占当年全部城市数量666座的88.29%），无论是绝对量还是相对量都得到了很大提高。但自1996年中小城市数量达到顶峰以后，随着一部分中等城市发展为大城市以及行政区划的调整使得部分中小城市并入了现有的大城市，加上新增中小城市不够及时，中小城市数量开始有所减少，2004年全国中小城市仅有546座，占全部城市（659座）的比例也降到了82.85%。

（3）小城镇发展仍需引导和扶持。

《国家新型城镇化规划（2014—2020年）》指出，要“有重点地发展小城镇”。《规划》中提出以下具体指导意见：

——按照控制数量、提高质量，节约用地、体现特色的要求，推动小城镇发展与疏解大城市中心城区功能相结合、与特色产业发展相结合、与服务“三农”相结合。

——大城市周边的重点镇，要加强与城市发展的统筹规划与功能配套，逐步发展成为卫星城。

——具有特色资源、区位优势的小城镇，要通过规划引导、市场运作，培育成为文化旅游、商贸物流、资源加工、交通枢纽等专业特色镇。

——远离中心城市的小城镇和林场、农场等，要完善基础设施和公共服务，发展成为服务农村、带动周边的综合性小城镇。

——对吸纳人口多、经济实力强的镇，可赋予同人口和经济规模相适应的管理权。

作为农村的政治、经济和文化中心，小城镇既是农村地域内城与乡、工与农的结合部，又是城镇体系的基础，发展小城镇因而是提高我国城镇化水平的重要途径。改革开放以来，我国小城镇发展速度明显加快，特别是1985年国家允许农民自理口粮进镇务工经商后，农村富余劳动力大规模进镇从事二、三产业，大大促进了小城镇发展。以建制镇为例，1978年全国建制镇共有2173座，1985年变为7511座。进入20世纪90年代后，中央面对小城镇发展中的问题，及时出台了一系列调整和规范小城镇发展的政策，建制镇数量增长速度开始放慢，吸纳人口能力却加强了。

虽然在经过先前阶段的发展后，我国许多小城镇都已经具备了一部分城市功能，尤其是东部沿海地区开始出现了一批初步现代化的小城镇，而且国家促进小城镇发展政策的出台将给小城镇发展注入新的活力，加之农村市场容量大和实现农村工业化基础较好等有利条件，我国小城镇发展潜力很大。但我们也应看到，当前发展小城镇仍存在如下不利条件：首先，小城镇类型和结构较为单一，虽有综合型、交通型、农副产品加工型、工矿型、旅游型、边贸口岸型等不同职能的小城镇，但以农副产品加工型的数量最多。其次，小城镇的数量分布和发展层次都从宏观上呈现从东部向西部递减的态势。再次，小城镇平均规模仍然偏小，对人口、产业的集聚功能不强，世界银行有关专家在《1984年世界发展报告》中提出，城镇只有达到15万人规模时才会出现集聚效益，我国的许多研究则认为，小城镇镇区人口至少要达到3万以上才能正常发挥集聚功能，我国大部分建制镇由于缺少主导产业，规模普遍偏小。

小城镇规模过小往往会造成城镇功能不健全、不完善，基础设施投资成本偏高、使用效率低下，以及第三产业发展受阻和缺少对周边农村地区的经济带动作用。例如，小城镇尤其是中西部地区的小城镇往往因缺乏资金或投资效益太低，基础设施虽然比所在地区的农村提高了不少，但仍然要比城市落后很多。

最近这十年，恰恰是资本大规模流向农村的十年，于是城镇化成了一个吸纳过剩产业资本的领域。我们的建制镇有 3 万多个，我们有 3000 多个县级单位，就意味着有 3000 多个县级中心镇，而这些至少大部分属于基础设施投资不足的城镇化地区。这些地区还有大量的基本建设投资需求。这些建制镇如果基本建设上稍微完善一点，那就会使中小企业向建制镇集中，而中小企业进入建制镇的成本远远比进入大城市低得多，我们又都知道中小企业带动就业的能力六倍于大企业。中国有中小企业 1000 多万家，占企业总数 95% 以上，创造了全国 50% 的税收和 80% 的城镇就业。中国经济发展既需要“顶天立地”的具有支柱作用的大企业，也需要“铺天盖地”的富有增长活力的中小企业。

中国城市承载力持续下降，以水资源为例，目前中国在纬度上连成一线的城市按着西、中、东部地区的顺序排列，发现其对应的大城市（西部）、中等城市（中部）、小城镇（东部）的水资源消耗总量趋同。东部地区经济发达，一个东部的小城镇的水消耗量与中部地区中等城市及西部地区大城市持平。但同时说明，东部地区的人口聚集已经接近极限，空间布局如若再以这种超大方式作为逻辑起点去设计，去推动产生新的城市群，甚至到水资源更为缺乏的中部、西部地区去复制若干个城市群，后果都是严重的。

（二）城市划分标准已不适应现实需要

近年来，中国城市飞速发展，一方面，城乡人口流动频繁，农业人口、非农业人口之间的界限模糊化，以非农人口规模为标准划分大中小城市不合时宜。一般来说，将市区常住人口数量作为衡量城市大小的标准更为合理。另一方面，城市人口规模迅速膨胀，许多县级城市（包括县级建制市和规模较大的县的中心城镇）的市区常住人口已经达到或超过20万、50万的临界值。按照原有标准衡量，有的已经迈进了大城市的行列。城市化的高速发展使原有的城市划分标准已经不适应现实的需要。

我国原有的城市规模划定标准已经不能适应城市发展和管理需要。因为产业引导等问题，越来越多的人集聚到同一个城市中，因此我国一些城市规模划分大大落后于其人口集聚力，甚至有些镇人口可达百万以上。

1993年5月17日国务院批转民政部《关于调整设市标准的报告》。为较均衡地布局城镇体系，按人口密度确立了三个市镇设置标准，对中西部地区适当降低了要求。按行政建制进行的城市人口统计也采取两个统计范围的双轨制，一个是反映城市建成区和郊区的市区人口，另一个是反映整个行政区域内的地区人口。前者更接近人口城市化水平。

随着我国的经济快速发展，城市化进程加快，城市发展呈现出新的特征，不同规模的城市面临着各异的发展问题，而中小城市作为推进城市化，促进经济社会发展的重要载体，面对传统的总体规划编制体系及城乡一体化新格局，与现行的总体规划编制方法已不相适应。中小城市由于自身发展的特点和实际建设的需求，其城市总体规划的编制方法和内容应该根据自身的条件来决定。

针对新的变化和形势，有关研究机构在城市规模等级划分标准方面做了一些尝试。

1. 城市等级划分标准改变后我国城市数量大幅提升

2012年召开的党的十八大报告提出“坚持走中国特色新型工业化、

信息化、城镇化、农业现代化道路，促进‘四化’同步发展”，开启了中国特色城镇化的新起点。2012 年，中国城镇化率达到 52.6%，中小城市城镇化率为 35.1%。

中国有 600 多个城市，超大型城市已经占世界超大城市的 1/4 以上，大型城市已经占世界大型城市 1/3 以上。截至 2012 年末，全国共有设市城市 658 个，建制镇数量增加至 19881 个。有国家级历史文化名城 119 个、国家级历史文化名镇 181 个、国家级历史文化名村 169 个，并有 646 个村落被列入中国传统村落名录。

镇与城虽只是一字之差，但其中蕴含的利益却相差很大。在三甲医院建设、警力配置等公共服务方面，镇都有限制。例如中山市小榄镇，2011 年第六次人口普查时其常住人口 31.56 万人，如果按照此前的城市等级划分标准，小榄镇属于中等城市规模，但是在此之前其只是镇配置。由于是镇配置，公安、派出所只能按照镇配编，小榄镇政府不得不聘请多位协管员。

城镇化的快速推进，经济社会的发展，客观上要求赋予一些乡镇更大的发展自主权。减镇放权我国也早有先例，2009 年，绍兴市试点扩权强镇。将原属县级的部分行政审批权、决策权、人事权授予中心镇，编制了放权指导目录，涉及 15 个方面、72 项事权，至此中心镇具有了部分县级经济社会管理权限。扩权强镇 4 年以来，绍兴市 28 个中心镇的地区生产总值、财政总收入、农民人均纯收入分别增长了 66%、85%、47%，经济总量占全市的 35%。中心镇的布局规划更趋合理、环境得以改善、医疗教育等公共服务和城市基本实现了均等化。

但值得注意的是，城镇规模变化不仅仅是数字变动，而是重在改革。但现阶段《规划》中所涉及的仍只是初步划分变化。因此，小城镇改为市后是否完全拥有与城市规模相匹配的管理权限，具体放下哪些，怎么改还没有具体定论。

为什么欧洲一两万人的城镇看上去是城市，而我国三四万人的县镇反倒更像农村？在专家看来，发达国家小城镇的基础配套设施、管理水平、公共服务等与大城市几乎没有差别，而我们的乡镇智能化水平很低，城镇化众多基本功能都不具备。

2.《2013 年中国中小城市绿皮书》划分的中小城市概况

《2013 年中国中小城市绿皮书》提出，依据中国城市人口规模和人口分布现状，较为合理的城市规模等级划分标准是：（1）市区常住人口 50 万以下的为小城市；（2）50 万—100 万的为中等城市；（3）100 万—300 万的为大城市；（4）300 万—1000 万的为特大城市；（5）1000 万以上的为巨型城市。

中小城市包括中等城市和小城市，依据上述标准，实际上就是市区常住人口在 100 万以下的城市。需要注意的是，此处所指的中小城市，不是建制市的概念，不仅包含常住人口 100 万以下的建制市市区，也包括未成为建制市的县及县级以上行政区划的中心城镇。

《2013 年中国中小城市绿皮书》指出，全国共有中小城市 2816 个，占全国经济总量的 84.5%。截至 2012 年年底，中国有建制市 657 个，其中直辖市 4 个，地级城市 285 个，县级建制市 368 个。4 个直辖市常住人口均超过千万，属于巨型城市。

285 个地级城市中，163 个城市属于中小城市，占比 57.2%。368 个县级建制市中，除了极个别发达城市的市区人口接近或略超过百万之外，多数建制市市区人口在数万至数十万之间。由于县级建制市市区人口缺乏统一权威的统计数据，为便于分析和研究问题，可以将全部县级建制市归属为中小城市。

除建制市之外，全国有 48 个地级区划、1624 个县级行政区划并非建制市，但这些地区（州、盟）、县（自治旗县、旗）的中心城镇，也已经聚集了相当规模的人口，在基础设施、公共服务等方面与建制市的市区较为接近，中心城镇居民享受着城市化的生活方式。因此，这些中心城镇，也可以归属于中小城市。

绿皮书指出，广义上说，中国的中小城市还应该包括部分远离中心城区的市辖区。考虑到部分县级行政区划，尽管已经调整为市辖区，但由于远离中心城区，在经济社会发展中仍然相对独立，因此，可以将远离中心城市的市辖区也纳入评价范围。判断市辖区远离市中心所采取的甄别方法是：市辖区内含有乡镇时，视为相对独立发展的市辖区。

截至2012年年底，全国共有市辖区860个，其中含乡镇的市辖区数量为661个。考虑到直辖市的辖区，行政级别较高，与地级城市的市辖区不具有可比性，因此可以剔除北京、上海、天津、重庆四大直辖市的含乡镇市辖区48个。因此，可以纳入广义的中小城市范畴的市辖区为613个。

3. 城市规模划分将打破行政等级限制

1980年，我国首次对1955年国家建委《关于当前城市建设工作的情况和几个问题的报告》中城市划定标准作出改变，将城市规模分为四个等级：城市人口100万以上为特大城市，50万以上到100万为大城市，20万以上到50万为中等城市，20万和20万以下为小城市。但并没有对城市人口作出清晰界定。1989年出台的《中华人民共和国城市规划法》再次进行修改，增加对城市人口界定，取消对特大城市认定标准。1993年，国务院出台撤县改市的标准，其中包含人口、GDP、财政收入等众多指标。

《国家新型城镇化规划（2014—2020年）》中，我们从“第二章 发展现状”部分，看到这样一个数据表：“表1 城市（镇）数量和规模变化情况”。

表1 城市（镇）数量和规模变化情况

	1978年	2010年
城市	193	658
1000万以上人口城市	0	6
500万—1000万人口城市	2	10
300万—500万人口城市	2	21
100万—300万人口城市	25	103
50万—100万人口城市	35	138
50万以下人口城市	129	380
建制镇	2173	19410

注：2010年数据根据第六次全国人口普查数据整理。

在“第六章 推进符合条件农业转移人口落户城镇”的“第二节 实施差别化落户政策”这部分，有这样一段表述：“有序放开城区人口50万—100万的城市落户限制，合理放开城区人口100万—300万的大城市落户限制，合理确定城区人口300万—500万的大城市落户条件，严格控制城区人口500万以上的特大城市人口规模。”

从这两处表述中可以看到目前国家对城市等级规模划分的一个基本标准情况。即，我国当前城市规模等级分为以下几组：

（1）1000万人口以上城市；

（2）500万至1000万人口城市；

（3）300万至500万人口城市；

（4）100万至300万人口城市；

（5）50万至100万人口城市；

（6）50万以下人口城市。

从这一新的城市等级规模划分标准中，我们发现一个很大的变化和突破，那就是与以前的《中国中小城市发展报告》以及“国家中长期新型城镇化规划”意见稿中所探索的城市规模等级划分标准相比，增加了“300 万至 500 万人口城市”这样一个新的划分级别。结合此前研究人员所说我国将“增加对超过 500 万人的城市认定为特大城市”这种表示，我们应该更能理解《国家新型城镇化规划（2014—2020 年）》所提出的指导意见所说的“加快发展中小城市，有重点地发展小城镇，促进大中小城市和小城镇协调发展”的内涵所在。

2014 年 11 月，国务院印发《关于调整城市规模划分标准的通知》，我国大中小城市标准有了新划分。《关于调整城市规模划分标准的通知》明确，我国城市规模将按照城区常住人口分为 5 类 7 档。城区常住人口 50 万以下的城市为小城市，其中 20 万以上 50 万以下的城市为Ⅰ型小城市（以上包括本数，以下不包括本数，下同），20 万以下的城市为Ⅱ型小城市；城区常住人口 50 万以上 100 万以下的城市为中等城市；城区常住人口 100 万以上 500 万以下的城市为大城市，其中 300 万以上 500 万以下的城市为Ⅰ型大城市，100 万以上 300 万以下的城市为Ⅱ型大城市；城区常住人口 500 万以上 1000 万以下的城市为特大城市；城区常住人口 1000 万以上的城市为超大城市。

与原有城市规模划分标准相比，新的城市规模划分标准人口规模的上下限普遍提高。小城市人口上限由 20 万提高到 50 万，中等城市的上下限分别由 20 万、50 万提高到 50 万、100 万，大城市的上下限分别由 50 万、100 万提高到 100 万、500 万，特大城市下限由 100 万提高到 500 万。新的城市规模划分标准以城区常住人口为统计口径。城区是指在市辖区和不设区的市，区、市政府驻地的实际建设连接到的居民委员会所辖区域和其他区域。常住人口包括：居住在本乡镇街道，且户口在本乡镇街道或户口待定的人；居住在本乡镇街道，且离开户口登记地所在的乡镇街道半年以上的人；户口在本乡镇街道，且外出不满半年或在境外工作学习的人。

全国大部分城市将会被降级。据了解，按照旧的城市规模分级，我国将城市规模按人口划分为4类。20万和20万以下为小城市、小城镇；20万以上到50万为中等城市；50万以上到100万为大城市；城市人口100万以上为特大城市。根据最新标准，很多城区人口不到500万的，将不被定义为特大城市，比如青岛、郑州、徐州、赣州、唐山等均不包括在列。公开数据显示，截至2010年全国城区人口超过1000万的有6个城市，城区人口达到500万—1000万的有10个城市。此前国家新型城镇化规划也指出，2010年城区人口100万人口以上的城市有140个。有专家指出，现在100万人口以上的城市应该有150个左右。按照旧的标准，这些城市都是特大城市。但新标准实施后，特大城市是指城区人口500万以上的城市，那么新标准的特大城市全国只有16个。这意味着，原来被划定为特大城市的140个城市，将减少至16个。

（三）城镇化过程中城市行政区域的调整

为适应城镇化进程，我国城镇的设市标准、等级标准、事权标准不能长期固化，必须有适应城镇化进程的调整机制。宜以吸纳人口为主要标准完善设市强镇措施。

我国的城镇等级制度已脱离了经济规模和人口规模的变化，长期依存行政等级制度，不能适应未来城镇化趋势。按照国家治理体系现代化的要求，需要加以创新。

为什么一个工业镇产业和人口已达城市规模，还只能是低于所在县市的行政级别和管理权限？未来改革要有新思路，就是把行政辖区管理的上下级概念与城镇本身的行政级别和管理权限分开对待，使辖区行政上下级不等于行政级别高低，以建立适应城镇化发展的现代治理理念。

1. 城镇化过程中建制市改革的反思

在中国，建制市包括直辖市、省会城市、计划单列市、地级市，再到县级市等多个层次，总数有600多。

应当说，在现行行政区划制度中，市已占据重要位置。省市政府都驻在建制市，建制市是经济社会资源最为集中的地方，各级政府也高度重视市。事实上，过去 30 年来的行政区划调整，都围绕市制展开：

第一，设立了 14 个计划单列市，通过赋予其较高行政地位，而给予其较大的发展自主权。还有一个重大改革就是从四川省分出重庆直辖市。

第二，“地市合一”，原来作为省政府派出机构的地区行署与其所在市合一，而形成地级市。此举培育了二三百座中等城市。过去十几年间，地级市发展极快，实为城市化之主要驱动力量。

然而，现在看来，上述诸多调整，问题重重。关键在于，决策者对市的性质认识不清，人为制造市制之扭曲。

比如地级市。地、市合一并没有很好地实现城乡同步发展的目标，相反，地级市利用其上级政府的权力优势，汲取县域资源以实现城区的城市化。这一点在中西部地区特别明显。也正是为了解决这一问题，最近几年，中央政府积极推动财政省直管县改革，把县从地级市的约束下解放出来。这已清楚表明，地、市合一体制是不合理的。

第三，从 20 世纪 80 年代后期开始推进“县改市”，一些工业化水平较高的县被整体改为县级市。目前全国已有 300 多座县级市。过去几年，这些县级市的城市化过程迅速推进。

上世纪八九十年代，县改市在浙江、江苏、山东等沿海发达地区蔚然成风。1983 年进行新中国成立以来规模最大的“县改市”，当年有 31 个县改为县级市，还新设了 7 个县级市。我国县改市井喷期在 1994—1996 年，共有 95 个县改市和 1 个新设县级市。

一位县委书记表示，县主要是农业地区，很多基础设施建设、规划等都围绕农业进行；而市则以非农为主，其用地规模、城市基础设施等是按工业化和城市化建设的需要进行规划。在配套政策和规划上，各级政府对市的城建方面支持多，而对县主要是围绕农业、扶贫等工作。专家认为，撤县建市后，其行政权力有所加强，特别是城市建设的自主权空间比较大，还可征收更多的城市建设费。虽然行政级别一样，但县级市对企业的吸引比县大得多。县级市的设立固然推动了基层的城市化，但存在同样问题：县城利用自己的权力优势，汲取县域内各乡镇的资源，县以下各乡镇的发展受到约束。

县改市一度引起盲目跟风，造成一些县级市市区农村人口比重过大，城郊比例失调、城乡概念模糊等“假性城市化”问题。1997 年，国务院暂停了实施 11 年多的撤县设市政策。民政部对撤县设市进行了严格的管理与控制。此后 16 年间，只有极少数县实现身份的升级。此前有数据统计显示全国酝酿“撤县设市”的县至少超过 130 个。

第四，县（市）改区，将下属的县（市）改区，从而壮大中心城市的发展空间，这是目前很多大城市的做法。1983 年，我国还出现 4 例“县改区”：内蒙古赤峰县改为赤峰市郊区，山东福山县、潍县、济宁县分别改为烟台市福山区、潍坊市寒亭区、济宁市市郊区。

1997 年后，我国城市化进入快速发展阶段，加上“县改市”被冻结，却未明确县改区的标准，有些发达地区就进行撤县建区、撤市建区。因为政策约束较少，或者有空子可钻，不可避免地出现盲目改区现象，有些地方搞县（市）改区，目的是为了经济数据好看。

根据民政部区划地名司的官方数据统计表明，从 1997 年年底之后的 15 年时间，县（市）改为市辖区的共有 158 个，其中，县改区 71 个，县级市改区的 87 个，均占改革开放 30 多年来总数绝大部分。

改革开放初期，县改区主要集中在特大城市近郊县，“县改区”便于接受特大城市、超大城市核心区的辐射，也拓展了特大城市的发展空间，对推动中国城市化和经济社会发展具有积极意义。

县改区后，该区的招商引资、产业布局、基础设施建设也将纳入整个城市进行通盘考虑，政府的公共服务水平也将从过去县级水平提高到地级市级水平，福利待遇水平也会参照地级市的标准。“县改区”对一些落后偏远的县很有吸引力。

进入新世纪以后，县改区一度停滞。如2005年至2009年，只有8个“县（市）改区”。情况发生逆转是在2009年7月，财政部公布《关于推进省直接管理县财政改革的意见》中提出，到2012年年底前，力争全国除民族自治地区外全面推进省直接管理县财政改革。

有专家分析，“省直管县财政”不再经过地级市，地级市难以再“雁过拔毛”，地级市政府财力大大削弱。一些地级市政府为避免所辖县（市）脱离自己管辖，因而加快了县（市）改区步伐。从2010年年底至今，已经有19个“县（市）改区”，其中，“县改区”有14个。

分析认为，省直管县财政，是为今后实施行政上的“省直管县”作准备。县（市）改区与中央要推行的省直管县会产生冲突，都涉及管理权转移问题。

地级市加快了撤县（市）改区，不排除一些地级市担心所辖的县（市）脱离管辖。自2009年省直管县财政推开以后，一些地级市为避免所辖的县和县级市今后可能脱离其管辖，大力推行“县（市）改区”，进行权力“上收”。

有些地方政府热衷于县改区，主要是因为县和县级市有完整而独立的行政管理职能，如财政、人事、规划等独立的决策权限。而行政级别与县（县级市）相同的市辖区的行政管理职能不完整，只能依附于地级市，其财政、人事、规划等都由地级市来决策。如，县（市）有实行独立决策的局，而区则只有分局等派出机构。

专家认为，县（市）改区是地方政府权力关系的一次调整，将县、县级市的权力都“上收”到了地级市政府。有专家表示，县改区是地级市做大城区人口和经济总量、扩张主城区的迫切要求，县里实际上是不愿意的。地级市成为县（市）改区的主要推动者。

从具体情况看，一些在空间、交通、经济上与地级市联系十分密切的县（市）改为市辖区是合理的，而将一些与地级市空间离得远、经济关联度不大的县（市）改为市辖区则显得牵强。

县这一级扩大自主权，便于协调各个乡镇的关系，但作为地级市来说，它本身的发展处于“饥饿期”，如果地级市掌控全市范围内整合资源的权力，那么它会把更多资源聚集市区，对于各县的发展弊大于利。

近年来，我国多个地方出现当地群众不满县（市）改区的事件发生，如浙江黄岩1989年撤县设市，随后跻入全国百强县（市），在1994年撤市设区，引发当地人大代表“罢会、罢官、罢选”风波。湖北大冶曾在1994年撤县建市，2005年，当地群众不满“撤市改区”，引发冲击地级市党政机关的群体事件而作罢。

有学者建议，在省直管县财政体制改革过程中，县（市）改区应先暂停。专家指出，中央推行的省直管县与地级市加固权力之间，存在利益博弈；目前城市行政区划设置和布局亟待规范，不能让地方有政策的空子可钻。地级市、县级市滥用权力汲取下属区域资源，不利于缩小城乡差距，反而在扩大城乡差距。

第五，与县改市相适应的是省管县改革的推进。

2009年7月，财政部公布《关于推进省直接管理县财政改革的意见》中提出，到2012年年底前，力争全国除民族自治地区外全面推进省直接管理县财政改革。

2013年以来不少省份在省管县方面力度频频。河南印发了《河南省深化省直管县体制改革实施意见》，提出从2014年1月1日起，对巩义市、兰考县、汝州市等10个县（市）全面实行由省直接管理县的体制。

吉林省政府新闻办2013年11月14日发布消息称，将省内的公主岭、梅河口两个县级市变为“省直管”，正式启动“省直管县”体制改革试点。当地官员形容说，这将是中国各地“省管县”简政放权最为彻底、力度最大的一次改革。

中国历史上，周代社会是城邑社会。春秋末期以后，中国进入乡村社会，人口分散于乡村，形成诸多规模很小的居民点，人口较为集中的城市为数很少。据此，行政区划制度设计的主要考虑是有效地管理资源较为分散的乡村地区。秦汉之郡县制或者元明定型并延续至今之省县制，都是为此而设计的。

具体地说，已实行2000多年的省—县—乡镇各级政府管辖的区域，均为“面状行政区”，管理广泛而分散的乡村社会，这样的社会是相对静态的，农业生产是相对简单的。因此，政府的功能主要是政治的、司法的，就是征税与维持治安，其他功能是很少的。这种政府可称之为“政治控制型政府”，旨在确保政治与司法对地方和民众的有效控制。

现代的市，则是“点状行政区”，在较小区域内聚集大量人口、资源，工商业高度发达，资源快速流动、交易。城市政府必须管理流动性较高的人口，协调快速变动的工商业活动，满足高密度、快节奏生活对公共品的需求。因此，市政府的职能大大地不同于传统的县、省政府，可称之为“经济社会组织型政府”。

过去30年地市合一、县域整体改市等市制调整过程中，只是简单地把原来的地区公署和县改成市，让政治控制型政府承担经济社会组织型政府的功能，两种政府功能杂交。

由此导致两个后果：一方面，县、市政府以权力汲取其辖区内资源到城区。另一方面，在城区，名义上的市政府又不像真正的市政府，没有很好地承担起供应高密度、快节奏城市型社会之公共品的职责。在地级市和县级市，城区面积迅速扩大，但几乎没有城市型管理体制，城市社会、文化生态也相当粗劣。

2. 十八大后新型城镇化进程中城市行政区划的新特点

新一轮的城镇化，有两个现象最为引人注目：

第一个现象，撤县设区。2013 年以来，几乎所有省会城市、地级市都提出了撤县改区的计划，比如，南京市撤销了仅有的两个县，宣称自己辖下已没有县的建制。

第二个现象，撤县改市。本轮城镇化政策比较重视中小城镇发展，于是，被压抑了若干年的撤县改市冲动立刻显现。2013 年年初，民政部批准吉林、云南两个县改为市，而全国数百个县都提出了改市计划。

照此模式展开的城镇化，并不能造出真正的城市，只能造出伪城市，让上世纪 90 年代以来就存在的半城市化、伪城市化问题更为严重。

本轮城镇化应当避免重蹈覆辙。为此，决策者必须重视市制。具体地说，必须重构市制。重构市制之关键在于明白两种类型的政府之性质不同，功能不同：一种是管理面状行政区、承担政治与法律控制职能的政府，也即省、县政府；一种是管理点状行政区，主要承担经济与社会管理职能的政府，也即市政府。这两种类型的政府必须分流，市政府就是市政府，不要让它扭曲成为县政府、地区行署政府。这是正在成型的城市化社会治理健全与否的关键。

(1)“县改市”将有望重新开闸。

十八届三中全会通过的《中共中央关于全面深化改革若干重大问题的决定》称，将完善设市标准，严格审批程序，对具备行政区划调整条件的县可有序改市。对吸纳人口多、经济实力强的镇，可赋予同人口和经济规模相适应的管理权。

这表明未来城镇化的重点将在县域一级，未来省管县的改革将进一步推进，县一级的发展途径是改为市，而不是被合并区。此外，一些特色城镇也将得到扩权。

这也表明，自 1997 年以来基本冻结的“县改市”将有望重新开闸。目前，一个县的城镇化有撤县设市和撤县设区两种途径。从不同的利益诉求出发，县级政府更希望撤县设市，市级政府更倾向于撤县设区。这意味着15年前曾被国务院叫停的“县改市”将重启。

针对十八届三中全会《决定》在优化行政区划设置方面提出的新要求，2013年12月5日，在国务院新闻办举行的新闻发布会上，民政部部长李立国表示，民政部正在就“县改市（区）”标准进行调研，将在此基础上，提出对1993年制定的设市标准的修改意见，形成和完善新的设市（区）标准。

李立国表示，不是所有的县、也不是多数县能改市、改区，而是人口密度、经济社会发展水平、城镇集聚的人口，尤其是非农业人口达到城市化的标准，并且各项经济总量指标达到城市化的程度，才构成撤县设市和撤县改区的条件。

对于人口集聚规模大的特大镇有没有可能撤镇设市，李立国表示，按照十八届三中全会《决定》的提法，主要还是对其下放经济社会管理权限，支持它们更好地发展。

（2）广东：撤市设区预示发展新步伐。

2014年2月12日，广东省政府将《国务院关于同意广东省调整广州市部分行政区划的批复》转发至广州市人民政府。在这份批复中，原广州市辖的萝岗区和原黄埔区将合并为新的黄埔区，而原广州代管的从化市、增城市则“撤县并区”。

显然，这对广州而言是个巨变。调整完成之后，广州将由原“十区二市”变为“十一区”，而新广州的市辖面积也将由3843.43平方公里扩大到7434.4平方公里，一举超过大上海。

两县级市改区后，广州从此无县，连从化这样的农业县都改区后，意味着广州地区的全面城市化正加速实现。另一方面，对广州来说，改区将大大拓展自身的发展空间。

专家认为，大城市发展到目前阶段，越来越受发展空间限制，具有对外扩张的客观要求，必然要突破原有市区的限制对外扩张。特大城市通过区划的调整、名称的改变、上下级政府的权力博弈，实现自身的发展，长远来说利大于弊。

（四）城镇化要把法治化放在首位

《国家新型城镇化规划（2014—2020 年）》指出，“中央政府要强化制度顶层设计，统筹重大政策研究和制定，协调解决城镇化发展中的重大问题。”“地方各级政府要全面贯彻落实本规划，建立健全工作机制，因地制宜研究制定符合本地实际的城镇化规划和具体政策措施。”在推动区域经济统筹发展之时，一定要从中国实际出发，重视城市的顶层设计，搞好城市布阵。另一方面，在城镇化进程中要有好的法律机制来规范，要强调法治在城镇化建设中的保驾护航作用，把法治化放在首位。

城镇化要以人为本，核心在于给人以迁徙的自由，应通过顶层设计使其通过诚实劳动追求幸福的权利在选择的定居点得到保障。因此，顶层设计至关重要，而总量控制是顶层设计的关键。

顶层设计中，城市的发展一定要考虑人口基数，要按人口设城。现在很多人口超过 500 万，甚至超过 1000 万人的地级市，城市人口还没达到 50 万，这是急需引起注意和应该重点支持的。在整个顶层设计中，还要重视县城的发展，原则上一县至少设一市，只有这样，城镇化才能真正加速。

城镇化过程中，哪里发展大中城市，哪里发展小型城镇，一定要因地制宜，区别对待。像北京、上海等特大城市周围应重点发展小城镇。美国洛杉矶和加拿大蒙特利尔这两个城市周围都有 70 多个小城市。在中国特大城市周围大力发展小城镇有充分的条件，也是十分必要的。而像河南、四川这样人口十分密集而且有近亿人口的农业大省，在今后20年左右的一段时间内应重点发展大中城市，而不是小城镇，这样的省均需建一批城市人口过百万的大城市。

城市化的顶层设计，一定要有基础设施和项目投资紧跟上，城市的发展需要基础设施特别是交通设施的及时跟进。另外城市化与工业化是并肩而行的，对进入顶层设计的城市布局，一定要安排项目支撑，特别是国有企业的投资一定要支持城市化的顶层设计，为城市化服务，与城市化结合。

1. 城镇化设计权必须改革

城镇化应有总体布局设计，城镇化率更应考虑生态承载力，形成大中小城市和小城镇合理分工。

发达国家城镇化的一个重要教训是大多数城市缺乏总体规划，尤其是不考虑城市地域的资源、环境与生态承载能力，造成了水资源严重短缺和空气极度污染的问题，再回过头来补救，事倍功半。

国家应该建立合理的指标体系，核算各城市的经济、社会、资源、生态承载力和潜力。例如，水资源是我国占总数2/3的缺水城市的木桶短板，城市水系和地下水埋深应是美丽城市的保障。同时，城市车辆过多和高排放城市产业群是我国严重雾霾天气的主要原因。因此，应制定土地产出率、人均GDP和资源利用率等指标体系，变粗放发展为集约发展，因地制宜地制定规划，使农业转移人口市民化科学、有序、真实、渐进地进行，成为经济增长和可持续发展的主支撑。

城镇化可以规划，规划本身也是人类历史上城镇化风险与危机的负反馈结果，但难以设计。当今的人们难以设想未来的城镇化会是什么模样。因为城镇化不是发生在一个静态的、单独的地理单元，而是全球互动的。

我国东部许多新型城市的兴起，就是参与全球化过程的结果。经济的全球化带动了我国的城镇化。地球上已有超过一半的人居住在城镇，在全球化浪潮中，“地球村”正向着“地球城”演变。

城镇化不是简单的人口比例增加和城市面积扩张，更重要的是实现产业结构、就业方式、人居环境、社会保障等由“乡”到“城”的重要转变。必须逐步改变传统的增长导向型城镇化模式，以民生改善为根本目的，不单纯追求城镇化的速度，更关注城镇化进程中提高人的生活质量。

的确，中国城镇化到了该解决“设计权”这个枢纽性问题的时候了。仅就“设计权”而言，城镇化的设计触及三方利益：中央、地方及宏观指导部门。从战略考虑，中国城镇化的设计权应该分为：战略设计、发展规划、产业指导三个层面。这三个层面的设计，应该由三个主体来执行，即中央政府负责战略设计；地方负责发展规划；宏观指导部门负责产业指导。这样，各尽其职责，各有侧重，避免交叉，互补互益。

对中国的中央政府而言，今后关注的重点，应是国家在国际战略的定位以及国家在战略层面对大区域的掌控，即“战略发展大纲”，而绝非是传统意义上的规划设计问题。地方则应专注于本地区的经济社会发展的规划设计，并且要在当地人大的监督之下，按严格程序履行。

而像国家发改委这样的宏观指导部门应将注意力集中在研究国际产业发展的新动态，不断提出新的产业政策指导建议，为地区或行业经济发展提供政策参考依据。从这个意义上讲，宏观指导部门在未来应起到承上启下作用。

城镇化是一个系统工程，需要调动各方面力量。为实现新型城镇化的顶层设计、总体规划、路线图和时间表，建议采用三元参与模式，即政府、企业和居民三元参与，形成城镇化科学发展的支撑。

政府是城镇化的主导，应依法行政。政府的职责主要包括顶层设计、法规制定、总体规划、制订路线图、制订时间表、资金筹措、协调与管理等。

企业是城镇化的主体，应按市场规律运行。企业的职责主要包括多渠道投资，参与总体规划的制定，评估资源与环境承载能力，利用公共设施提高生产效率获取利润，保证最低工资与福利，促进产业升级与技术创新等。

居民（包括新老市民）是城镇化的基础，应实现公众参与。居民的职责主要包括自由选择是否成为市民，不断提高自身素质，通过听证会等形式充分实现公众参与，以诚实劳动成为纳税人对城市发展贡献实实在在的正能量，通过合法手段维护自己的各项权益等。

建议通过以上三方相互支持、互为补充、互相监督、各尽其责，确保我国的城镇化走上科学、健康、可持续发展的轨道。

2. 城镇化应该是法治化的

中国经济发展到今天，举世公认是最快的，但必须承认：未必是最好的。这里有两层含义：其一，是指中国经济发展的效率未必是最高的。例如，中国在资源利用率上始终处于低效率的区间；其二，是指中国经济发展的决策效率未必是最好的。例如，中国政府从提出规划到执行，至今沿用的原则基本都是“本届执行”、“下届不管”的原则。以地方为例，各地方陆续出台“十二五规划”，也都按惯例经各地人大通过后在执行，但是各地领导班子在“十八大”后，其规划又有相当数量的调整，但是名称大多更改为“后五年规划”。这使中国的决策成本增加许多。

因此必须有法治的概念介入，从设计到决策，再从决策到执行，必须将决策的完整链条都纳入到法治化的轨道，这是从历史高度来考验本届政府改革成效的关键要素。城镇化如果没有法治的规范，就可能陷入杂乱无章，免不了出现各种权益问题。

为何提出这个问题？因为中国城镇化建设从规模讲将是亘古未见，

其总投资将超过200万亿，从建设的时间跨度讲，将超越30年，历经中国人的几个代际。如果每届政府都力图“镌刻自己的烙印”，那么如此长卷画到最后，究竟是一幅构思完整的伟大的不朽画卷，还是一幅巨大的“涂鸦”长廊，最终对谁而言都是未知，甚至妄加推测的话：若无序发展，最终能否完成这项工程都将是未知。

中国城镇化建设已经成为中国经济升级版母版。对城镇化建设的“系统风险控制”应该关注，莫让中国经济发展因城镇化建设无谓成本的过高堆砌而最终使其成为“催衰剂”。针对城乡分治的体制，政府的首要任务是引导和推动改革，清除城镇化健康发展的体制障碍。消除城镇化的体制障碍，绝不应是基于城镇自身利益的考量，而是从全体社会成员共同的发展成果能否共享而得出的。

站在这样的角度来观察，当前制约城镇化的体制障碍主要在两方面：一是农民出村的障碍。农民的财产权不可交易，无法像城里人一样，其财产可自由转移，农民被束缚在传统的财产关系之中，自然也就无法从市场获得财产性收入，如房产增值收入、土地增值收入等。二是农民进城的障碍。这主要是户籍制度及与之挂钩的公共服务待遇。两个障碍就像两堵墙，会使城镇化变成一个封闭的孤岛。这样一来，我国的城镇化就会有“胎死腹中”的风险。撇开了农村、农民和农业，城镇化就只是一个空壳而变得毫无意义。

党的十八届四中全会通过了《中共中央关于全面推进依法治国若干重大问题的决定》，对全面推进依法治国作出重大部署，强调把法治作为治国理政的基本方式，对加强社会主义民主政治制度建设和推进法治中国建设提出明确要求。依法治国是实现国家治理体系和治理能力现代化的必然要求。法治化与国家治理现代化具有同步性。国家治理现代化的过程本身就是法治化的过程。在新型城镇化建设的道路上，我们应该逐步迈向国家治理现代化，在社会治理和综合管理上探索出一条好的路子来。

新型城镇化进程中，有些地方出现不太和谐的“造城运动”，有些地方法治化程度不高，做好的五年规划到期后就拆迁改造。对于城镇化进程中必然会涉及资源、环境、耕地的利用规划和保护等问题，我们要依法保障城镇化进程的健康有序推进。城镇化进程中必须要把法治化放在首位，如果没有好的法律机制做保障，一些地方在进程中就做不到有法可依，会浪费资源甚至发生矛盾。在城镇化进程中要有好的法律机制来规范。避免利用在城镇化过程中的工程或者巨大的项目有新一轮的政绩工程，要真正的利国利民从国家复兴和强大的角度考虑。

要强调人的城镇化，就必须强调法治在城镇化建设发展中的保驾护航作用。法治城镇化是约束政府公权力的城镇化，是保护公民基本权利的城镇化。几十年来，我们的城市化一个最大的弊端和问题，就是侵犯了农民的基本权利和自由，主要是侵犯农民的土地财产权利、住房权利。因为拆迁，许多农民的基本权利得不到保障。城镇化过程中，法治问题反映最集中的领域，是在土地征收中存在强征强拆现象，尤其是在农村，一些地方政府以城镇化为借口侵犯农民权利的现象普遍存在。我们只有通过努力把权力关进制度的笼子里，实现对权力的驯服，才有可能解决所有的强拆问题。我们讲法治城镇化，就是要维护社会公平正义的城镇化。法治化是让“公平正义”的价值核心外化为管理制度和管理方法。各级领导、各级政府、每个公民都要守法，这才是法治的关键。

在当前城镇化快速发展的阶段，许多与法治有关的问题开始凸显出来，无论是城镇化过程还是城市管理中遇到的新问题，都要求管理者将政府权力纳入法治轨道，而十八届四中全会的精神无疑为之提出了明确要求，也为推进法治城镇化提供了更好的宏观环境。根据法制网报道，2014 年 12 月 3 日，最高人民法院公布《关于充分发挥审判职能作用推动国家新型城镇化发展的意见》，就人民法院深入贯彻落实党的十八大，十八届三中、四中全会和中央城镇化工作会议精神，充分发挥审判职能作用，推动国家新型城镇化发展提出要求。意见从保障农业转移人口合法权益、服务产业转型升级、推动新型城镇建设、强化生态环保案件审判、服务城乡发展一体化等多个方面，对人民法院充分发挥审判职能作用，推动国家新型城镇化发展提出了具体要求。最高法有关负责人表示，最高法将密切关注意见的贯彻落实情况，并结合实践中出现的新情况、新问题，及时研究提出新举措，不断提高人民法院推动国家新型城镇化发展的法治化、科学化水平。

3. 城镇化规划要有助于化解社会风险

城镇发展，不等于城镇化。政府应从社会进化和社会网络化的角度来看待和规划城镇化，促进社会平等，进而促进经济质量提升。

城镇化是一个网络化的复杂过程，城市、小镇、乡村都将纳入到这个网络中来，将地球的各个角落紧密地联系在一起。但城市主导的这个包含经济、社会、文化的复杂网络并未定型，人类至今不知道它将会向什么方向演变。

就此来看，城镇化仍未找到什么规律，所以难以人为设计。城镇化不是单一的经济过程，而是经济、社会、文化与政治复合转型的过程。如果把人类社会比作一个有机体，那么城镇化就不只是社会这个有机体发生的种种物理变化，如空间、状态的改变，而且还包含着种种聚合、分解和再聚合的类似化学变化过程，会给这个社会带来许多不曾有的新东西，包括经济的、社会的、文化的、生活的、交往的、观念的、制度的、道德的等各式变化。

但社会的“化学反应”是难以控制和预料的，这是一个自组织过程，谁也不知道，在众多经济、社会、文化元素相互反应之后会产生什么样的新东西。这个过程本质上是不确定的，而且会变得越来越复杂，因而总是伴随着公共风险。

公共化是把握城镇化内涵最重要的方面，是城镇化的本质。以工业化为基础的城镇化，形成了新一轮的公共化过程，衍生出不同于乡村文明的城镇文明。它区别于乡村文明的地方，就在于公共化达到了一个更高的程度。随着集中化、组织化和规模化的推进，公共化过程就会凸现出来，产生大量公共性问题，带来大量公共事务和公共需求。

社会的现代性，实质上就是公共性。例如集中居住，就产生了公共空间问题。一个小区里就有公共道路、公共绿地等公共设施；一幢楼里就有公共过道、公共电梯等公用设施。

人们之间交往也变得公共化，乡村社会那种基于血缘关系而展开的人情交往关系随之终结，而代之以专业、契约的理性交往。以专业分工为基础的人与人关系通过职业联系起来，邻里关系只具有单纯的物理空间意义。公共文化、公共道德、公共规则和公共选择等公共化问题就成为维系现代城镇文明的核心内容，是通往人类未来文明的桥梁。

但人们对公共化的认识和相关的知识至今都是零碎的，因此，公共化总是伴随着不确定性的放大和公共风险的增加。其实，各种公共化形式的外壳总是裹着各式各样的公共风险。城镇化，意味着我们要与不曾碰面的各种新的公共风险打交道。

规避风险却变得危情四伏。人口进入城镇原本是为了减少灾难和风险，“城”的本意就是对人和财产的护卫和防止祸害冲击。但是，由于城镇建设和管理的不善，却使城市生活的安全缺乏保障，反而成为高风险地区。例如犯罪、车祸、工伤、火险、环境污染、疾病传染、安全事故以及饮食不卫生、群体性事件等，居民感觉生活在高度风险的环境中，农村居民进城更觉缺乏安全感。

我国城镇化战略包含一系列的政策反思和战略调整，既能为延缓生产过剩危机爆发而构建“第二资本池”，也能在巩固农村“劳动力蓄水池”的同时，分散和弱化城市内生风险，实事求是地呼应了城乡二元结构这一国情矛盾。

有些发展中国家的城市化率比我国高，但多为农村贫困人口转移到城市形成贫民窟，社会危机烈度倍增，且容易诱发连锁反应。

以此为鉴，反思当前中国城镇化进程，应该高度重视城镇化过程中深刻而重大的社会结构变化。

一方面，城市“新工人群体”崛起对城市治理、稳定与可持续发展构成前所未有的压力。早在2011年，我国城市农民工已达2.53亿，占农村非农就业总量的50.7%，加上0.4亿随迁家属约为2.9亿。如此庞大的农民工群体要变成市民，导致企业用工成本与劳资矛盾进一步凸显，也使打工者的城市生活成本陡然显化，打破了原有“城市低水平工资+农村土地无风险资产=小农基本生计”的社会平衡。

另一方面，随着城市化发展，我国已拥有世界最大规模的超过3亿的“中产阶级群体”，约占总人口的23%，并将在2015年后达到5亿以上。这一群体对参与政府治理和维护自身利益有着强烈诉求，进而会对经济社会乃至政治结构带来影响。

面对两大社会群体的崛起，用“城镇化”替代“城市化”战略，既有利于把“新工人群体”集中在大城市的潜在利益冲突，分散到成千上万的县及以下城镇中，也有利于吸纳“中产阶级群体”崛起带来的投资需求，从而缓解社会结构快速演变中的结构性矛盾。

这正是进入资源严重稀缺而资本相对过剩阶段后，探寻适合自身发展路径的理性选择。因此，城镇化战略中，政府投资应该主要用于县域经济发展所依托的中心城镇建设，同时高度重视城乡合作与社会融合，高度警惕结构变动引发的各类社会风险。

三　城镇化应该从政府主导过渡为政府引导

中国城镇化在很大程度上为政府所主导。在新中国成立后的很长一段时间里，我国经济建设一直处于中央集权式的计划经济体制中，城镇化进程因而在很大程度上为政府的意志所主导。在实行“赶超战略”的经济发展战略前提下，为了保证有限资源流向国家所需要发展的地区、部门和企业，建立起了一套自上而下的高强度计划体制。反映在城镇建设方面，就是城镇的设立和发展主要受政府支配，城镇功能偏重于工业生产。

改革开放后，为适应经济体制改革和经济发展的需要，我国对原有城镇化政策进行修订并颁布了一批新政策，这些政策对促进我国城镇发展和推进城镇化进程起到了重要作用。在市镇建制方面，我国于1984、1986和1993年相继颁布有关标准或对先前标准进行修订。随着市、镇设置标准的放宽，小城镇蓬勃发展，使得我国城镇体系规模等级趋向正常。在人口迁移方面，80年代我国在城乡户籍方面允许农民进城落户政策的制定是一项历史性改革，改变了长期以来的城乡封闭状态，促进了城乡人口的合理流动。而在城镇建设方针上，我国在不同时期也提出了不同指导思想，从1978年的“控制大城市规模，多搞小城镇”，到1980年的“控制大城市规模，合理发展中等城市，积极发展小城市”，再到1989年“严格控制大城市规模，积极发展中等城市和小城市”，但事实上大城市的发展无论在计划经济年代还是实行市场经济体制之后都没能控制住，近年来已越来越倾向于大中小城市和小城镇协调发展，而事实也证明这才更符合中国城镇化实际。

（一）城镇化并不是一种政府主导的行为

我国城镇政府的行政管理体制、财政管理体制、城镇基础设施投入和管理机制、土地出让的收益分配机制等，都从制度上支持了城镇政府粗放扩张的发展模式和决策中的短期行为。

调整城镇发展模式，要改革城镇管理体制，防止资源通过行政等级，过多地被集中到高等级城市。同时，要提高土地出让成本，遏制摊大饼的发展趋势。此外，要调整政绩观。

要妥善处理好政府与市场的关系。政府不能“大包大揽”。要发挥市场机制作用，减少行政命令和过度干预，不宜把城镇化率作为政绩考核指标。

同时，合理确定中央与地方、政府与企业和个人分担比例和方式，理顺劳动力输出地与输入地之间的关系。建立于吸纳外来人口落户数和常住人口规模配套的转移支付体系，健全地方税体系，减轻地方政府对“土地财政”的过度依赖。

由于现有模式下中国的城镇化推进过于依赖政府主导，使得在现有土地制度和财政制度安排下各级政府纷纷热衷于扩大城市规模，造成对土地资源的低效利用以及对土地财政和房地产的过度依赖。房价过高、房地产市场膨胀业已对继续健康推进城镇化构成了严重障碍，不仅带来普通居民的住房问题，也抬高了城市内企业运营的成本，对实体经济的发展造成威胁，使得产业结构畸形演进，为城市的未来发展埋下隐患。

此外，在政府主导的城镇化模式下，政府的行政级别就成了推进各地城镇化过程中最重要的资源。行政级别高的城市就可以利用自身的行政地位来吸取各种要素，包括土地、资金、人才等等，导致城镇体系发展的严重失衡，即大城市尤其是行政级别较高的顶级大城市畸形扩张，而中小城市则发展不足。

1. 必须消除认为城市化是一种政府主导的行为的误解

反过来看中国的城市化历史，不难发现城市化是市场主动去推进，政府管理不得不调整的产物。也就是说，城市化是一个市场行为，即便在中国对要素流动有诸多限制的情况下，城市化依旧取得了这么大的进展，无疑是对市场的礼赞。

这主要是因为城市化有利于耕地保护，有利于农民增收，还有助于缩小城乡差距和贫富差距。有这样的好处，即便是严苛的户籍制度阻碍了城市外来人口分享城市福利，但依旧无法阻挡人口朝城市流动和聚集。

市场应当成为城镇化的主要力量，城镇化如何发展、城镇人口如何积聚，应该建立在市场的基础上、建立在一定市场化产业发展基础上。

不少地方把推进城镇化作为扩投资、稳增长、上盘子的重要途径，事实上把新型城镇化又简单回归到以土地扩张为简单手段的、人为造城主导的传统城镇化道路中。

城镇化是个市场的过程，政府起引导作用。大中小城镇要协调发展，不能人为造城和再搞摊大饼式扩大，严防“空城计”。

在我国快速发展进程中，确有一些城市过于老旧，需要建新城。但如此高比例的新城建设率，却有极大的风险。

过于依赖土地扩张、投资扩张的城镇化道路，首先，不仅危及18亿亩耕地红线，而且导致生态的破坏。其次，一些地方人为造城，主要依赖于政府债务，由此形成了地方债务的巨大风险，鄂尔多斯就是一个典型例证。另外，一味与农民争夺土地，则不可能不加大社会矛盾与冲突。

应当说，城镇化的进程，不仅仅是城区面积的扩大，更是人的城镇化，是农村居民生产方式的一种实质性变化。而在这个进程中，清晰地划分政府与市场的边界尤为重要。一方面，市场引导应当成为主要的力量，城镇化如何发展、城镇人口如何积聚，应该建立在市场的基础上、建立在一定市场化产业发展基础上；另一方面，政府在城镇化进程中，应该承担基础制度的供给责任，保障城镇化进程的自由选择与公平权利。例如，保障城乡居民在公共服务制度方面的有机统一、无缝对接和灵活转续。

在城镇化的实践中，缺乏市场引导，过于注重行政主导的城镇化，最后只能走上投资驱动、土地扩张的城镇化道路，这条道路无疑充满了危险；同时，忽视政府提供基础公共服务的城镇化，也将带来大量的弊端，比如流动人口权利困境和产业无序发展问题。从现实情况看，我们面临的主要问题是有些地方政府对城镇化过度热情，行政主导的力量大大超过了市场引导的力量。

因此，推进城镇化的当务之急，是确立城镇化的市场引导作用。同时，地方政府把更多的精力放在提供以人为本的城镇化制度上。这虽然在短期内见效有限，但对中长期发展却有重大意义。

2. 完全政府主导模式的破灭

与其他国家城镇化模式有根本不同的是，政府在中国城镇化推进过程中扮演着至关重要的决定性作用。大多数国家的城镇化过程，政府也是不可或缺的，要发挥引导、规划等作用参与其中。但在中国的城镇化中，政府的作用远远超越其他的国家，其推进过程基本上完全是由政府来主导。政府在利益分配格局中扮演着重要的中间商的角色，政府一方面低价从农民手中获得土地，另一方面将其高价卖给房地产商等；与此同时政府又不同于一般的中间商，它还承担着发展城市、推动经济、提供公共服务等各种任务，出让土地所获收益还用于基础设施建设、工业园区开发、招商引资等等，而近年来在中央政府的催督下，又将土地出让收入部分用于农田水利、教育等公共支出。

地方政府在国有土地出让中的收入在过去十年来有了大幅的攀升，而政府进行土地收购出让的最大目的是用于城市的建设开发。在政府主导用土地财政来推进城镇化的模式下，已经形成了一个牢固的利益链条。地方政府一手尽量压低成本来征地（强行拆迁等）、一手尽量抬高土地价格来卖地（垄断土地供应等），同时又用相应的收益来进行招商引资、城市建设，推动地方经济社会发展。

已有城镇化模式下的利益分配格局是一个不断自我循环、自我强化的链条。地方政府征地越多，越有可能一方面可以通过提高土地、压低地价来吸引各类企业，在招商引资方面获得竞争优势，以此带动地方产业和经济发展，与此同时又可利用大量廉价土地开展大规模城市建设；另一方面又可以充分利用自己在土地市场的垄断地位，不断拉高地价房价以最大化自身的土地收益。对于拥有房子和房地产投资者而言，则乐见房价的节节攀升。而地价房价的上升反过来又会强化地方政府征地搞建设的激励。

当然，已有的城镇化模式是在中国经济发展程度还比较低（尤其是农业生产力水平低）时探索出的一条有效推进城镇化的道路。它在国内土地资源紧张、人地矛盾突出、资金较为不足的制约条件下，充分利用了政府对经济社会发展的主导作用和在土地市场上的垄断地位，硬生生地闯出了一条快速推进城镇化的路子。此路一开，犹如打开潘多拉魔盒，各地似乎一下子找到了城市发展的终南捷径。各个地区的城市建设紧锣密鼓、城市面貌日新月异、城市房价连连攀升，神州大地处处呈现出一派高歌猛进的城镇化势头，尤其是那些行政级别高、资源聚集的大城市，更是一日千里。

但这种“以地谋发展”的城镇化模式在取得成绩的同时，也日益暴露出“不可持续”的特征。主要体现在三个方面：

第一，土地资源的制约逐渐显现。从客观上而言，土地资源是有限的，地方政府能够进行出让的、真正能够转换用途的土地资源更是有限的。土地财政在这个角度来看是不可能永远持续下去，是必然要终结的。

第二，土地征收成本不断攀升，地方债务风险明显增加。地方政府从土地买卖活动中的净收益则日益下降。根据财政部公布的数据计算，2011 年征地拆迁费用已经占到土地总收入的约 70%。实际上地方政府在土地征收买卖上的直接收益越来越少，而更多依赖土地抵押的方式从银行借贷来开展城市建设，不少地方债务平台围绕着土地而大做文章，由此导致地方债务风险的明显增加。

第三，社会差距不断拉大，社会矛盾日益积累。根据对已有城镇化模式的利益格局分析表明，绝大多数的失地农民和城市外来人口（包括农民工）成为过去城镇化过程中的牺牲者。在既有制度安排尤其是政府垄断土地市场的条件下，土地和房地产的畸形发展又大大加剧了社会的差距。在正常的市场供求条件下，房地产价格本身的高低本来不是问题，“高房价”本身不是罪，但不合理的是背后的利益分配格局。伴随着过去十年快速的城镇化，社会差距急剧扩大的最大来源之一则是房子（本质上是土地）在不同社会群体之间的分配。买了房子或没买房子、有一套房子或有多套房子，在很大程度上决定了社会中许多人一生的命运。在已有城镇化的模式下，每一寸土地的城镇化，都在制造新的社会不公，积累新的社会矛盾。

所以有人提出，现有的城镇化模式本质上是一个击鼓传炸弹的游戏，是一个不断剥削农民和新进城者、提前释放和消耗未来增长潜力的一个过程。而原有城镇化模式将会是传统发展方式中最有可能倒塌的第一块多米诺骨牌。倒塌的原因不外乎以下几种：土地财政的不可持续（引发地方债务、银行坏账等一系列危机）、房地产畸形膨胀而最终泡沫破灭、新城市二元结构矛盾的剧烈爆发（引发社会动荡和不稳定）。

已有城镇化模式的一个重要特征是政府主导，城镇化过程中的各种重大事务基本上都由政府来发起、政府来推动，市场在其中的作用难以得到有效的发挥。从中国现代化转型的角度来看，政府与市场关系的调整就是要打破政府主导的一元化模式，从原有的“金字塔型的官僚化社会结构”逐步过渡到“网络型的多元化社会结构”，在此过程中不同社会主体间的关系也由“血缘亲缘化的个人关系主导”逐步转变为“正式和非正式的契约化关系主导（包括市场规制和契约）”。

3. 由“政府主导”转为“多方参与、政府引导”是迈向城镇化新

路的核心之举

已有“以地谋发展”城镇化模式的核心是政府主导了城镇化的整个过程，这个主导权的实现关键在于政府在一级土地市场上的排他性地位。也就是说，只有政府才可以通过征收的方式将农村土地转变为城市土地。从理论上看，政府代表全体民众的利益，进行相关土地的征收出让，推动城市建设和发展，以实现这个地方社会整体利益的最大化。因此赋予政府在土地市场上的排他性地位，似乎也是无可厚非的。然而，地方政府本身亦有自己的利益，一旦在城镇化推进过程中既做裁判员、又做运动员，获得了土地市场上的排他性地位，那么它一方面会压制和剥夺其他主体（农民、城市居民、企业）的权利和利益，千方百计地使自己的利益最大化；另一方面又具有非常强的道德风险倾向，将相关的风险（粮食安全、金融稳定、社会稳定等）转嫁给中央政府。

在当前对城市化模式的讨论中，土地所有制是核心，如何确保农民在土地的相关权益、提高农民在土地增值收益中的分配比例成为讨论的热点。事实上，更为重要的是如何规范地方政府在土地市场上的行为、真正能够有效切断地方政府在城镇过程中的掠夺农民之手。这里的关键是在于要打破地方政府在一级土地市场的排他性地位，将城镇化过程中由“政府主导”转变为“多方参与、政府引导”。

从短期看，要有效规范地方政府在土地市场的行为，逐渐培养在土地和城市等规划约束下、政府监督下的自愿土地交易行为，扩展土地自愿交易空间和市场。从长期看，要明确规定政府在土地市场上行为的界限，只有那些涉及公共性土地（基础设施建设等）的征收，政府才能参与。一般经营性的土地征收，政府不得参与其中做中间商，真正杜绝地方政府“经营土地”的行为。

地方政府在从一级土地市场适当退出的同时，要把重点放到相应规划的制定和执行上，来规范和引导地方的城镇化进程。目前来看尽管地方政府对各种规划都很重视，许多地方都不惜花费重金、延请国际著名机构和专家进行制定。但与此同时，规划的严肃性、稳定性和执行力却难以保证，不同规划之间的衔接亟待加强，“规划规划，书记话话”的现象仍然普遍。如何加强规划的法律效力，保证其执行力将是地方政府在推进城镇化中的重要任务。

地方政府应该从“经营城市”必须要“经营土地”的理念中跳出来，政府并非只有采取排他性“经营土地”的方式才能在土地增值中获益最大，才能最快地带动城市建设和地方发展。在导致社会矛盾激化和群体性事件的条件下，大规模的“经营土地”反而可能带来地方政府总体利益的得不偿失。地方政府从一级土地市场上退出来，加强相关监督，通过相应的税收安排在第三方土地交易的增值中受益，也是可行之道。城镇化推进的各个环节，地方政府并非要亲历亲为，而应从相关规划制定执行、相应监督执行以及税收安排上下功夫，真正做好政府该做且应做的事，才能推动城镇化迈向新路。

（二）城镇化不能再走政府主导老路

长期来，我们实行的是政府主导性的城镇化，进展甚缓，教训不少。而在市场经济相对发达的地区，经济发展较快，城镇化水平相对较高。比如，我国东部沿海地区，市场化改革相对走在前列，通过20世纪80年代乡镇企业的充分发展，积累了工业化与城镇化发展的资金，产生对具有聚集经济效益的城镇化的需求，通过企业在城市、城镇工业园区的建设，通过参与城市的基础设施的投资，推动城镇化的发展。这就告诉我们，城镇化建设既要发挥政府的作用，更要依靠社会主义市场经济的发展。随着改革的深入，社会主义市场经济体制逐步完善，政府的作用由主导转变为引导，我国正在形成政府引导、市场主导、经济推动的城镇化建设机制，这对于加快城镇化建设具有极其重要的意义。

中国的城市化、城镇化到目前为止主要的特征是政府主导，这种政府主导的模式是历史形成的。问题严重的是，中国现在推进城市化所依赖的很多制度、政策，都是在过去抑制城市发展时期形成的，其中有不少冲突和摩擦。

1950年宪法规定了公民有自由迁徙的权利，但是没有好好贯彻。1975年“文革”中的宪法又规定不能迁徙。硬的行政化指令与城市化之间有什么矛盾呢？无论抑制还是推进，行政指令主导的城市化跟另外一些方面的现实问题都有冲突。因为在城市化的过程中，人口的空间结构不断发生变化，有很多因素是我们驾驭不了的，专家不完全知道，政府也不完全知道。

所以我们的体制在处理这种变量的问题上不能没有弹性。比如说农民进入城市，选择进到哪里的城市不能被笼统的规定，本身就有高度的不确定性。

全球各大城市的城市化案例也证明这种不确定性。苏联的城市化很失败，因为当时苏联的中央计划官员有一个想法，就是国土均衡发展，不能光俄罗斯的欧洲部分有工业化，中部、东部也要工业化，用了各种国家政策、国家投资。20世纪30年代以后苏联的城市化率也是显著提高的，从20%—30%到了60%—70%。但是东部地区的工业比重提高了，中西部原来发达的地区却相对降低了，看起来国土均衡了，但东部并没有因此成为有活力可持续发展的地方，我们现在没有人记得住俄罗斯东部到底有哪些成为文明城市的标准的地方，苏联一解体还是往欧洲地区去。

大东京也遇到过类似的问题。一开始涌进东京的人太多了，政府设置了很多的政策往外哄，最后明白不可能，因为你设置的惩罚，包括对企业、居民等微观层面，加上去还不如进东京的好处大，惩罚被抵消掉了，民众自然还是要往大东京地区来。所以现在的大东京地区占日本国土面积的4%，却集中了日本20%—30%的人口。

政府可以在文件上写这个方针那个方针，但是人的微观层面，包括到底去哪里生活，哪里工作，都受无数因素的影响，不完全可以实现制度控制。另外，城镇化不仅仅是农民进城，还是城市和城市之间的流动，美国的城市化率79%，每年有4000万人移动住处，择州而居。

近几年底特律的故事引起中国人的关注，城市从1700万人减到了70万，不要认为这样的情况在中国不会出现。城市之间也会有涨落，因为总人口在，底特律减少的人口也没有到乡下去，而是到别的城市去了。这个因素也不是我们认知上可以可控的，不能作为一个计划，一个命令就把人像棋子一样装到地图的某一个位置上。

强行去做后果非常严重，会把很多的资源布错地方。更进一步讲，城市的形态也是变化的，美国一个时期呈现“郊区模式”，一片草地一个独立房，那其实是汽车工业派生出来的城市发展类型，但是汽车过了一个临界点以后就变成了麻烦。

人们收入增多，但是时间没有增加，也就是收入变高以后人们的时间成本会变高，人们对便利生活的要求很高，摊大饼、郊区化的模式就变得不太受欢迎，大东京这种步行之间多种多样的城市功能集合社区模式在市场上和社会重新具有感召力。现在世界又发生了变化，轨道交通、通讯模式的变化，对人们的居住模式一定会有影响。

再者，政府的管制、法律、法令、政策等在城镇化发展过程中常常滞后。这方面教训最大的就是印度的孟买，大量人口涌入，但是城市管理者认为要把容积率降低，结果非法的建筑大量产生，形成了世界上难见的景观。从机场跑道开始一直到市中心都是非法建筑。这个问题中国国内也有，房产开发强度高密度不高，香港则是强度低密度高。

最后就是城市化过程中最难驾驭的一个变量——人气，有的城市很有人气，但有的地方人气很差，特别是我们国内这一阶段快速起来的城镇，房子很漂亮，规划也不错，就是没有人气。我们城市化现在高度注意的是硬件城市化，对软的城市化比如增加人气、增加城市活动注意不够。

总的来说，城市化大的方针没有问题。稳定地推进健康的城市化，这个方向是正确的，问题是制度形成之后的环境已经发生了变化，制度也要相应的改革，至少两个方面要松动。

第一，更多地依靠市场。

中国工业用地占的比例惊人，深圳地价很高，深圳的工业用地占城市用地的35%。上海还好很多，但是上海跟东京比、跟新加坡比还有不小的距离。怎么造成的，我们招商引资，人为地压低地价，把土地分成这个用途那个用途，对它的价格形成过程任意进行干预，不让价格反映机会成本，这个资源是配置不好的。所以现在不是出了问题把管制搞得更细，而是去掉一些管制，应该让价格机制在更大区间、更大的范围，更多的品种当中发挥作用。

第二，减少政府主导，动员社会机制。

我们都讲规划，可是我们的规划很大程度是长官意志的一种包装，我们有很不错的规划专家，但是很多规划专家的意见不能体现到规划里去。这个机制不改，我们城市化中很难吸收全人类城市化的经验教训。仅仅有专家也不够，公众也要参与规划。我们现在有一个规划界讲的“使用者缺位”的问题，民众在这里面生活，但是对这个城市怎么形成，道路怎么规划，设施怎么配备没有发言权。我们很多规划里面没有市民参与公共生活、公共秩序形成的讨论。

所以总的说来，现在城镇化面临的挑战非常大，需要解决的问题也非常多。这里主要讲两条，一要把政府主导这个历史形成的模式做一点修订，二要把一部分钱还给市场，一部分权一部分控制机制还给社会，因为市场和社会的机制有更大的弹性，更适合处理我们完全不知道的事物，更有弹性地驾驭城市化的发展。

（三）城镇化应当是个自发的进程

所谓自发性是指要更多地依赖市场机制和政府之外社会各界的力量推动城镇化。“自发性”乍看起来与“规划性”似有矛盾之处，实则不然。关键是政府部门一定要充分认清自己的定位和作用，从宏观上和法律上，做好制定规划、制定标准、维护秩序等自身应做的工作，尽可能少地直接干预城镇化，让市场机制发挥更大的作用，让社会力量发挥更大的作用。例如，城市用地应尽可能按照市场规律，让市场决定价格。市政规划和管理也要多听协会、商会等非政府组织的意见。要开通正常渠道让市民参与城镇管理，成为积极的参与者和监管者。城镇化资金的来源也要多渠道筹措，土地财政终非长久之计，除了贷款等间接融资渠道之外，要增加债券和股票等直接融资，形成政府、民间、个人等多渠道融资。当然，对于借债搞城镇化，一定要量力而行，注意控制风险。政府经常性支出要做到零赤字，建设性项目可以适当负债，但必须有度。要通过信息公开、财政预算公开、加强监管，运用市场机制等手段管理好举债的度和风险。

众所周知，过去十几年来，中国城市化的速度非常快，城镇人口已达近7亿。但不可否认的是，当前这种城市化的模式和速度带来了很多问题，有些还相当严重，甚至出现了人们担忧的“城市病”。

为什么会造成这样的局面？在很大程度上讲，这与当下的城市化模式有关。这种模式的基本特点是通过规划和设计人为地促进城市的扩张，将城市当作可以随意规划的对象，漠视城市中的人以及人文、自然环境等因素。在不少地方，决策者都将城市化当作拉动经济增长和增加GDP的工具，不考虑城市的承载能力，不考虑城市的人文环境，不考虑人们的生活感受。在他们心目中，城市化就是不断搞建设，就是扩大城市的规模。于是，城市道路挖了一遍又一遍，高楼大厦建了又拆、拆了又建，文物不断消失，街道不断变化甚至频繁更名，让人们无所适从。

这种模式也反映在城市的行政化和等级安排上，城市被人为地分为三六九等，拥有不同的级别，诸如计划单列市、副省级城市、地级市、县级市等。并且，这种级别与一个城市拥有的权力和资源密不可分，通常情况下，一个城市的级别越高，其掌控的权力和资源就越多。这与国外的城市形成鲜明对比。

行政色彩浓厚的中国城市化进程，仿佛是决策者手里的一盘棋，生活在城市里的人以及他们工作和生活的场所都不过是可以任其摆布的棋子，正如亚当·斯密所言："掌权者倾向于自负地认为自己非常聪明……可以非常容易地摆布一个巨大社会里的不同成员，正如用手摆布棋盘上的不同棋子那样。他没有考虑到，棋盘上的棋子，除了手对其施加的力量之外，没有其他的行动原则；但在人类社会的巨大棋盘上，每个单个的棋子都有它自己的行动原则，完全不同于立法机关可能选择对其施加的力量。如果这两种原则一致且方向相同，人类社会的这盘棋将会行动自如、和谐美满，很可能既幸福又成功。如果它们彼此龃龉或者方向不同，这盘棋将会悲惨不堪，这个社会一定始终处于最高程度的混乱之中。"

不能不说，中国的城市化正带来斯密所担忧的"混乱"，出现了严重的"城市病"。这种城市化的模式是一种典型的计划经济思维。在决策者的眼中，城市就是计划的产物，仿佛是"任人打扮的小姑娘"。殊不知，城市化应当是一个自发的过程，一个逐步演进的过程，一个由民众参与和主导并为了民众而改变的过程。尽管这一过程中并非没有人为的因素，但它不是决策者根据某种杜撰的方案刻意设计的结果，而是无数个人自发协调、相互合作的产物。在某种意义上讲，城市不是人造的，而是生长的。历史上的很多城市都是人们围绕集市和贸易而自发聚居之地，有着自己的文化、传统和气质，有着明显的地方性。而中国的城市化在一定程度上就是人为造城和扩城，城市几乎是一个模子塑造出来的，那里的人文气息在不断改建和扩建的过程中逐渐消失。

不仅如此，这种人造的城市（尤其是大城市）集中了社会中大部分的权力和资源，正如中国的政治与法律体制一样。就全国范围而言，权力和资源主要集中在首都及其他几个特大城市，而就每一个省或者自治区而言，权力和资源主要集中在当地的省会城市。这些大城市不仅是权力和行政机构的所在地，而且还集中了中国最好的大学、医院、大型企业以及其他各种组织。为了修一条道路，盖一个工厂，或者建一所学校，当事人可能不得不去几百里之外的大城市甚至去数千里之外的首都获得审批。一个人想要上好的大学，到好的医院看病，寻找更多的工作机会等，似乎都必须去大城市。

这种权力和资源的人为集中造成了诸多问题，不仅降低了大城市的生活质量，而且影响了整个社会的均衡发展。在这种格局下，人才的流动几乎是单向的，凡是有能力的人大都想方设法进入大城市。比如，无数受过高等教育的毕业生宁可选择待在北上广等大城市里从事与自己专业无关的工作，也不愿意去中小城镇或者广大农村，即使那里有更合适的工作。有人还因此批评大学生们“挑剔”，其实他们的选择是非常理性的，因为大多数中小城镇和农村基础设施落后，看病就学等方面跟不上，甚至连水电供应也难以保证，他们怎么会愿意去呢？

长期以来，中国的社会经济发展一直是优先城市（尤其是大城市），中小城镇和广大农村受到方方面面的歧视，造成为人诟病的城乡二元结构。大城市吸纳了过多的资源，那里的基础设施和公共服务不断改善，有些方面似乎已经超过了发达国家的城市。然而，大城市的光鲜与现代却是以中小城镇和农村的落后和破败为代价的，与大城市的居民相比，中小城镇和广大农村的居民仿佛是“二等公民”。户籍制度、土地制度、教育制度等都将大城市的居民与小城市的居民分离，将市民和农民分离，为潜在的社会撕裂埋下了隐患。

从根本上讲，权力和资源的集中造就了一种单中心的治理模式，与以分权和资源分散为特征的多中心治理模式适成对照。在多中心社会里，由于决策权力和各种资源都是分散的，大城市与中小城镇以及农村之间的差别较小，尤其是在基础设施和公共服务方面。譬如，在美国这种典型的多中心社会里，联邦和各州的首府大多都不在大城市，而是在中小城镇，并且，成百上千所大学也都坐落在小城，形成生活舒适、学术一流的大学城。在那里，人们不用拼命地去大城市找工作、就医或者就学。

城镇化本身是一个充满变量的进程，政府和专家都没有能力提前熟悉演变过程中的变量，也因此，之前城镇化进程中政府主导的模式不能再被延续，否则可能导致严重的后果，会把很多的资源布错地方。

未来的城市化应当去行政化，这应当是个自发的进程，并且，在这一进程中，要吸取过去将权力和资源集中在大城市的教训，从单中心的模式走向多中心的模式。

推进新型城镇化，要坚决避免传统发展城镇的思路，努力发挥市场和社会机制在城镇化建设中的积极作用。美国底特律市的破产就是一个很好的教训。它告诉我们：城镇不等于建筑，城镇是居民的聚集中心。因此，需要认真研究政府开支如何造福人民，这是国民经济成长新阶段的一项核心任务。过去几十年，以 GDP 政绩考核为核心的干部评价标准引导各地把过多的资源投入到了住宅和基础设施，导致城镇和区域发展缺乏创新和活力，甚至在一些地方出现越来越多的“鬼城”。这种状况的确到了需要切实加以改变的时候了。

（四）城镇化要改革政府主导型机制

党的十八大提出，必须以改善需求结构、优化产业结构、促进区域协调发展、推进城镇化为重点，着力解决制约经济持续健康发展的重大结构性问题。要实现以城镇化推进经济结构转型的重大战略目标，我们必须改革旧的、僵化的城镇化发展模式，将城镇化作为一种改革战略，革除体制弊端，释放市场力量，充分实现城市的经济集聚效应。

“改革是中国最大的红利”，有制度的改革，才有城镇化巨大红利的释放。高质量的城镇化，只能通过进一步市场化改革来完成，让要素自由流动，最大限度地优化资源配置。在这一过程中，政府需要做的，是将合理的顶层设计与积极的末端治理相结合，为城镇化造就良好的政策和法律环境，避免与民争利、公益缺位、功利上位等现象的出现。

在新型城镇化的发展模式上，应从政府主导的城镇化逐步过渡为市场主导、政府引导的城镇化。也有专家认为，城镇化中，并不能简单地说政府或者市场谁为主导力量，谁为辅助，这是一个功能的不同。现阶段我国城镇化的进程，应当是政府引领并规范，市场推动、企业主导。政府主导的城镇化在执行过程中过于依赖行政力量，容易引起各种利益的冲突，严重时甚至会影响社会和谐稳定。比如，过去在城镇化过程中屡见不鲜的强征农民土地、强拆住宅，可以通过市场化的公平高效的土地确权及流转制度来解决。再如，政府应从赶农民进城上楼、人为实现城镇化的目标，转变为给农民在城镇安居乐业提供制度便利和政策条件，使他们有意愿也有能力真正成为城市居民。

现在我国进入了中等收入国家行列，人口城镇化率已超过50%。过去以城市建设为中心的城镇化虽然在一定程度上提升了经济发展水平，也转移了大量农业富余劳动力，但工农差距、城乡差距进一步扩大了。与此同时，城市尤其是大城市普遍出现了人口拥挤、交通拥堵、环境污染、房价高涨等“城市病”。在此背景下推进城镇化，决不能重复以前的老路，而应赋予其新的内涵，特别应把重点放在发展农村城镇，这样才能充分发挥城镇化的作用。

推进新一轮城镇化，需要创新机制。首先，过去的城镇化重点是城市面积扩大和人口比例增加，而新阶段城镇化的重点应是城市要素出城进入城镇，包括产业和人口向城镇分流。这是与市场调节的方向相悖的，需要政府的积极引导。其次，目前农村城镇与大城市经济社会发展水平和市场化水平的差距十分明显，如果任凭市场调节，在优胜劣汰机制的作用下，农村城镇不但没有能力吸引城市发展要素，自身的发展要素还可能被城市吸走，因而需要政府发挥积极引导作用。

规划先行。目前，城镇实际上是涉及县城、中心城镇、小城镇和新农村的结构。分散的城镇区位形不成集聚效应，达不到规模经济。新阶段推进城镇化需要政府科学规划、统筹安排，做到规划先行。应科学合理地规划大中小城市和小城镇的布局和功能，实现城市和城镇规划一体化。除了功能规划，还应重视空间规划，突出城镇发展的集中、集约和生态要求。

政府投资引导。发展农村城镇，需要民间投资，但政府的引导性投资是不可或缺的。国家应把基础设施建设和社会事业发展的重点放在农村城镇。政府按照规划在城镇进行基础设施、公共设施建设，并给农村集中供水、供电、供气，通路、通电话、通电视、通网络，建生活污水处理设施，办学校、办医院。当然，政府对城镇建设的投资主要是引导性的，还需要动员社会各方面的力量。

推进基本公共服务城乡均等化。这方面的主体是政府，主要涉及两大问题：第一，由于历史和经济的原因，优质的公共设施和公共服务资源特别是优质的教育和医疗资源基本上集中在城市，这就造成城乡享用优质公共服务资源的巨大差距。推进城镇化，应扩大基本公共产品在农村的覆盖面，同时逐步把优质的教育、医疗等基本公共服务资源安排到城镇，使农民在当地城镇就可以就近享受城镇化的成果。第二，基本公共服务能否实现均等化实际上同地方政府的财政能力相关，说到底同现行的财政体制相关。目前，不同地区的公共产品供给能力取决于当地的经济发展水平，经济发展水平越高，地方财力越强，公共产品的供给能力就越强。显然，要实现基本公共服务城乡均等化，就要将之同各地经济发展水平脱钩。政府需要对基本公共服务供给进行城乡统筹协调。

总之，新阶段的城镇化需要各级政府主动推进和积极引导。同时，为防止大拆大建和滥用土地，城镇化也不应是开发商自发的行为，而需要政府科学规划和严格监管。当城镇发展水平提升到与城市相当，基本公共服务城乡均等化实现，政府就可以将调节任务主要交给市场了。

只要我们把城镇化当作改革的核心战略，把市场规律作为城镇化进程中的基础力量，经济结构的问题将迎刃而解，经济发展方式转变也将水到渠成，城镇化将真正成为我国经济转型和可持续发展的新的动力源泉。

第六章

城镇化的美景——要让居民记得住乡愁

目前，我国一些城市重经济发展、轻环境保护，导致大气、水、土壤等环境污染加剧，生态环境受到破坏。《国家新型城镇化规划（2014—2020年）》指出，要坚持“生态文明，绿色低碳”的基本原则，要“把生态文明理念全面融入城镇化进程，着力推进绿色发展、循环发展、低碳发展，节约集约利用土地、水、能源等资源，强化环境保护和生态修复，减少对自然的干扰和损害，推动形成绿色低碳的生产生活方式和城市建设运营管理模式”。

《规划》指出，新型城镇化建设要坚持“文化传承，彰显特色”原则。记得住乡愁的城镇化的本质，是为了让中国新型城镇化成为有根的城镇化。为此，要“根据不同地区的自然历史文化禀赋，体现区域差异性，提倡形态多样性，防止千城一面，发展有历史记忆、文化脉络、地域风貌、民族特点的美丽城镇，形成符合实际、各具特色的城镇化发展模式。”要以人为本、尊重自然、传承文化，保留住乡土的记忆，让我们的乡愁找到“归路”，把我们的“根”留住。

一 乡愁与中国的乡土文化

（一）乡愁——对家乡的情感纠结

乡愁是对生养之地刻骨的记忆与眷恋。她可能是一棵树，一条河，一种色彩，一丝味道，她融入我们的血脉中，烙印在我们的灵魂里。然而，在人类走向现代化的进程中，城镇化已然成为绕不过去的一段，或者也可以说是现代化的必由之路，在城镇化的大潮中，“城进村退”正成为当今中国面临的一个普遍问题，乡愁的样貌正变得越来越模糊。

随着社会的发展以及城镇化进程的高速推进，人们似乎在一瞬间就被城市五光十色、灯红酒绿的繁华景象所吸引和陶醉，一个“城镇化就是以工业取代农业、城市取代农村”的观念膨胀开来。人们一开始认识到的是中国城镇化将成为世界最大的投资机会，水泥森林取代生态森林，人们一时欣喜于这一变化带来的看得见的张张钞票，却忽视了由此流失的看不见的滚滚财富。“在过去的十年，中国每天消失几十个村庄！”联合国教科文组织北京办事处专员杜晓帆考察了中国多地的古村落，他大声疾呼——“人类永远走在历史的延长线上。粗放的城市发展，拆除的不仅是村落或成片的老房屋，更拆掉了祖先延续下来的民俗和邻里文化，拆掉了人们对乡土的情感，传统村落如何有传承的土壤？”其他村庄虽在，也早已千疮百孔。工厂进驻，土地被征，河流污染，垃圾遍地，农民纷纷出外打工，农村里只剩下小孩、老人……在这个让人迷失的“城市时代”，故乡早已不是原来的故乡。有的地方为了业绩，大搞新农村，将城镇化异化为盖房子、拓道路，复制大城市——推平了稻田，建起了宽阔的柏油马路，一栋栋高楼拔地而起，农民们都上了楼。新的农村居民点，看起来房子更漂亮了，村容更整洁了，但却了无生气。一些“被上楼”的居民面临着一系列问题，房有了，地没了，对未来感到无助与茫然。

与此同时，快速膨胀的城市规模，也使一些城市不堪重负，“城市病”愈加明显。中国国土经济学会副理事长兼秘书长柳忠勤说：“迅速扩大的城市规模导致基本农田逐年减少；居住用地紧张促使房价居高不下；交通堵塞、环境污染使城市的环境与品质不断下降；盲从混乱的规划使越来越多的城市正丧失独特的历史文化个性。”数据显示，本世纪以来国内城市的建成区面积扩张了50%，而城镇人口只增加了26%，大力推动城市化建设，在一些地方变成了追求GDP增长的“跑马圈地”，成了塑造政绩的大拆大建。据专家测算，城镇化率每提升一个百分点，将会有1000万人口转移到城市。过去10年，中国的城镇化率以每年1.35个百分点快速发展，而像“文化社区无文化”这样的遗憾和尴尬在此浪潮中也不再是个案，就连上万人的大社区也缺少文化设施规划，居民文化活动场所“捉襟见肘”。

也就是说，伴随传统村落锐减的是乡土特色和民俗文化的流失，与此同时，粗放的城市发展又缺乏文化建设，存在严重的后遗症。而这种现实存在，既没能让原来的农民真正过上他们梦想的现代化美好生活，也没能提高城市居民的幸福指数，大家不约而同在向往城市现代化便利的同时也在怀念乡土生活的美好。“暧暧远人村，依依墟里烟”——中国人最诗意和温情的生活方式似乎永远无法离开乡村田园背景。

故乡是每个中国人都急于挣脱，挣脱后却又天天怀念的地方，这就是我们在人生旅途中对家乡的情感纠结。“乡愁”一词寄托了游子对故乡记忆的眷恋和思念。为什么愁？起码有两点原因：其一，愁的是思而不得见；其二，愁的是见了却发现已然面目全非。因此，我们说只有尽可能留住原汁原味的乡土风貌，才会留住魂牵梦绕的美好记忆。观照“乡愁”，重新审视城镇化过程中乡村的价值定位，已成为我们必须直接面对的问题。

（二）乡愁的背后是乡土文化

呼唤“美丽乡愁”，留住乡愁，乡愁的背后实质上就是乡土文化。中国自古以农立国，乡村既是传统文明的载体和源头，也是现代文明的根基和依托，它给我们留下了很多文化遗产。一定程度上，中国乡村承载着五千年文明传承之根，包括方言、风俗习惯、思想道德、宗教信仰、娱乐、雕塑、建筑、中医药、文物古迹、衣着服饰等，中国物质文化遗产和非物质文化遗产绝大多数都在乡村，少数民族的“非遗”更是全部都在乡村中。可以说，乡村文明承载着我国宝贵的文化遗产，蕴含着深厚的历史文化信息。

我们知道，现代文明社会在制度和规则层面两大基本要件，一是产权关系及与之配套的法律体系，二则是诚信体系，而此两大要件恰恰也是传统乡土文化最明显的特质。首先，传统乡土文化观念中具有清晰的产权关系及其规范要约。比如，每家每户耕作的土地不仅有面积、地块等标识，还有“鱼鳞图”勾勒它。甚或可以说连阳光、空气、水这些取之不尽的自然之物都有相当明确的产权，盖房子不能挡住别人的行路、采光、通风，臭粪池不能建在村子的上风头，灌溉农田要兼顾下游用水，等等，这都是溶化在农民血液中的维护别人产权的乡规民约，而且约定俗成，自然而然施行不悖。

再者，传统乡土文化有着别具一格的诚信体系。我们知道，城市是移民性的生人社会，人与人之间的关系主要依靠的是契约；乡村社会则不然，它是聚族而居的熟人社会，靠的正是诚信。以诚信和道德作为相互利益关系的抵押品，看起来没有法律的威严，感觉好像也虚无缥缈，但实际上比实物抵押更具有约束力。因为在这种熟人环境下一旦违约，不仅要被整个熟人社区集体抛弃，而且会殃及子孙，波及家族，后患无穷，得不偿失。

然而，在城镇化的过程中，由于深受强势的城市文化以及外来文化的影响，许多历史名城中的文化遗产遭受到冲击，城市历史文化遗产保护方面面临着“建设性破坏”、“开发性破坏”及“商业旅游性破坏”。一些古香古色的传统文化小镇，遭到大拆大建的毁灭性开发，致使一片片积淀丰富人文信息的历史街区被夷为平地，许多具有历史意义的传统文化街区的历史真实性正在消失；另一方面，城市发展、城市建筑和城市布局趋同，出现千城一面、风貌雷同的现象。伴之而来的，就是乡土文化的令人痛心的破坏，社会诚信严重缺失，伦理道德水准极度下降，人们的幸福感普遍不强。

于是，我们开始反省，乡土文化真的“土”吗，时髦的城市化到底给我们带来了什么，为什么我们现如今感受到的城市化并没有我们想象的幸福呢？由此，我们感悟，不仅自然资源需要保护，人文资源也需要保护，深具中国特色的乡土文化更不能就这样轻易废弃。它是中华民族数千年文明的积淀，其价值恐怕还真不能轻忽，其中蕴含的诸多文化要素即使在现代文明社会也不能说它就过时。因此，我们理所当然有义务有责任使之延续下去，绝不应该让城镇化的大浪把它卷走。而且，这基于遵循社会发展演进的内在基本规律，也是人民大众寻求真正幸福的群体选择。

（三）没有农村文明的城镇化是单调的

在工业化、城市化和现代化的发展过程中，农村的衰败似乎是一个不可避免的归宿。其一大标志就是蕴含着丰富历史和文化信息的传统村落的解体乃至消亡。中国文联副主席、中国民间文艺家协会主席冯骥才，有一次在接受采访时称，中国每天消失 80 至 100 个村落，速度之快令人咂舌。他援引官方公布的数字，过去十年，中国总共消失了 90

万个自然村，这些消失的村落中有多少具有文化保护价值的传统村落，则无人知晓。

如潮水般无法阻挡的城市化进程，让无数村庄成了只能回忆的碎片。记忆中曾经有过的田园生活被异化，牢笼般的城市蜗居却成为人们必需的选择。农村的人盼着进城，小城市的人正在走向大城市。农村被一步步地蚕食。还有多少农村被遗忘，等着消失？似乎谁也说不清楚。

孟子曾说："死徙无出乡，乡田同井。出入相友，守望相助，疾病相扶持，则百姓亲睦。"这是乡土中国延续千年的价值观和生活方式。而当原来村庄里的生活形态，被城市化的履带所碾碎，寄存在村落之上的这种价值观和生活方式，也随之成了游魂野鬼。与此同时，将资源、人员集中起来的新农村乡镇建设，却以整个农村的公共服务的缺失来垫底。这不仅是现代化的时代之殇，更是一场空前的文化灾难。

传统村落是中国乡村社会的缩影，是历史文化的传承，因其深厚的文化积淀、丰富的历史信息、意境深远的文化景观，而具有史考的实证价值、史鉴的研究价值、史貌的审美价值。如果传统村落消失，失去的不仅是可见的形态，更可能是我们的历史密码和深藏于我们心灵深处的文化基因。

作为一种传统文化的载体以及历史发展的遗产，自然村落当然需要保护。"留住乡愁，不能依靠'临终抢救'！"冯骥才说。记得住乡愁，是民意期待在中央政策中的诗意体现，是城镇化文化回归的信号。

任何单向度的城市化都不可能取得永久性的成功，唯有城市与农村的双向发展，基础设施与公共服务在城乡之间实现均等，现代化能够在尊重传统社会的基础上进行，这才是时代不可逆转的取向。偌大的中国不可能没有农村，也不能没有农村。这一点谁也不能否认。

（四）新型城镇化——回归民意的城镇化

改革开放以来的中国，一直行进在加速城镇化的道路上。在这一进程中，有欣喜也有忧虑，我们在行进中不断摸索，在摸索中不断调整前进。党的十八大报告提出，“到2020年城镇化质量要明显提高”；2013年年底的中央经济工作暨城镇化工作会议再次强调要推进“有质量的城镇化”；2014年的国务院《政府工作报告》又提出，“要健全城乡发展一体化体制机制，坚持走以人为本、四化同步、优化布局、生态文明、传承文化的新型城镇化道路。”

新型城镇化为我们描绘一幅新蓝图的同时，也提出了一个需要深入思考的重大课题，在发展城镇化的道路上，怎样才能让更多的老百姓满意？有别于从前，一个“新”字规定了推进城镇化的方式、道路和标准，“要体现尊重自然、顺应自然、天人合一的理念，依托现有山水脉络等独特风光，让城市融入大自然，让居民望得见山、看得见水、记得住乡愁。”如此深情的句子，出现在中央城镇化会议的报道中，让人眼前一亮。它准确道出了新型城镇化的核心——以人为本。显然，以人为本的城镇化，才是高质量的城镇化，才是新型城镇化的核心要义所在。

城镇化的产业应实现与本土结合，在浓郁乡村文化的底色中，融入现代理念。新兴产业的发展是乡村文明内生性的物质基础，没有新兴产业的发展，农业文明、农村文明、农民文明都是一句空话。城镇化的产业完全可以实现与本土结合。乡村是内需市场的提供者，也是新兴产业的发展地。乡村新兴产业亟待开发，比如乡村旅游产业。当前，随着现代城市病的加剧，城市居民回归自然，回归乡土的趋势日益强烈，乡村可以顺应这一消费心理，利用其地域历史文化、农耕文化、民俗风情、自然风光等资源，开拓乡村旅游、生态农业观光与体验的生态人文旅游项目，比如，打造农耕乡村、渔业乡村、游牧乡村、手工业乡村、商贸乡村等传统旅游产业项目。尤其要注意实现资源产品化、产品个性化、市场差异化、运营规范化、服务系列化，在新、奇、特上下功夫。

总之，新型城镇化建设不但在风格上要有魅力，在产业发展上也要有自己独特的个性。因地制宜发展个性化的特色产业，宜工则工，宜农则农，宜游则游，努力保持和发挥好自身个性化特色，实现城镇化建设和“乡愁”文化保护的组合效果，让城镇化的产业更符合本土文化。同时，给乡土社会文化传统的形式与内容尽可能地预留或开辟生存空间，条件许可的情况下，在城镇建设中建立乡土文化博物馆、生活传统体验基地，通过生态旅游项目寓教于乐，使人们逐渐形成新的生态伦理观和道德价值观，养成尊重乡土风俗、爱护乡土文化、崇尚乡土文明的良好社会风尚。新型城镇化应引入地方文化传统样式，让乡土文化在城镇找到新的生存发展的土壤，在乡民情感有了新的寄托与附着物之后，人们自然会缓解因为乡愁所引发的精神困境。让居民“记得住乡愁”——这种回归民意的新型城镇化发展理念顺应了世情人心，对承继传统文化、对中华民族保根护源乃至伟大复兴，功莫大焉。

二　新型城镇化与农业现代化

城镇建设的目的不是要把城市的形态照抄照搬到农村，而是要在统筹城乡发展进程中发挥城市和乡村的各自优势和积极性，提高生态绿化面积、提高城镇宜居程度，实现城市和乡村的共赢互补。

毋庸置疑，我们应该注重城镇的同时也要注重乡村的经济发展，而不能再次选择走几十年来一直重城轻乡的路径，兼顾经济发展的同时不能忘却精神家园的保护与建设。只有把“村”真正的变好了，中国的经济社会才能实现从上到下的真正繁荣。

诚如专家已经指出的，要完成 2020 年全面建成小康社会这一目标，就必须在关键期牢牢把握城镇化发展的时间窗口，为现代化争取、创造良好的战略机遇。只有切实搞好城镇化，才能从根本上解决下一步发展过程中的迟滞和乏力现象。

不过，需要提醒的是，城市与农村互为依存、相互影响，合理的城镇化离不开农村的良性发展。在规划城镇化的同时，也该同步规划好农村的发展路径。

城镇化好比一个大幕，大幕拉开之后，整个国家的发展路径固然清晰了，可此前累积下来的诸多问题也由此呈现。无视这些问题，未来的发展必将遇到很多障碍。

目前之计，关键恐怕还在于厘清城市和乡村的边界，不能让农村成为城镇化的附庸甚至牺牲品。

一方面，城镇发展应统筹考虑环境、资源乃至人口的承载能力，既不能让一些大城市不断扩展，不堪重负，也不能热衷于兴建一些缺乏基本公共服务的新城、空城。城市的发展固然要考虑长远，却也该遵循自然规律，不能动辄以官员三五年的任期作为建设期限。

另一方面，必须同步规划农村的建设发展。在推进城镇化的同时，也要同步推进新型农村的发展。不是所有农业人口都能够、愿意转为城市人口，也不是所有农村都要搞得既不像城市也不像农村。既要保障18亿亩耕地，也要保障这些土地的未来发展路径。

（一）城镇化不能让农村荒芜

在推进城镇化的过程中，我们理应将“让居民记得住乡愁”的宗旨作为我们工作的出发点和落脚点。

但如今现实却是，在狭隘的发展观下，一些农村早已被破坏得面目全非：污染“上山下乡”，河流“鱼肚翻白”，土壤“中毒日深”……这些“后遗症”正加速爆发。

“青山绿水才是美丽家园，千疮百孔的村庄、污水横流的县乡怎能唤起人们的乡愁？”建筑学家吴良镛说。

近30年来，我国城镇化突飞猛进，但许多地方砍树、填湖、盖楼，到处是刺眼的钢筋水泥“森林”，绿色等自然风光难觅。

水泥森林林立、大厦鳞次栉比、“堵城”“雾都”接连出现……一些大城市也已不堪重负。统计显示，全国650多个城市中，有近400个缺水。北京人均水资源量已从300立方米降至100立方米左右，仅为国际公认的缺水警戒线的1/10。

随着农耕时代的渐渐逝去，工业时代、信息时代的到来，一些城镇尤其是古城镇经年历久，多已破败，重修无力，有的在匆匆忙忙开发旅游，更有的借新农村建设之名，而实施“推倒重来”之策。殊不知，被任何新建筑新景观唤起的一时的兴奋，也弥补不了失去城镇应有的“乡愁”这个精神家园的永恒的惆怅。

城镇化不能让农村荒芜。2013年7月22日，习近平在湖北省考察工作时强调，即使将来城镇化达到70%以上，还有四五亿人在农村。农村绝不能成为荒芜的农村、留守的农村、记忆中的故园。当天，习近平来到进行城乡一体化试点的湖北省鄂州市长港镇峒山村。习近平说，实现城乡一体化，建设美丽乡村，是要给乡亲们造福，不要把钱花在不必要的事情上，比如说“涂脂抹粉”，房子外面刷层白灰，一白遮百丑。不能大拆大建，特别是古村落要保护好。城镇化要发展，农业现代化和新农村建设也要发展，同步发展才能相得益彰，要推进城乡一体化发展。

一些地方的干部为了追求“看得见”的政绩，贪大求快，动辄使用简单化的做法，忽而打造“新型村镇”，忽而树立“新农村样板”，随意大拆大建、大砍大伐、大挖大填。于是，那些承载着人们记忆和成长烙印的古树、池塘、老井、屋墙甚至山川、河流等，在挖掘机的“突突”轰鸣声中，瞬间化为乌有。不少乡村沦为失去记忆的躯壳，丧失了灵魂和底蕴，割裂了历史文脉。

“游子在外打拼，却发现每一个人的家乡都已沦陷”，略带辛酸的调侃，事实成为无数国人的一段集体记忆。政绩冲动下盲目的大拆大建，不光是村庄被毁，印记不再，更会导致传统乡村社会结构的断裂，影响正常的生产生活，甚至引起诸多极端事件，加剧了干群对立，影响了乡村社会的稳定和谐。

要让人们记得住“乡愁”，更要防止官员的政绩冲动，杜绝随心所欲的长官意志，纠正以 GDP 为中心的畸形政绩观。不是着眼于面貌的日新月异，更要关心老百姓生活条件的改善，保留和营造出让百姓舒适的文化精神和情感世界。

有乡愁的村庄才能锁得住记忆，以人为核心的城镇化才有生命。城市和乡村，都可以承载人们对美好生活的向往。重要的是，各地的干部能够正视以往的问题，真正落实中央的精神，尊重自然规律和传统文化，在农村建设和城镇化过程中，让老百姓“诗意地栖居”。

（二）城镇化目的不是“消灭农村”

城镇化是经济社会发展到一定阶段的必然产物，也是中国社会未来的发展趋势。围绕如何提高城镇化质量，引导城镇化健康发展，已成为中央政府及社会各界人士普遍关注的问题。

乡村消逝，意味着对城市提供支持的源头日益枯竭。城镇化发展应该注重“乡村”而非只是“城镇”，更不能顾“城”失“村”。城镇和乡村好比中国社会经济发展的两翼，只有两翼都丰满，中国经济才能更加长久地飞翔。

以城镇化为主导的发展，必然涉及对农村土地等资源的占有。尽管国家一再强调 18 亿亩耕地红线，可现实中，一些地方已然启动的城镇化，往往会借助于权力与市场的双重力量，分割、蚕食宝贵的土地资源。此前，已有个别地方搞出“未批先建”、“零批整用”的花样，甚至以逼迫农民上楼的办法，获得建设用地。因此，如何在推进城镇化的同时兼顾农村利益，并非易事。

城镇化是“人的城镇化”，而不是“物的城镇化”，其中的关键在于，从人的角度出发去规划，而不是从单纯的发展愿景角度出发去规划。新型城镇化道路的最大特点，就是以人为本，尊重自然，不以牺牲环境和耕地为代价。中央城镇化工作会议提出，要以人为本，推进以人为核心的城镇化，提高城镇人口素质和居民生活质量。推进农业转移人口市民化要坚持自愿、分类、有序，充分尊重农民意愿，因地制宜制定具体办法，优先解决存量，有序引导增量。

城镇化发展的根本目的不是“灭村”，符合推村建城各项条件的也只是极少数，城镇化发展的根本依托还是乡村。城市化程度较高的西欧国家，其乡村不光是一道美丽的景观，也是工业生产和社会进步的策源地。乡村是人类社会的一个部分，相当长的时期内是不会消失的。虽然相当数量的农民肯定会进城谋生，但是，仍有相当一部分农民还会在农村生活。进城的农民需要生计，留在农村的农民也一样需要生计。农村要改，但是并不是让城市化掉农村。中国有多少万个几千人口的大村，这些大村在世界上其他国家都是作为城镇存在的。这些村庄内的经济结构、社会结构都是多元化的。我们一方面不要破坏原有的以“大村”为单位的传统自治模式，另一方面，要加强基本建设投入，多做垃圾分类、生态化发展。

城镇化是市场力量的结果，我们不能为了城镇化而城镇化，不能为了城镇化而去消灭农村，城镇和农村不是对立的，在西方一些发达国家旅行，经常看到乡村和城市和谐共处，融为一体，而看不到它们相互之间的紧张关系，这是理想的状态。

总之，唯有城市与乡村都宜居，才可能释放出巨大的包容性和发展潜力。城镇化不是“去农村化”，城镇化要加大对农村的投入，以使农村在原有结构不变的情况下实现城乡一体化。

（三）城镇化与新农村建设要统筹考虑

《国家新型城镇化规划（2014—2020年）》指出，建设社会主义新农村，要“坚持遵循自然规律和城乡空间差异化发展原则，科学规划县域村镇体系，统筹安排农村基础设施建设和社会事业发展，建设农民幸福生活的美好家园。”

中国农民要进城，但不可能都进城，更不可能都进大城市。因此，必须统筹考虑城镇化与新农村建设，必须发展中小城市和小城镇，为农村人建设幸福生活的美好家园。党的十八届三中全会明确提出，要促进城镇化和新农村建设协调推进。城镇化要带动新农村建设，而不能取代新农村建设，搞所谓“去农村化”。

城乡一体化不是城乡同样化，新农村应该是升级版的农村，而不应该是缩小版的城市。城镇和农村要和谐一体，各具特色，相互辉映，不能有巨大反差，也不能没有区别，否则就会城镇不像城镇，农村不像农村。一些地方在推进城镇化过程中的某些“去农村化”的做法，是不符合中国国情的，也是不符合城乡统筹发展原则和大国现代化规律的。

应该说，必要的并村及撤村建镇是需要的，但要经历一个较长的过程，而且要有科学的规划、合理的规模。一定要从农村实际出发，一定要尊重农民意愿，不能脱离实际求大、求急，要兼顾生产和生活，真正为农民着想，本着方便生产和生活的原则，合理调整村庄布局。

欧洲很多国家如德国、波兰等，都很重视乡村规划，政府为农民设计各种住房式样供农民选择。一旦选定之后，建设式样、尤其是外观色调不能轻易改动。这样长期坚持下来，那里的住房、森林、耕地、草场是那么和谐相映。我们也应当把乡村规划作为一件大事来抓，把住房设计作为农民公共服务的一个重要内容。

农业的多功能性表明，农业不仅能给人们提供一日三餐，还可以为人们特别是城市提供良好的生态环境。菜田本身就是绿地，稻田就是人工湿地。如果一个城市周边消灭了这些东西，全部变成钢筋水泥，还到哪儿去找“稻花香里说丰年，听取蛙声一片”的田园风光？去哪儿体会“采菊东篱下，悠然见南山”“竹喧归浣女，莲动下渔舟”的意境？发达国家已经出现了“逆城市化现象”，人们寻求到农村去居住，到郊区去度假，这其实是对农业多功能性的认同和田园生活的追求。

要化解“小城镇留不住人，大城市人满为患”，必须以产城融合为基础，注重城镇产业经济的培育，增强乡村地区自我“造血”功能。逐步形成大中小城市和小城镇、城市和农村合理分工、特色突出、功能互补的产业发展格局。一些特色鲜明却又规模不大的小城镇，应当改变以 GDP 为导向的、一味做大做强的发展观，满天星辰的小城镇也应该是新型城镇化题中应有之义。新型城镇化发展要根据资源环境承载能力实现科学合理的城镇布局。

完善城镇化健康发展体制机制，坚持走中国特色新型城镇化道路，推进以人为核心的城镇化，推动大中小城市和小城镇协调发展、产业和城镇融合发展，促进城镇化和新农村建设协调推进，在这样一个系统的设计中，“诗意表达”获得了坚实的根基。期待着不久的将来，每一座城市，都能够让建设者“诗意地栖居”、“幸福地生活”。

三　城镇化出路是生态文明

党的十八大报告提出，面对资源约束趋紧、环境污染严重、生态系统退化的严峻形势，必须树立尊重自然、顺应自然、保护自然的生态文明理念，把生态文明建设放在突出地位，融入经济建设、政治建设、文化建设、社会建设各方面和全过程，努力建设美丽中国，实现中华民族永续发展。

生态文明是继原始文明、农业文明、工业文明之后的一种新的人类文明形态，既包括尊重自然、与自然同存共荣的价值观，也包括在这种价值观指导下形成的生产方式、经济基础和上层建筑。一方面，我国经济发展面临越来越突出的资源环境制约，已经到了不进行生态文明建设不行的阶段；另一方面，随着生活水平提高，人们对于良好生态环境有了越来越强烈的需求。把生态文明建设纳入中国特色社会主义事业五位一体总体布局，这标志着我们对中国特色社会主义规律认识的进一步深化，表明了我们加强生态文明建设的坚定意志和坚强决心。

生态文明的核心是人与自然和谐。生态文明是人类社会文明的高级状态，不是单纯的节能减排、保护环境的问题。生态文明的提出明确了应该如何处理人和自然关系，即尊重自然、顺应自然、保护自然，这是对中国文化传统的继承和发展，明确这点对于将来的建设，包括城市建设，有极其重要的指导意义。

（一）新型城镇化是生态文明的城镇化

《国家新型城镇化规划（2014—2020年）》指出，要“把生态文明理念全面融入城镇化进程，着力推进绿色发展、循环发展、低碳发展。”建设中国特色城镇化，对中国最大的挑战，不在于城市的一端如何扩张，而是在乡村一端，如何让中国五千年乡村文明在中国特色城镇化中得到复兴与发展。让中国乡村就地文明化，这才是最大挑战。中央城镇化会议中“记得住乡愁”这句话体现的不再是GDP、财政收入、发展效率，而是百姓要的赖以生存的生活环境。我们试图让这一缕乡愁转化成乡土社会的生态文明复兴，而不是继续用保守的老计划经济的思路来改造现在的农村，以为城市是先进，农村是落后。

在新型城镇化背景下，“三农”问题的实质内涵是农民权益保护、农村可持续稳定、农业生态安全，不再沿用工业文明社会的发展道路，下一步应加大对农村基建投入，高度重视农业生态安全，提高农民组织化程度，实现乡土社会的生态文明复兴。

工业文明时代形成的工业化集中的城市化，本质上不适应现在的生态文明新战略，近代的城市化，本源于工业化阶段产业资本集中所客观需求的规模化和它所派生的制度。过去各级政府搞城镇化就都讲要把产业集群和城市带叠加在一起，也是因为工业化内生的需要就是规模化、集约化、标准化。当然，城市最适合这套；而农村十里不同风，农业又本来就是一个自然过程，因此，农业是最不适应工业化要求的。如果强行把农业也搞成工业化的方式，农业自身的反抗就是制造了大量的环境污染和食品不安全。最终我们所有人都身受其害。

生态文明是一种超越传统工业文明，以多样性为内涵的、人类自觉回归自然的新的文明形态，人类本身只是自然的一部分。但是因为人类过去不够自觉（或者说人类在工业文明时代自觉自己可以超然于自然），现在教训惨痛不得不回归到生态文明时代。

这次城镇化之所以说不同于工业化时代，就是呼应生态文明所需要的发展战略创新，要实现城乡一体化，强调以人为本的新型城镇化。我们越来越觉得三农问题中最严峻的是社会政治问题，而不是经济问题。通过社会生态恢复和乡土社会重建，把投资重点转到城镇化上去，让农民不至于背井离乡、农村不再衰败，那是我们所希望的。

生态环境是衡量一个城市是否宜居的尺度，也是衡量居民生活质量的尺度。今后的城市建设，要回到以人为本的本质上去。对于造新城，要从规划角度重新审视，避免破坏生态；旧城改造，也要划定生态保护红线，将湖泊、绿地等生态系统保留下来。

建设生态文明，首先必须转变生产方式，全面促进资源节约，推动资源利用方式根本转变，提高利用效率和效益，严格控制开发强度，促进生产空间集约高效、生活空间宜居适度、生态空间山清水秀。与此同时，要加大自然生态系统和环境保护力度，以解决损害群众健康最突出的环境问题为重点，强化污染防治力度，实施重大生态修复工程，增强生态产品生产能力。此外，应转变生活方式和消费方式，改变一些传统的不合理的生活方式，改变奢侈消费、劣质消费等习惯。

制度建设是推进生态文明建设的重要保障，必须改变唯 GDP 的观念，把资源消耗、环境损害、生态效益等指标纳入经济社会发展评价体系，建立体现生态文明要求的考核办法、奖惩制度，形成生态文明建设的长效机制。

节约资源是保护生态环境的根本之策。要大力节约集约利用资源，推动资源利用方式根本转变，加强全过程节约管理，大幅降低能源、水、土地消耗强度，大力发展循环经济，促进生产、流通、消费过程的减量化、再利用、资源化。

要实施重大生态修复工程，增强生态产品生产能力。良好生态环境是人和社会持续发展的根本基础。人民群众对环境问题高度关注。环境保护和治理要以解决损害群众健康突出环境问题为重点，坚持预防为主、综合治理，强化水、大气、土壤等污染防治，着力推进重点流域和区域水污染防治，着力推进重点行业和重点区域大气污染治理。

只有实行最严格的制度、最严密的法治，才能为生态文明建设提供可靠保障。最重要的是要完善经济社会发展考核评价体系，把资源消耗、环境损害、生态效益等体现生态文明建设状况的指标纳入经济社会发展评价体系，使之成为推进生态文明建设的重要导向和约束。要建立责任追究制度，对那些不顾生态环境盲目决策、造成严重后果的人，必须追究其责任，而且应该终身追究。要加强生态文明宣传教育，增强全民节约意识、环保意识、生态意识，营造爱护生态环境的良好风气。

（二）美丽中国需要打造三个空间

《国家新型城镇化规划（2014—2020 年）》指出，要“创新规划理念。”“城市规划要由扩张性规划逐步转向限定城市边界、优化空间结构的规划，科学确立城市功能定位和形态，加强城市空间开发利用管制，合理划定城市‘三区四线’，合理确定城市规模、开发边界、开发强度和保护性空间，加强道路红线和建筑红线对建设项目的定位控制。统筹规划城市空间功能布局，促进城市用地功能适度混合。合理设定不同功能区土地开发利用的容积率、绿化率、地面渗透率等规范性要求。建立健全城市地下空间开发利用协调机制。统筹规划市区、城郊和周边乡村发展。”

对于发展来说，土地是最重要的资源，同样也是最大的约束。从现在的情况看，发达地区和经济较为落后地区都存在对国土空间利用的误区和问题。比如一些经济落后地区把宝贵的土地资源当成招商引资的“诚意”，本来需要100亩的生产空间，非要批出200亩，造成大量生产空间的闲置浪费，这当然不能称为集约高效；在新兴城市拆旧建新的过程中，贪大求洋，马路修得像长安街，高楼广场空空如也，这也不能当成宜居适度；在生态原本良好的地方，生产生活空间不断扩大，原有生态空间被不断挤压，植被退化、河流干涸、水环境污染、山体破坏并不鲜见。

党的十八大报告指出，要优化国土空间开发格局。这是建设生态文明的重要任务，也是促进区域协调发展的战略措施。要按照人口资源环境相均衡、经济社会生态效益相统一原则，在尊重自然、顺应自然、保护自然的前提下更好地开发利用生产空间、生活空间、生态空间，构建科学合理的城市化格局、农业发展格局、生态安全格局。在十八届三中全会报告中专门提出要加快生态文明建设，“建立空间规划体系，划定生产、生活、生态空间开发管制界限，落实用途管制”。

1. “三个空间”的具体含义

习近平总书记多次强调，国土是生态文明建设的空间载体。要按照人口资源环境相均衡、经济社会生态效益相统一的原则，整体谋划国土空间开发，科学布局生产空间、生活空间、生态空间，给自然留下更多修复空间。

(1) 生产空间集约高效。人们从事生产经营活动的场所就是生产空间，包括农田、工厂、矿山、商场、店铺、道路、机场、港口等等。这类空间要做到布局合理，集约高效。目前存在的问题是，生产空间布局不够合理，到处铺摊子，占地过多，空间资源大量闲置；有些生产活动不遵循自然规律，诸如毁林开荒，大片填海造地，过多开山筑坝，对生态空间造成开发性破坏，同时挤压生活空间，留下许多生态安全隐患。按照优化国土空间开发格局的要求，要通过转变经济发展方式，合理调整三次产业及其内部空间结构，提高现有生产空间利用效率，严格控制生产空间的扩大。当前，特别要注意防止工业和服务业随意挤占农业发展空间，尽可能减少乃至最终停止生产空间对生活空间和生态空间的侵蚀。有些关闭或废弃的矿山、厂址和圈地后长期未开发的园区，应恢复为生活空间或生态空间。

(2) 生活空间宜居适度。人们居住、消费和休闲娱乐的地方就是生活空间，包括住房、各种消费和休闲娱乐场所等。这类空间要宜居，开发适度。生活空间与生产空间有部分重叠，同一空间可以兼具生活空间和生产空间的功能。例如在饮食餐厅，对消费者来说是生活空间，对工作者来说是生产空间。目前，生活空间存在开发过度、不够宜居的问题。以城市生活空间为例，一些城市建设存在着“摊大饼”式的蔓延趋势，市区范围不断向外拓展，无情地吞食周边的田园和绿地。一些地方形成巨大的城市群，许多城市实际上已经连为一体，未能保留原来城市之间的具有生态调节功能的森林、田园和空地。这严重阻碍大气运动，使污染物稀释能力越来越差，热岛效应越来越强，雨水难以向地下渗透，一遇暴雨就大量积水。随着市内机动车辆的急剧增加，尾气排放也越来越多，成为空气污染的主要来源。按照生态文明建设要求，应当重新审视城市建设理念，真正贯彻以人为本的思想，严格控制城市的市区规模，调整市区的建筑结构和密度，改善布局。

（3）生态空间山清水秀。生态空间是指具有重要生态功能、以提供生态产品和生态服务为主的区域。从广义上讲，生态空间包括整个地球环境，生产空间和生活空间实际上都是生态空间的组成部分，此外还有未开发的国土空间；从狭义上讲，生态空间是指除了生产空间和生活空间以外的国土空间，包括山川、河流、湖泊、森林、海洋等。生态空间在保障国家或区域生态安全中发挥重要作用，是经济社会可持续发展的基础。

2. 各主体功能区如何实现"三个空间"的目标

《国家新型城镇化规划（2014—2020年）》指出，要"优化城镇化布局和形态。"即"根据土地、水资源、大气环流特征和生态环境承载能力，优化城镇化空间布局和城镇规模结构，在《全国主体功能区规划》确定的城镇化地区，按照统筹规划、合理布局、分工协作、以大带小的原则，发展集聚效率高、辐射作用大、城镇体系优、功能互补强的城市群，使之成为支撑全国经济增长、促进区域协调发展、参与国际竞争合作的重要平台。"

《国家新型城镇化规划（2014—2020年）》强调，要"对限制开发区域和生态脆弱的国家扶贫开发工作重点县取消地区生产总值考核。""强化水资源开发利用控制、用水效率控制、水功能区限制纳污管理。对不同主体功能区实行差别化财政、投资、产业、土地、人口、环境、考核等政策。"

全国主体功能区划已经于2011年发布，全国主体功能区划中提及"推进形成主体功能区，必须明确国家层面优化开发、重点开发、限制开发、禁止开发四类主体功能区的功能定位、发展目标、发展方向和开发原则”。

(1) 国家优化开发区域。国家优化开发区域是指综合实力较强、经济规模较大、城镇体系比较健全，有条件形成具有全球影响力的特大城市群的区域。

(2) 国家重点开发区域。国家重点开发区域是指具备以下条件的城市化地区：比如具备较强的经济基础，具有一定的科技创新能力和较好的发展潜力；城镇体系初步形成，具备经济一体化的条件等等。

(3) 国家限制开发区域。国家层面限制开发区域的农产品主产区以提供农产品为主体功能，限制开发生态功能区以提供生态产品和服务为其主体功能，需要在国土空间开发中限制大规模高强度工业化城镇化开发。

(4) 国家禁止开发区域。国家层面禁止开发区域是指有代表性的自然生态系统、珍稀濒危野生动植物物种的天然集中分布地、有特殊价值的自然遗迹所在地和文化遗址等，需要在国土空间开发中禁止工业化城镇化开发的重点生态功能区。

党的十八大报告指出，要“推动各地区严格按照主体功能定位发展，构建科学合理的城市化格局、农业发展格局、生态安全格局”。中央提出，要坚定不移加快实施主体功能区战略，严格按照优化开发、重点开发、限制开发、禁止开发的主体功能定位，划定并严守生态红线。

为实现“三个空间”的目标，“十二五”规划的生态文明战略研究，提出按照主体功能区规划，推动产业布局调整和生态环境保护措施的落实。

在优先开发区域，要优化产业结构和布局，大力发展高新技术，加快传统产业技术升级，实行严格的建设项目准入制度，率先完成排污总量削减任务，做到增产减污，切实解决突出的环境问题，努力改善环境质量，改善人居环境，提高土地利用效率和效益。在重点开发区域，坚持环境与经济协调发展，科学合理利用环境承载力，推进工业化和城镇化，加快环保基础设施建设，严格控制污染物排放总量，做到增产不增污，有效遏制生态环境恶化趋势。在限制开发区域，坚持保护为主，合理选择发展方向，积极发展特色优势产业，加快建设重点生态功能保护区，确保生态功能的恢复和保护，逐步恢复生态平衡。在禁止开发区域，坚持强制性保护，依据法律法规和相关规划严格监管，严禁不符合主体功能定位的开放活动，遏制人为因素对自然生态的干扰和破坏。

3. 如何推进优化国土空间开发格局

优化国土空间开发格局已经有了宏观战略，最重要的是三件事。

首先，要把生态理念体现在用地类别划定上。目前，国土部门将用地分为耕地、工矿仓储用地、住宅用地、公共管理用地、交通运输用地等 12 类不同类型的用地，但是 12 类中还没有生态用地类型，还没有明确提供生态产品和服务的空间。目前，环保部门已经提出生态红线的概念，落实这一概念，首先需要划出基本的生态用地。

其次，各地的规划要把生态保护的思想体现在各级各类规划中。比如城市建设要突出集约高效特点，要预留出足够的生态空间等等。目前，北京、上海、广州等特大型城市，在做城市总体规划时，已经能够邀请生态研究学者参与，将生态安全与生态保护的要求体现在城市空间发展布局中，但在专项规划、小区域规划中还没能体现生态的理念和要求，区划难以真正落地。

第三，要完善相关政策措施，让真正保护生态的人不吃亏，利益不受损害，其重点是要完善生态补偿机制。根据有关研究，目前对我国生态安全具有重要作用的区域有 50 余个，但这些重要生态功能区仍缺乏有效的保护机制，生态功能面临威胁，这些区域也多位于偏远地区，社会经济发展落后，生态保护与经济社会发展的矛盾仍然突出。目前，生态补偿机制还存在很多欠缺，比如缺乏系统的制度设计；政府单方决策为主导，利益相关者参与不够；补偿范围界定不科学；生态补偿对象和生态补偿方式不完善；补偿标准低，确定方法缺乏科学基础；缺乏监督机制，政策效果不明显等等。这些都需要尽快改进。

（三）新型城镇化和生态文明建设应该“一体化”

新型城镇化和生态文明建设这两件当代中国最为重要的历史任务之间的关系，需要在学理上予以探讨和把握。更重要的，这也是一个现实实践需要回答的问题。

就近三四百年的人类实践来看，城镇化和生态文明建设在主要方面呈现出相异相离的趋向。城镇化主要造成了生态环境的破坏，而生态保护则在一定程度上对城镇化具有限制作用，国际生态保护运动中一些极端派别甚至具有反城镇化的倾向。

可是，在当代的中国，这两种“相反”的历史运动却必须以“相成”的方式来行进，或者说二者应该走的是“一体化”之路。这是因为新型城镇化必须走生态文明建设的道路，如果缺乏了生态文明原则，这样的城镇化就只能是旧的城镇化而会遭到人民的拒绝，并将带来更为严重的社会问题。

另外，我国当代的生态文明建设主要是和城镇化结合在一起的。虽然农村也要进行生态文明建设，但城镇化才是生态文明建设的主要载体，因为它是我国社会经济当代发展的主体内容。如果抽去了城镇化的实践过程，生态文明建设将失去其主要的现实依托。

在这个“由相异到相成”的历史时段，二者应该在以下四个方面展开自己的行程。

1. 新型城镇化必须按照生态文明的原则来布局

这里至少分为整体和局部两个层面。

在国土空间整体层面上，国务院已经在2010年12月发布了《全国主体功能区规划》，对我国国土进行了全面的空间安排和功能设计。这一规划将国土划分为优化开发区域、重点开发区域、限制开发区域和禁止开发区域，规定我国的城镇化过程只能在前两类区域开展。

具体来说按照“两横三纵”的格局来展开，“两横”指的是陆桥和长江两条横轴通道，“三纵”指的是沿海、京哈京广和包昆三条纵轴通道。以这五条线上的主要城市群地区为支撑，以其他城镇化地区和城镇为重要组成部分，形成我国未来城镇化的空间战略。这样，从功能上看，我国国土就具有城市空间、农业空间、生态空间和其他空间四类。新型城镇化空间被包容在其他空间之中，这自然是考虑了其他空间对城市空间的稀释功能，使人类的集中活动能够尽量被自然过程消融。这是自生态文明建设角度对于城镇化的宏观空间布局，正体现出“新型”二字的重要特征。

在局部上，不同区域、省份、城市群和城镇也应该按照生态文明原则进行空间安排，使城镇化和生态化成为一体。近年来我国许多地方都开展了相关规划工作。云南、山东、广东、四川等省相继出台了本省城镇化的规划和意见，也有的省已将规划编制完成并报送了国家相关部门。实事求是地说，有的地方的城镇化规划非常注意生态文明原则的贯彻，但也有的地方的相关意见对此语焉不详。应该承认，不同地方对生态文明建设的重视程度是参差不齐的。

可是，这样的国土空间设计能否达到生态文明的要求，能否达到人和自然的和谐，能否避免过去城镇化造成的生态破坏？应该说，在理论上国家层面已经将生态文明原则贯穿于城镇化的战略思考，这些布局是对人口、环境、资源等多因素综合考虑的结果。这是客观条件制约下目前能够做出的最好理论设计。但是这种计划和方案，能否真正在实践过程中落实，而且我们的设计是否全面周到和科学合理，尚需要检验。

2. 在新型城镇化过程中必须走新型工业化道路

在目前的历史阶段，工业是我国城镇化必然要发展的主导产业部类。可是，以前环境污染最为重要的还是来自工业尤其是化工业。这就要求工业发展和生态建设在新的城镇化过程中达到一体化。无疑这是具有相当难度的巨大工程，但这也是无可逃避的必然选择。在这一过程中，必须走出以前高投入、高消耗、高污染、广占地、滥选址、低效益的老路，走一条新型工业化的路子。

首先，应该在政策上鼓励规模工业，因为只能具备一定的规模，才可能采用新的环保技术，才可能具备较好的治污能力。

其次，必须布好格局，一定要根据企业的污染程度和污染性质安排好地址。

再次，必须采取有效的治污措施和洁净高效的能源，治污达不到标准的企业坚决不能上马或立即下马，新能源的开发和旧能源的替代也是必须要进行的工作。

最后，必须利用各地资源优势发展新兴工业，具体说来指的是信息产业、可再生能源产业、智能制造业和新型生物产业等。一般来说，这些产业都是较为清洁的和节约能源的，但在个别方面它们也有个生态化的问题。

3. 新型城镇化必须与环境保护和修复同步共进

我国30多年来的城镇化是与生态环境破坏相伴随的过程，其破坏程度已经不容小觑。那么，在新型城镇化的过程中，就不仅仅是保护好环境的问题，还包括党的十八大报告指出的“实施重大生态修复工程，增强生态产品生产能力”的问题，也就是说未破坏的要保护好、已破坏的要修复好。这是一个双重历史任务，哪一重任务的失败都将导致新型城镇化的失败。因此，对于这二重历史任务都应该既有定性要求也要有定量要求。

4. 新型城镇化必须和生态文明制度建设同步共进

生态文明建设必须落足于严格全面的制度体系，城镇化要走上

"新型"之路也需要制度保证。这两种制度应该相互渗透相互配合相互促进，应该呈现出一体化的趋势。

具体说来，在新型城镇化的评价体系中，一方面要把空间布局、环境变易、资源增减、生态迁变确定为主要社会经济指标，建立严格的开发保护制度，同时在这些方面要加强监管，健全责任追究（甚至终生追究）制度和损害赔偿制度；另一方面也要利用市场机制建立资源有偿使用制度和生态补偿制度。这是目前我国新型城镇化过程中政府作用和市场运用两个方面的制度建设。

从人类的聚散历史来看，城镇化是今天必然要走的历史道路。关键问题在于将城镇化的历史过程转变为生态文明的建设过程，真正达到城乡的一体化，这才可能在根本上避免过去城镇化带来的历史问题。我们只要把现在强调的生态文明理念和城镇化战略结合在一起，就应该是一个生态社会，让大自然恢复生态，同时逐步形成生态经济和生态治理，而不是把大量的产业资本和过剩生产能力转向3万多个城镇。

现在我们看到了希望，21世纪必将进入一个新的生态文明阶段，而这个文明阶段具有巨大的历史意义，它依托着与自然紧密结合的多样化的乡土文明，这种新的战略调整本身具有生态化可持续的特点。

部分参考资料

1.《国家新型城镇化规划（2014—2020 年）》. 中国政府网，2014-03-17

2. 习近平：农村绝不能成为荒芜的农村. 新华网，2013-07-22

3. 李克强收村民来信：我记得村民的愿望. 中央政府门户网站，2014-03-06

4. 徐绍史：坚定不移走中国特色新型城镇化道路.《人民日报》，2014-03-17

5. 温铁军：城乡一体化的城镇化道路. 中国网，2014-01-14

6. 吴敬琏：我国城市化面临的效率问题和政策选择.《新金融》，2012（11）

7. 温铁军 温厉：中国的“城镇化”与发展中国家城市化的教训. 社会学视野网，2010-10-12

8. 城镇化演进 30 年.《瞭望东方周刊》，2013-03-26

9. 城镇化建设是一体化而不是一样化.《城市导报》，2013-12-13

10. 城镇化会议接踵中央经济工作会议 县改市开闸在即.《第一财经日报》，2013-12-11
11. 马雪松：论我国“不完全城市化”困局的破解路径. 中国改革论坛网，2013-04-24
12. 邵宇：检讨中国式城镇化的历史路径.《华尔街日报（中文版）》，2013-06-25
13. 钱津：农业不现代化 城镇化就是夹生饭.《法制晚报》，2013-11-03
14. 肖海英：浅析与城市化相关的四个问题.《三农中国》，2012-05-27
15. 仇保兴：中国的新型城镇化之路.《中国发展观察》，2010（4）
16. 刘新卫：中国城镇化发展现状及特点. 中国财经报网，2008-01-01
17. 宣晓伟：新型城镇化的逻辑：现代化转型视角下中国社会结构和关系的再调整.《21 世纪经济报道》，2013-03-04
18. 周其仁：城镇化不能再走政府主导老路（2013 中国城镇化高层国际论坛主题演讲实录）. 财经网，2013-03-30
19. 肖金成：农民工实现“三化”才是真正城镇化. 中国改革论坛网，2013-03-02
20. 于建嵘：新型城镇化“新”在何处 避免权力驱动.《时代周报》，2013-07-12
21. 国务院法制办公室关于《居住证管理办法（征求意见稿）》公开征求意见的通知. 国务院法制办公室，2014-12-04
22. 胡建淼：国家治理现代化关键在于法治化.《天津日报》，2014-12-01
23. 城镇化与城市管理亟须法治跟进.《中国经济时报》，2014-12-03